总主编/李　雪
主　审/徐国君

高等学校应用型会计人才精细化培养系列教材

# 会计综合模拟实验
# （手工实验）

主　编　孙美杰
副主编　苏文洁　高　杉



中国财经出版传媒集团
中国财政经济出版社

**图书在版编目（CIP）数据**

会计综合模拟实验．手工实验／孙美杰主编．—北京：中国财政经济出版社，2018.2
高等学校应用型会计人才精细化培养系列教材
ISBN 978 - 7 - 5095 - 8007 - 3

Ⅰ.①会…　Ⅱ.①孙…　Ⅲ.①会计学 - 高等学校 - 教材　Ⅳ.①F230

中国版本图书馆 CIP 数据核字（2018）第 004411 号

责任编辑：樊清玉　　　　责任校对：张　凡

中国财政经济出版社 出版

**URL**：http：//ckfz. cfeph. cn
E - mail：cfeph@ cfeph. cn

社址：北京市海淀区阜成路甲 28 号　邮政编码：100142
营销中心电话：010 - 88191537
天猫网店：中国财政经济出版社旗舰店
网址：https：//zgczjjcbs. tmall. com
北京鑫海金澳胶印有限公司印刷　各地新华书店经销
787 ×1092 毫米　16 开　25.5 印张　270 000 字
2018 年 7 月第 1 版　2020 年 1 月北京第 4 次印刷
定价：49.00 元
ISBN 978 - 7 - 5095 - 8007 - 3
（图书出现印装问题，本社负责调换）
本社质量投诉电话：010 - 88190744
**打击盗版举报热线：010 - 88191661　QQ：2242791300**

# 总　序

经济社会越发展，会计人才越重要。经济社会发展需要会计改革与之相适应，会计事业全面发展又对经济社会发展具有重要的促进作用。新中国成立以来，特别是改革开放以来的实践证明，各项重大改革几乎都离不开会计改革，同时对会计人才培养不断提出新的要求。当下金融创新、虚拟经济、强化监管、内部控制等成为时代主旋律，会计人才的培养必将成为当前和今后一个时期经济社会发展的关键要素之一。

高等学校作为会计人才培养的主阵地，必须面对经济社会对会计人才的新要求，对会计人才培养的理论和实践作出新的设想和探索。经过多年的研究和探索，培养高素质应用型会计人才已经成为我国部分公办大学、所有独立学院和民办大学财会类专业共同的人才培养目标。其中，运用精细化管理的思想，探索和人才需求密切结合的精细化会计人才培养模式是各高校运用较多的做法。该培养模式按照市场需求、学生的就业方向和学习兴趣细分专业方向和专业课程，分层次、分方向培养会计诚信度高、实践能力强的应用型会计人才，取得了良好的培养效果。实施会计人才的精细化培养已成为提高会计人才培养质量的重要保证，是高校打造办学特色的重要途径。

与培养模式相对应的教材是培养合格人才的基本保证，是实现培养目标的重要工具。教材是高校实现应用型会计人才的精细化培养目标的重要载体，教材及教材建设对高校发展具有举足轻重的作用。应用型会计人才培养的教材编写和出版这些年相对比较热闹，但教材质量和适用性仍然存在一些问题，如：出版社对应用型会计本科教材的出版还不够重视，没有进行有效的组织；应用型本科院校多为新建院校，教材建设相对滞后，主观上也较愿意使用其他本科教材；在教材使用中存在比较严重的混用现象，出版的教材目标读者群不明确等。这些问题都影响了会计人才精细化培养目标的实现。

为了更好地适应会计人才精细化培养的需要，我们组织具有多年应用型人才培养经验的优秀教师和实务界专家编写了这套应用型会计人才精细化培养教材。本系列教材由《会计学科导引》《会计学》《财务管理概论》《高级财务会计》《政府与非营利组织会计》《金融企业会计》《涉外企业会计》《房地产企业会计》《施工企业会计》《旅游饮食服务业会计》《小企业会计》《商品流通企业会计》《内部控制》《资产评估》《财经法规与会计职业道德》《高级财务管理》《税收筹划》《政府审计》《内部审计》《经济责任审计》《效益审计》《经济学基础》《证券投资学》《会计综合模拟实验（手工实验）》《会计综合模拟实验（财务软件的应用）》《成本会计学习指导书》《基础会计学习指导书》和《金融学学习指导书》等构成。为了保证教材的质量，本套教材聘请了著名高校的专家教授进行专门指导和审核。每本教材至少有一名本学科的知名专家或学科带头人提出审核指导意见，至少有一名高等院校教学一线的高级职称教师参与组织编写，至少有一名行业协会、实务界专家和教学研究机构人员提出编写建议。

本套教材的特色如下：

1. 应用性

本系列教材建设坚持培养精细化的应用型会计人才，体现了应用型人才培养的定位，体现了素质教育和“以学生发展为本”的教育理念，遵循了高等教育教学基本规律，重视知识、能力和素质的协调发展，从内容选材、教学方法、学习方法、实验配套等方面突出了应用性特征。

2. 针对性

本系列教材的编写符合会计学、财务管理和审计学专业的培养目标、培养需求、业务规格和教学大纲的基本要求，与各专业的课程结构和课程设置相对应，与课程平台和课程模块相对应。教材在结构纵横布局、内容重点选取、示例习题设计等方面符合教改目标和教学大纲的要求，把教师的备课、试讲、授课、辅导答疑等教学环节有机地结合起来。

3. 先进性

本系列教材反映了应用型会计人才精细化培养的内容，能够反映学科领域的新发展。教材的整体规划、每一种教材构造等均体现了实用性和创新性。教材还强调了系列配套，包括了教材、学习指导书、教学课件等。

4. 基础性

本系列教材力争打破传统教材自身知识框架的封闭性，尝试多方面知识的融会贯通，注重知识层次的递进，体现每一科目的基本内容，同时在具体内容上突出实际运用知识的能力，使本系列教材做到“教师易教，学生乐学，技能实用”。

5. 自学性

自学能力是高等教育应该教授给学生的一项基本能力。只有具备了自主学习的能力，才能最终建立起终身学习的保障体系，这也是应用型本科的客观要求。本系列教材要能调动学生的学习积极性，理论方面尽量通俗易懂，实践方面尽量采用案例式教学。为了有利于学生课后自主学习，本套教材配套了学习指导书和PPT。

本套教材的定位把握准确，教材特色明显，适用于应用型高校选用，容易得到学生和市场的认可，便于教师的教学和学生的自学。

高等学校应用型会计人才精细化培养系列教材凝聚了众多领导、教授、专家和老师多年来的经验和心血。当然，由于我们的经验和人力有限，教材中难免存在不足，我们期待着各位同行、专家和读者的批评指正。我们将伴随着经济发展和会计环境的变迁不断修订教材，以便及时反映学科的最新发展和应用型人才精细化培养的最新变化。

李　雪

2017年6月

# 前　言

本书为高等学校应用型会计人才精细化培养系列教材之一，具有实践应用性、针对性、先进性、基础性、自学性的特点，既可作为高等财经院校会计类专业教学教材，也可作为提高会计实务操作能力的参考用书。

## 一、编写意义

为了培养满足中国特色社会主义新时代需要的应用型会计人才，对在校学生进行理论与实践相结合的会计综合模拟手工实验具有重大意义，通过会计综合手工实验的操作，不但能够提高学生实践动手技能和综合分析能力，而且可以解决大量学生到企业实习不便的困难。

## 二、编写思路

实验教材的内容来源于企业实务，设计为一个月的经济业务，原始凭证均为目前实务工作中的最新格式，如销售发票、银行结算单据、纳税单据等。而且将优秀大中型企业的管理理念融入到相应单据中，如《定额备用金申请单》《差旅费报销单》等融入“成本中心”和“内部订单”的信息；《付款申请单》加入“原账面余额”等信息，以加强生产经营过程中企业的内部控制与管理。

2018年6月26日，财政部发布了《关于修订印发2018年度一般企业财务报表格式的通知》（财会【2018】15号），对《资产负债表》修订新增的“应收票据及应收账款”“其他应收款”“固定资产”“在建工程”“应付票据及应付账款”等项目进行了详细说明；对《利润表》修订新增的“研发费用”“其中：利息费用”“利息收入”“其他收益”等项目进行了说明。

以上变化，本手工实验教材均有充分体现，并按最新规定执行。涉及增值税的业务及单据，本教材均按自2018年5月1日开始执行的增值税最新税率执行。

## 三、内容安排

本手工实验教材共分7章：第1章为实验目的、准备、程序与要求、组织与考核；第2章为公司基本情况及相关信息；第3章为主要会计核算规则；第4章为期初资料；第5章为本期经济业务；第6章为手工实验主要材料样式；第7章为参考答案。

## 四、教材特点

1. 编写团队实务经验丰富。团队由实务界专家与教学经验丰富的教师组成。主编孙美杰为高级会计师、副教授，具有十五年大中型企业核算与管理工作经验，副主编及编者均为具有工作经验的会计师及教学经验的讲师或以上职称，团队成员扎实的理论基础与丰富的实务经验为本教材的编写奠定了坚实基础；

2. 实验设计的真实性。业务的设计来源于企业实务中的真实经济业务，原始凭证均为目前实务工作中的最新格式；

3. 经济业务的全面性。教材涉及的经济业务不但覆盖一般生产企业最基本、最常见的业务类型，而且也包括不常发生的如买卖股票、出售固定资产等经济业务；

4. 知识点紧跟会计准则的变化，不滞后。

本书由孙美杰主编，苏文洁、高杉为副主编。于相波、李广敏、刘艳、韩真真、杨阳、陈丽娜为编者。在编写过程中得到了诸多企业界、金融界及税务机关的专家及朋友的大力支持，在此由衷感谢！

本书在编写过程中参考了大量相关教材，在此向有关作者致以深深的谢意！

本书的编写难免存在考虑不周，表达不妥当的地方，书中疏漏不足之处，敬请读者批评指正。

编者

2018年6月

# 目　录

# 第1章

# 实验目的、准备、程序与要求、组织与考核

## 1.1 手工实验目的

通过手工实验，学生能够比较系统、全面地掌握工业企业会计核算的基本程序和具体方法，有利于加强学生对基本理论知识的理解、对基本方法的运用以及对专业基本技能的训练，以达到理论知识与实务操作相结合，从而增强学生的职业判断能力和实践操作能力，以达到培养应用型专业人才的目的，同时为学生即将从事的会计工作打下坚实基础。

## 1.2 实验准备

实验准备，主要包括以下两个方面：

1. 实验材料准备

实验材料主要包括：记账凭证、总账账簿、日记账、三栏式明细账、多栏式明细账、数量金额式明细账等各类不同格式的账簿、科目汇总表、财务报表、凭证封皮封底、凭证包角等，同时要准备胶水、剪刀、装订绳、装订机、长尾夹等工具。实验主要材料的样式在第6章介绍，以下是考虑了损耗等因素后，需要准备的实验主要材料的数量，见表1-1。

**表1-1　　手工实验主要材料数量**

| 序号 | 材料名称 | 单位 | 数量 | 备注（考虑到损耗等因素） |
|---|---|---|---|---|
| 1 | 记账凭证 | 张 | 180 | 采用通用记账凭证 |
| 2 | 记账凭证封面及封底 | 套 | 3 | 分别按收、付、转装订三本。即：把现收、银收、币收的记账凭证装订一本，为收款凭证；把现付、银付和币付的记账凭证装订一本，为付款凭证；把转账类的记账凭证装订一本，为转账凭证。 |
| 3 | 凭证包角纸 | 张 | 2 | 一张包角纸两个角，共需三个角，装订三本记账凭证。 |
| 4 | 账簿启用及接交表 | 张 | 3 | 账簿按三栏式明细账、数量金额式明细账、多栏式明细账分别装订成三本，每一本使用一张账簿启用及接交表，共需三张。 |

续表

| 序号 | 材料名称 | 单位 | 数量 | 备注（考虑到损耗等因素） |
|---|---|---|---|---|
| 5 | 牛皮纸账簿装订封面、封底 | 套 | 3 | 三栏式明细账、数量金额式明细账、多栏式明细账每本用一套 |
| 6 | 现金日记账 | 张 | 1 | |
| 7 | 银行存款日记账 | 张 | 6 | 四家银行，其中中国银行需要两张。 |
| 8 | 三栏式明细账 | 张 | 120 | |
| 9 | 数量金额式明细账 | 张 | 20 | |
| 10 | 多栏式明细账 | 张 | 18 | 管理费用、销售费用、财务费用、生产成本（核算半成品及产成品）、制造费用（烤花车间及组装车间）。 |
| 11 | 多栏式应交增值税明细账 | 张 | 4 | |
| 12 | 总账 | 本 | 1 | |
| 13 | 档案袋 | 个 | 1 | |

为了方便手工实验的教与学，本手工实验教材备有配套的装订成册的专用账簿，教材使用者可以同时采购配套实验账簿，也可以按以上所列材料分别进行采购。

2. 熟悉实验资料

主要是熟悉实验公司的基本情况、主要会计政策、主要税费、期初余额、经济业务等。

## 1.3 实验程序与要求

1. 建账并登记期初余额

（1）总分类账建账并登记期初余额，需建立2019年01月份实验公司的总账账簿，应认真填写“账簿启用及接交表”和“总分类账目录”信息，并正确进行总分类账的建账，建账时，应注意以下问题：

①对于有期初余额的总账，应在首行“摘要”栏写“上年结转”，并准确登记“方向”及“金额”；

②对于损益类账户，由于在上期期末已将余额结转至“本年利润”科目，因此本期期初无余额，所以只需在总账账页增加此总账账户，不需在首行“摘要”栏处写“上年结转”，不需在“金额”栏处写“0”，如“主营业务收入”“财务费用”等总账账户；

③对于除损益类账户之外的其他常用账户，如果上年末无余额，例如“应收票据”，则只需在总账账页中增加此总账账户，可以不在首行“摘要”栏处写“上年结转”，不需在“金额”栏处写“0”；

④对于“制造费用”总账账户，由于上期属正常经营状态，因此在上期期末已将余额结转至“生产成本”等科目，因此本期期初无余额，不需在首行“摘要”栏处写“上年结转”，不需在“金额”栏处写“0”。

（2）明细分类账建账并登记期初余额，需建立2019年01月份实验公司的各明细账账簿，认真填写“账簿启用及接交表”和“明细账目录”信息，并填写各明细类户的期初余额。

对于明细账簿期初余额的登记方法，同总账期初余额的登记。需注意的是各明细账簿需登记至末级科目，对于数量金额式明细账，需在“余额”列登记“单价”“数量”“金额”信息。

（3）建立现金日记账、银行存款日记账，将上期余额记入余额栏内，摘要栏填写“上年结转”。

（4）在实验公司 01 月经济业务中新涉及的相关账户，如果期初建账时没有涉及，则应在实际发生时，随时进行新增账户的设置。

2. 根据经济业务内容和原始凭证，编制记账凭证。

实验公司的记账凭证类型包括以下七种，并按各凭证类型分别从“1”进行顺序编号：

| | |
|---|---|
| ①现金收款凭证 | 现收 1、现收 2、现收 3…… |
| ②现金付款凭证 | 现付 1、现付 2、现付 3…… |
| ③银行存款收款凭证 | 银收 1、银收 2、银收 3…… |
| ④银行存款付款凭证 | 银付 1、银付 2、银付 3…… |
| ⑤其他货币资金收款凭证 | 币收 1、币收 2、币收 3…… |
| ⑥其他货币资金付款凭证 | 币付 1、币付 2、币付 3…… |
| ⑦转账凭证 | 转 1、转 2、转 3…… |

3. 根据审核无误的记账凭证，登记现金日记账、银行存款日记账及明细分类账。

如果发生登账错误，应根据具体情况，采用正确的更正方法进行更正，如划线更正法、红字更正法和补充登记法等，切忌刮、擦、挖、涂改等错误方法。

4. 进行成本核算，根据企业会计政策和相关资料计算期末在产品和完工产品成本。

5. 月末，根据记账凭证，编制科目汇总表，进行试算平衡。

根据记账凭证，借助“T”型账户，将各科目本期借方与贷方的发生额进行登记与汇总，以此编制科目汇总表，并进行试算平衡。

6. 根据科目汇总表登记总分类账户。

7. 将总分类账与有关明细分类账、日记账进行核对。

8. 月末结账，结出明细分类账、日记账、总分类账本期发生额及期末余额，并划月结线。

不需进行“本年累计”。

9. 根据核对无误的总分类账、明细分类账等资料，编制资产负债表、利润表。

10. 装订凭证，根据凭证类型分别按编号进行排序，将附件进行整理，折叠整齐，加上封面与封底，装订成册。

将 7 种凭证类型按编号顺序排列，折叠整理整齐，加封面封底，装订成册，并将封面封底信息填写完整。其中收款凭证的排列顺序为现收凭证、银收凭证、币收凭证；付款凭证的排列顺序为现付凭证、银付凭证、币付凭证。即本实验共装订三本凭证：收款凭证、付款凭证及转账凭证。

在实务中，如果当月业务量大，会出现一种凭证类型装订多本的情况，如转账凭证会出现装订多本情况；如果收付款业务不多，可以将现收、银收及币收类型的凭证装订为一册，将现付、银付、币付类型的凭证装订为一册，转账凭证装订为一册，如果业务较多，一个凭证类型也可以装订多册。

（1）凭证打孔装订：通常采用三孔装订法，这种方法装订稳固、不易松动。可以使用装订机进行装订，也可以采用手动打孔穿线的方式进行装订。见图 1－1 和图 1－2。

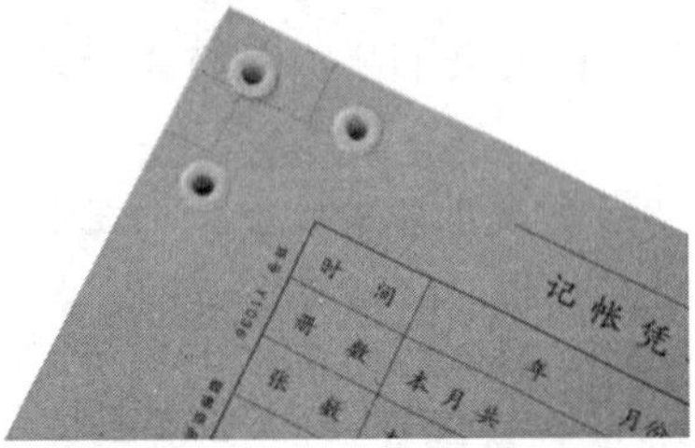


图 1－1　机器打孔效果

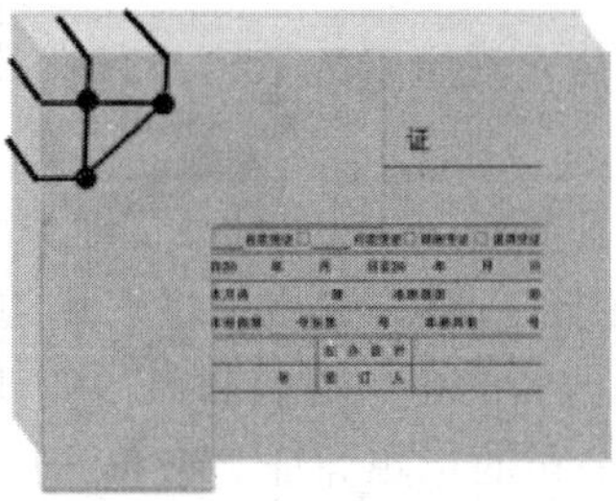


图 1－2　手动打孔穿线效果

（2）凭证包角的具体操作如下：

①将一张包角纸分出两个包角。见图 1－3。

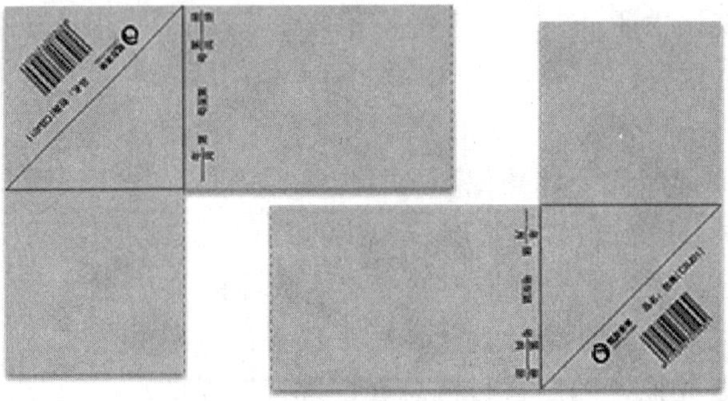

图 1－3　包角分开效果

②把包角倒过来放在要装订的凭证左上方，在压痕线内侧装订。见图 1－4。

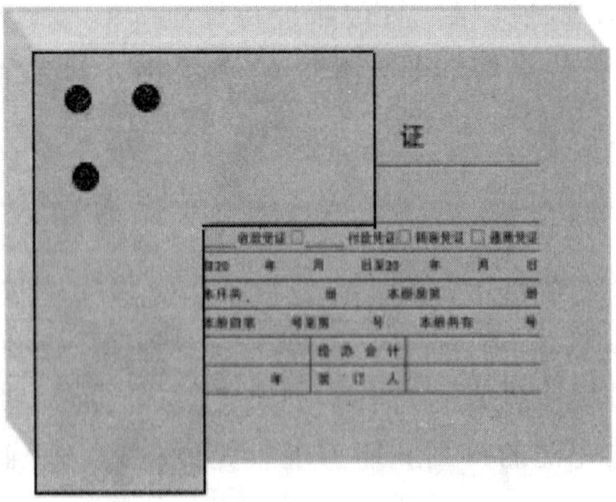


图 1－4　打孔前包角放置的位置

③将包角沿压线反折。见图 1 - 5。

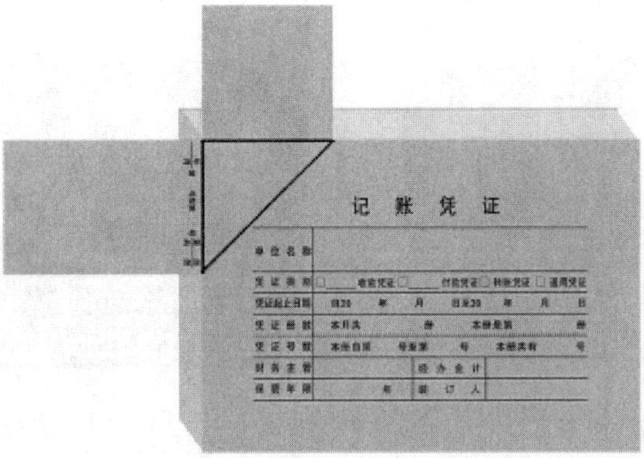


图 1 - 5　包角反折效果

④将凭证翻转至背面，把包角压紧，用胶水等粘合。见图 1 - 6 和图 1 - 7。

图 1 - 6　包角反折的方向

图 1 - 7　用胶水粘合

⑤装订完毕。见图 1 - 8 和图 1 - 9。

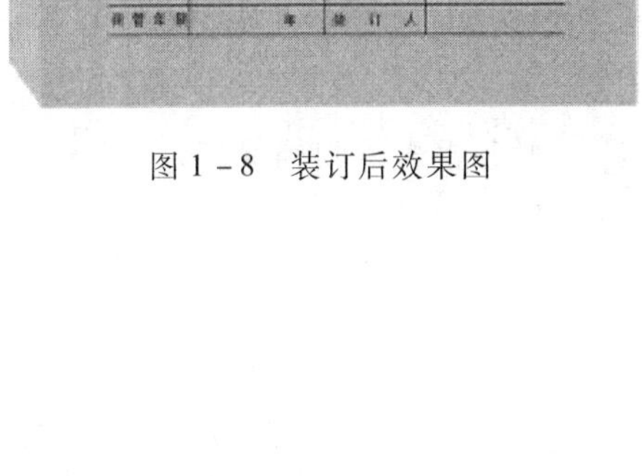


图 1 - 8　装订后效果图

图 1 - 9　装订后效果图

⑥凭证归档。见图 1 – 10 至图 10 – 12。

装订好的凭证，可以放在凭证盒中，然后再放入橱柜中归档。

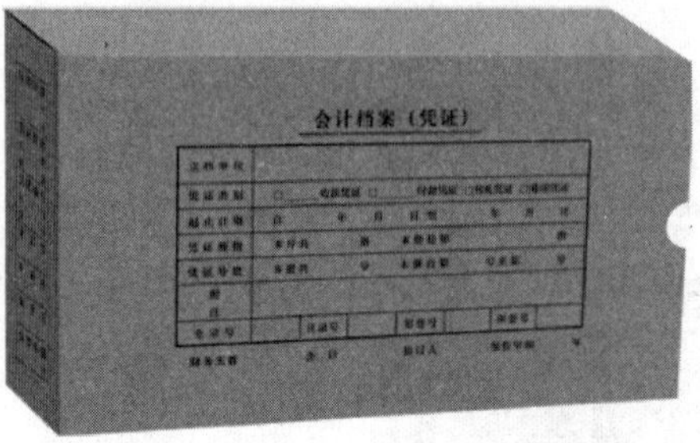


图 1 – 10　凭证档案盒

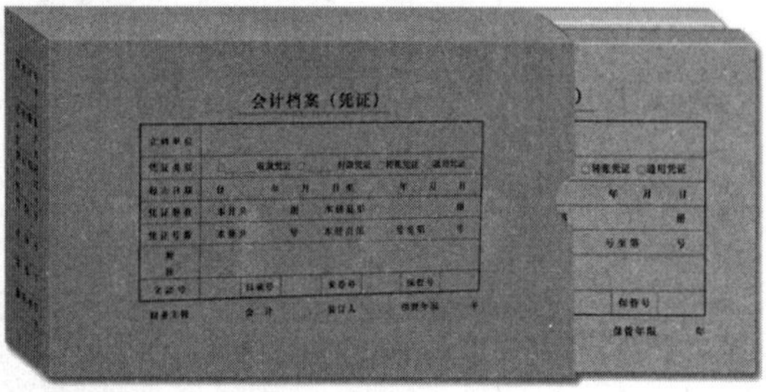


图 1 – 11　将凭证装入档案盒

图1 – 12　将装好的凭证放入文件柜归档

11. 将账页装订成册。

本手工实验教材备有配套的装订成册的《手工实验专用账簿》，包括总分类账、明细分类账（三栏式明细账、多栏式明细账、数量金额式明细账）、日记账（现金日记账、银行存款日记账）、科目汇总表、财务报表等。

如果学生实验使用的为活页式明细账簿，则需要将账页加上封面与封底，装订成册。

（1）总分类账单独成册，“账簿启用及接交表”和“目录”需填写完整。

（2）本实验由于涉及库存现金及银行存款的业务不多，因此库存现金和银行存款日记账无需单独成册。

（3）明细分类账按三栏式明细账、多栏式明细账、数量金额式明细账分别单独成册，并将“账簿启用及接交表”和“目录”填写完整。

在实务中需根据业务量进行账簿的装订，如三栏式明细账业务较多，会出现三栏式明细账装订多本的情况。

12. 将记账凭证、总分类账、明细分类账、日记账、财务报告等归档保管。

## 1.4　实验组织

1. 应配备专职实验教师，指导实验全过程，根据学生日常实验的质量和工作量给予评分。

2. 本实验组织方式有两种，可根据具体情况进行选择。

（1）一人单独完成实验：有利于系统、全面地熟悉和掌握整个企业会计实务工作。

（2）分组分角色共同完成实验：每组人数2-3人为宜，按财会岗位分工完成，在完成实验的过程中应相互沟通协作。为了避免由于岗位分工，造成业务处理掌握不全面的缺陷，可以在小组内进行轮岗操作，如按上旬、中旬、下旬进行轮岗，以达到全面熟悉及掌握各岗位实务工作操作的目的。

3. 课时量：安排60课时较合适，如果课时偏少，可安排学生课下完成部分实验任务，如科目汇总表的编制等。

## 1.5　实验考核

1. 手工实验结束后需递交以下资料，以备根据学生完成实验的质量和工作量进行考核：

（1）装订的记账凭证。

（2）账簿，递交本实验配套的《手工实验专用账簿》。未使用《手工实验专用账簿》的，递交装订的账簿，包括总账、日记账、三栏式明细账、数量金额式明细账、多栏式明细账等。

（3）科目汇总表及其“T”型账户工作底稿。

（4）财务报告，包括资产负债表、利润表。

（5）分组分角色完成的需递交分工及工作量明细表。

2. 考核成绩的给定建议。

手工实验课程最终成绩由日常成绩（20%）和上交的账套资料成绩（80%）构成。

指导教师应加强实验过程的控制，定期进行检查，在检查时根据学生完成账套质量的情况给出相应日常成绩，实验结束后再结合学生出勤等情况并根据过程检查的日常平均成绩，给定最终的日常成绩。

课程结束，收齐账套资料，根据账套完成质量给出账套资料成绩，然后与日常成绩按比例计算得出手工实验课程的最终成绩。

# 第 2 章

# 公司基本情况及相关信息

## 2.1　公司基本情况

企业名称：中国琴岛家居用品有限公司

企业简介：公司在家居用品行业内是一家著名企业，公司设置了总经理办公室、人事部、财务部、采购部、销售部、设计部、研发部、厂办公室、质检部、仓储部、烤花车间、组装车间等部门，是集设计、研发、生产、销售家居用品为一体的公司。产品范围包括：餐厨用品、卫浴用品、家居饰品、不锈钢制品等几千个花色品种。公司依托创新的设计理念，雄厚的技术实力，强大的生产能力和现代化的管理思路，已经成为中国最大的以家居用品为主的制造企业之一。

地址：山东省青岛市市南区香港东路 366 号

邮编：266000

电话：0532－88666680

法定代表人：李厚松（公司总经理）

注册资本：人民币贰仟万元整

其中 80% 为诚信股份有限公司投入资本

20% 为东岳股份有限公司投入资本

企业类型：有限责任公司

社会信用代码：37020286AC17W62A39

财务经理：孙晓霞

公司下设 12 个部门，其中财务部共 3 人，孙晓霞为财务经理，全面负责财务部的工作，同时负责会计报表的编制、于慧军所编制记账凭证等的审核工作；于慧军为财务部经理助理兼成本会计，负责材料采购、入库、领用等记账凭证的填制以及相关明细账的登记，负责各种成本、费用的归集与分配、成本计算等记账凭证的填制及相关明细账的登记，负责除出纳业务之外的其他业务记账凭证的编制以及相关明细账的登记，负责科目汇总表的编制，同时负责出纳人员所编制记账凭证的审核等工作；钱丽为出纳，负责货币资金的收付、货币资金有关凭证的填制以及现金日记账、银行存款日记账、其他货币资金明细账的登记工作。

## 2.2 银行账户信息

本公司共开立 4 个银行账户及 1 个证券资金账户，信息详见表 2 - 1。

**表 2 - 1**　　银行账户信息

| 序号 | 银行账户 | 账户分类 | 账号 | 纳税人识别号 | 地址 | 电话 | 主要业务 |
|---|---|---|---|---|---|---|---|
| 1 | 中国建设银行山东路支行 | 基本存款账户 | 622375696991 | 370202635189722 | 青岛市市南区山东路20号 | 0532 - 66708171 | 发放工资、提现等 |
| 2 | 中国银行青岛市南支行 | 一般存款账户 | 603089162282 | 370202783612869 | 山东省青岛市市南区中山路 68 号 | 0532 - 82866961 | 收付货款等结算业务 |
| | | | 603089167289 | | | | 商业汇票保证金账户 |
| 3 | 中国农业银行青岛市南区支行 | 一般存款账户 | 686987126681 | 370202523468766 | 青岛市市南区南京路21 号 | 0532 - 85721520 | 缴纳税费 |
| 4 | 招商银行股份有限公司青岛分行营业部 | 一般存款账户 | 532906058723 | 370202468415862 | 青岛市市南区澳门 65 号 | 0532 - 82939028 | 缴纳社会保险及住房公积金 |
| 5 | 东海证券资金账户 | 证券资金账号 | 523226682768 | 37020267909425X | 青岛市市南区香港中路 77 号 | 0532 - 55552699 | 金融产品投资等 |

## 2.3 部门及职员档案

1. 部门档案，见表2-2。

**表2-2** **部门档案**

| 部门序号 | 部门名称 | 部门负责人 | 部门编号 | 部门名称 | 部门负责人 |
|---|---|---|---|---|---|
| 1 | 总经理办公室 | 李厚松 | 9 | 烤花车间 | 孟子轩 |
| 2 | 人事部 | 任　亮 | 10 | 组装车间 | 吴　越 |
| 3 | 财务部 | 孙晓霞 | 11 | 质检部 | 李　林 |
| 4 | 采购部 | 林子伟 | 12 | 仓储部 | |
| 5 | 销售部 | 王　星 | 1201 | 原材料库 | 王新源 |
| 6 | 设计部 | 郝　艺 | 1202 | 半成品库 | 田　伟 |
| 7 | 研发部 | 辛　颖 | 1203 | 产成品库 | 方　德 |
| 8 | 厂办公室 | 王　成 | | | |

2. 人员档案，见表2-3。

**表2-3** **人员档案**

| 职员序号 | 职员名称 | 职务 | 所属部门 | 职员属性 |
|---|---|---|---|---|
| 1 | 李厚松 | 总经理 | 总经理办公室 | 总经理 |
| 2 | 孙　诚 | 办公室主任 | 总经理办公室 | 部门经理 |
| 3 | 刘　娜 | 办公室秘书 | 总经理办公室 | 行政人员 |
| 4 | 任　亮 | 人事部经理 | 人事部 | 部门经理 |
| 5 | 李　琨 | 职员 | 人事部 | 行政人员 |
| 6 | 赵　晨 | 职员 | 人事部 | 行政人员 |
| 7 | 孙晓霞 | 财务主管 | 财务部 | 部门经理 |
| 8 | 于慧军 | 会计 | 财务部 | 财务人员 |
| 9 | 钱　丽 | 出纳 | 财务部 | 财务人员 |
| 10 | 林子伟 | 采购部经理 | 采购部 | 部门经理 |
| 11 | 洪　涵 | 采购人员 | 采购部 | 采购人员 |
| 12 | 刘　楠 | 采购人员 | 采购部 | 采购人员 |
| 13 | 谢　田 | 采购人员 | 采购部 | 采购人员 |
| 14 | 孙　强 | 采购人员 | 采购部 | 采购人员 |
| 15 | 王　星 | 销售部经理 | 销售部 | 部门经理 |
| 16 | 宋　达 | 销售人员 | 销售部 | 销售人员 |
| 17 | 赵丽萍 | 销售人员 | 销售部 | 销售人员 |
| 18 | 徐建业 | 销售人员 | 销售部 | 销售人员 |
| 19 | 王黎明 | 销售人员 | 销售部 | 销售人员 |
| 20 | 孙明光 | 销售人员 | 销售部 | 销售人员 |
| 21 | 丁　芮 | 销售人员 | 销售部 | 销售人员 |
| 22 | 郝　艺 | 设计部经理 | 设计部 | 部门经理 |
| 23 | 张建文 | 设计人员 | 设计部 | 设计人员 |
| 24 | 刘春诚 | 设计人员 | 设计部 | 设计人员 |
| 25 | 辛　颖 | 研发部经理 | 研发部 | 部门经理 |

续表

| 职员序号 | 职员名称 | 职务 | 所属部门 | 职员属性 |
|---|---|---|---|---|
| 26 | 王文杰 | 研发人员 | 研发部 | 研发人员 |
| 27 | 于　鹏 | 研发人员 | 研发部 | 研发人员 |
| 28 | 王　成 | 厂办经理 | 厂办公室 | 部门经理 |
| 29 | 孙　凯 | 厂办秘书 | 厂办公室 | 行政人员 |
| 30 | 赵　丽 | 文员 | 厂办公室 | 行政人员 |
| 31 | 杨　坤 | 文员 | 厂办公室 | 行政人员 |
| 32 | 孟子轩 | 烤花车间主任 | 烤花车间 | 生产管理人员 |
| 33 | 董　玉 | 生产工人 | 烤花车间 | 半成品生产工人 |
| 34 | 刘　平 | 生产工人 | 烤花车间 | 半成品生产工人 |
| 35 | 赵东华 | 生产工人 | 烤花车间 | 半成品生产工人 |
| 36 | 邵　刚 | 生产工人 | 烤花车间 | 半成品生产工人 |
| 37 | 巩东广 | 生产工人 | 烤花车间 | 半成品生产工人 |
| 38 | 王　帆 | 生产工人 | 烤花车间 | 半成品生产工人 |
| 39 | 王　新 | 生产工人 | 烤花车间 | 半成品生产工人 |
| 40 | 孙建平 | 生产工人 | 烤花车间 | 半成品生产工人 |
| 41 | 金　英 | 生产工人 | 烤花车间 | 半成品生产工人 |
| 42 | 姜　军 | 生产工人 | 烤花车间 | 半成品生产工人 |
| 43 | 洪　雷 | 生产工人 | 烤花车间 | 半成品生产工人 |
| 44 | 尚英豪 | 生产工人 | 烤花车间 | 半成品生产工人 |
| 45 | 李　跃 | 生产工人 | 烤花车间 | 半成品生产工人 |
| 46 | 仵少华 | 生产工人 | 烤花车间 | 半成品生产工人 |
| 47 | 董　武 | 生产工人 | 烤花车间 | 半成品生产工人 |
| 48 | 吴　越 | 组装车间主任 | 组装车间 | 生产管理人员 |
| 49 | 王小平 | 生产工人 | 组装车间 | 产成品生产工人 |
| 50 | 陶　明 | 生产工人 | 组装车间 | 产成品生产工人 |
| 51 | 邓　帅 | 生产工人 | 组装车间 | 产成品生产工人 |
| 52 | 李　强 | 生产工人 | 组装车间 | 产成品生产工人 |
| 53 | 张兰清 | 生产工人 | 组装车间 | 产成品生产工人 |
| 54 | 黄少伟 | 生产工人 | 组装车间 | 产成品生产工人 |
| 55 | 肖　强 | 生产工人 | 组装车间 | 产成品生产工人 |
| 56 | 方　坤 | 生产工人 | 组装车间 | 产成品生产工人 |
| 57 | 孟常帝 | 生产工人 | 组装车间 | 产成品生产工人 |
| 58 | 孔　力 | 生产工人 | 组装车间 | 产成品生产工人 |
| 59 | 周　华 | 生产工人 | 组装车间 | 产成品生产工人 |
| 60 | 刘建安 | 生产工人 | 组装车间 | 产成品生产工人 |
| 61 | 王峰遥 | 生产工人 | 组装车间 | 产成品生产工人 |
| 62 | 张成功 | 生产工人 | 组装车间 | 产成品生产工人 |
| 63 | 周建国 | 生产工人 | 组装车间 | 产成品生产工人 |
| 64 | 李　林 | 质检部主任 | 质检部 | 部门经理 |
| 65 | 孙少华 | 质检员 | 质检部 | 质检人员 |
| 66 | 邓　梅 | 质检员 | 质检部 | 质检人员 |
| 67 | 王新源 | 原材料库主任 | 原材料库 | 部门经理 |
| 68 | 杜胜禹 | 仓管人员 | 原材料库 | 仓管人员 |
| 69 | 田　伟 | 半成品库主任 | 半成品库 | 部门经理 |
| 70 | 李秋玉 | 仓管人员 | 半成品库 | 仓管人员 |
| 71 | 方　德 | 产成品库主任 | 产成品库 | 部门经理 |
| 72 | 孟圆圆 | 仓管人员 | 产成品库 | 仓管人员 |

## 2.4 主要往来单位信息

1. 客户档案，见表2-4。

**表2-4** 客户档案

| 序号 | 供货商名称 | 简称 | 分类码 | 纳税人识别号 | 地址、电话 | 开户行 | 分管部门 | 业务员 |
|---|---|---|---|---|---|---|---|---|
| 1 | 青岛利群商贸股份有限公司 | 利群 | 01 | 370202UR874695P251 | 青岛市台东三路77号0532-83636868 | 工商银行台东分行3703334645787 | 销售部 | 宋达 |
| 2 | 青岛万象商贸股份有限公司 | 万象 | 01 | 370202QD116388P653 | 青岛市市南区香港西路99号0532-88665012 | 华夏银行香港路支行3754213212455 | 销售部 | 赵丽萍 |
| 3 | 北京大商集团股份有限公司 | 大商 | 01 | 37030376EA73F23785 | 北京朝阳区八里庄南里12号010-93385886 | 工行朝阳区八里庄南里分行3366452648499 | 销售部 | 徐建业 |
| 4 | 上海百联集团股份有限公司 | 百联 | 01 | 310226DF8745424D98 | 上海市长宁区仙霞西路68号021-52285426 | 建设银行上海市长宁区分行9976125231223 | 销售部 | 王黎明 |
| 5 | 广州长青商贸股份有限公司 | 长青 | 01 | 440100DW6598723311 | 广州市越秀区人民北路63号020-81684833 | 中行越秀区分行318140573691 | 销售部 | 孙明光 |

2. 供应商档案，见表2-5。

**表2-5** 供应商档案

| 序号 | 供货商名称 | 简称 | 纳税人识别号 | 地址、电话 | 开户行 | 分管部门 | 业务员 | 采购货物 |
|---|---|---|---|---|---|---|---|---|
| 1 | 青岛艺家印刷包装制品有限公司 | 艺家 | 370202DE5872S36586 | 市北区辽阳西路326号0532-82215897 | 招行青岛辽阳西路支行978241526612811 | 采购部 | 刘楠 | 包装盒、外箱 |
| 2 | 青岛东伟不干胶制品有限公司 | 东伟 | 370202AM693264C296 | 青岛城阳区正阳路89号0532-86694007 | 农行城阳区支行6482000565688 | 采购部 | 孙强 | 不干胶贴、条码标签 |

续表

| 序号 | 供货商名称 | 简称 | 纳税人识别号 | 地址、电话 | 开户行 | 分管部门 | 业务员 | 采购货物 |
|---|---|---|---|---|---|---|---|---|
| 3 | 山东淄博昌盛玻璃制品有限公司 | 昌盛 | 37030376EA73F23785 | 淄博中心路 7 号 0533－3916823 | 工行淄博分行 9806562879476 | 采购部 | 洪涵 | 水晶玻璃醒酒器光瓶、水晶槽 |
| 4 | 佛山华盛玻璃制品有限公司 | 华盛 | 4406D1748EJ0281693 | 佛山市三水区兴唐路 67 号 0757－88722199 | 建行三水区支行 6548795428189 | 采购部 | 洪涵 | 水晶玻璃醒酒器光瓶、水晶槽 |
| 5 | 山东潍坊欣华玻璃制品有限公司 | 欣华 | 3707847DA4635F1927 | 潍坊北宫东街 32 号 0536－8861999 | 中行潍坊开发区支行 6848215468653 | 采购部 | 洪涵 | 水晶玻璃醒酒器光瓶、水晶槽 |
| 6 | 无锡秀树玻璃制品有限公司 | 秀树 | 3206HY65895756D288 | 无锡市滨湖区建筑西路 69 号 0510－82788619 | 建行无锡滨湖支行 8721656896156 | 采购部 | 洪涵 | 水晶玻璃醒酒器光瓶、水晶槽 |
| 7 | 山东淄博春林纸箱制品有限公司 | 春林 | 37030359672F233281 | 淄博高新区鲁信路 920 号 0533－3918888 | 工行淄博高新区支行 8515246785423 | 采购部 | 刘楠 | 包装盒、外箱 |
| 8 | 天津长恒包装制品有限公司 | 长恒 | 91120116MA03F87611 | 天津武清开发区泉汇路 3 号 022－59668888 | 工行武清支行 7866365125489 | 采购部 | 刘楠 | 包装盒、外箱 |
| 9 | 山东高密祥泰纸箱制品有限公司 | 祥泰 | 9135678GF5881L9882 | 山东省高密市人民大街 136 号电话：0536－2000919 | 中行高密支行人民大街东段分理处 6512847569186 | 采购部 | 刘楠 | 包装盒、外箱 |
| 10 | 广州德瑞不锈钢制品有限公司 | 德瑞 | 440108CE651W027986 | 广州市海珠区新港中路 47 号 020－38829666 | 中行海珠区支行 6528468752166 | 采购部 | 谢田 | 不锈钢盖 |
| 11 | 河南信阳创新不锈钢制品有限公司 | 创新 | 411501BG0547ST2016 | 信阳市浉河区新华东路 9 号 0376－6200872 | 工行信阳浉河支行 8615278965231 | 采购部 | 谢田 | 不锈钢盖 |
| 12 | 北京超凡印务有限公司 | 超凡 | 911102HG479625A432 | 北京朝阳区红庙路 4 号 010－66000018 | 建行北京分行朝阳支行 6847863216956 | 采购部 | 孙强 | 图案花纸、说明书 |
| 13 | 保定成运包装材料有限公司 | 成运 | 13062AE594071G8219 | 保定市恒祥北大街 8 号 0312－8751267 | 中行保定市北城支行 6685291628428 | 采购部 | 孙强 | 塑料袋、胶带、气泡膜 |
| 14 | 昆山宏泰干燥剂制品有限公司 | 宏泰 | 320569AG1479C81722 | 江苏昆山市开发区南阳南路 212 号 0512－57988002 | 工行昆山支行 5841562894112 | 采购部 | 孙强 | 干燥剂 |
| 15 | 南京东鑫橡胶制品有限公司 | 东鑫 | 32012DE7872T192623 | 南京市江宁经济技术开发区隐龙路 3 号 025－83629327 | 中行江宁支行 8676548545129 | 采购部 | 孙强 | 密封硅胶圈 |

# 2.5 产品资料

1. 公司产品为烤花水晶玻璃醒酒器（规格型号 A－1），产品展示如图 2－1 和图 2－2。

图 2－1 烤花水晶玻璃醒酒器

图 2－2 醒酒器使用状态

2. 烤花水晶玻璃醒酒器物料清单，见表 2－6。

**表 2－6 烤花水晶玻璃醒酒器物料清单**

| 序号 | 存货类别名称 | 计量单位 | 数量 | |
|---|---|---|---|---|
| 1 | 水晶玻璃醒酒器光瓶 | 只 | 1 |  |
| 2 | 带过滤网 304 不锈钢盖 | 只 | 1 |  |
| 3 | 硅胶密封圈 | 个 | 1 | |
| 4 | 水晶槽（莲花式酒洒） | 个 | 1 | |
| 5 | 烤花花纸 | 张 | 1 |  |
| 6 | 精致礼盒 | 个 | 1 | 外观图案多种设计 |

## 2.6　生产流程及成本核算

1. 生产流程

烤花水晶玻璃醒酒器生产流程图详见图 2－3。

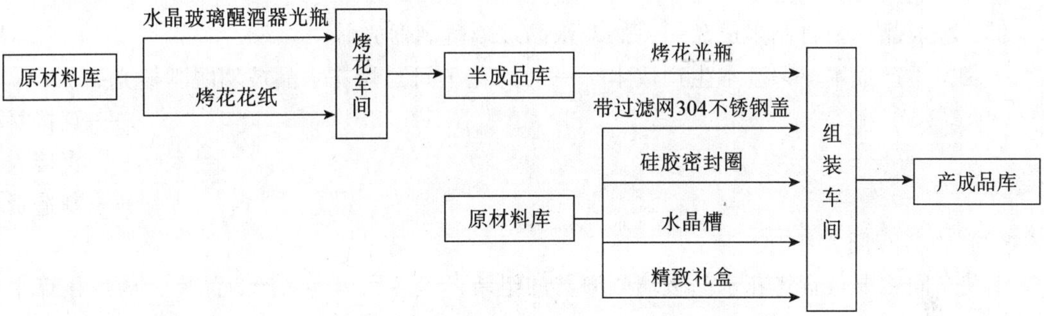


图 2－3　烤花水晶玻璃醒酒器生产流程图

2. 成本核算的主要账务处理

（1）烤花车间

烤花车间主要是将外购的水晶玻璃醒酒器进行烤花，烤花后的水晶玻璃醒酒器为自制半成品，并入半成品库。成本核算主要包括：

①烤花车间领用烤花水晶玻璃醒酒器光瓶、烤花花纸原材料时：

借：生产成本——基本生产成本——（烤花车间）烤花水晶玻璃醒酒器光瓶——直接材料

　贷：原材料——××

②烤花车间发生直接人工费用时：

借：生产成本——基本生产成本——（烤花车间）烤花水晶玻璃醒酒器光瓶——直接人工

　贷：应付职工薪酬——工资

　　　　　　　　——社会保险费

　　　　　　　　——住房公积金

　　　　　　　　——工会经费

　　　　　　　　——职工教育经费等

③烤花车间发生水费、电费、办公费、差旅费、折旧费、生产管理人员的职工薪酬时：

借：制造费用——烤花车间——水电费

　　　　　　　　　　　——办公费

　　　　　　　　　　　——差旅费

　　　　　　　　　　　——折旧费

　　　　　　　　　　　——职工薪酬等

　贷：银行存款/应付职工薪酬等

④月末，将烤花车间本月发生的制造费用转入“生产成本——基本生产成本——（烤花车间）烤花水晶玻璃醒酒器光瓶——制造费用”：

借：生产成本——基本生产成本——（烤花车间）烤花水晶玻璃醒酒器光瓶——制造费用
　贷：制造费用——烤花车间——水电费
　　　　　　　　　　　　——办公费
　　　　　　　　　　　　——差旅费
　　　　　　　　　　　　——折旧费
　　　　　　　　　　　　——职工薪酬等

⑤半成品入库：

借：半成品——自制半成品——烤花水晶玻璃醒酒器光瓶
　贷：生产成本——基本生产成本——（烤花车间）烤花水晶玻璃醒酒器光瓶
　　　　　　　　　　　　　　　　　　　　　　　　　　——直接材料
　　　　　　　　　　　　　　　　　　　　　　　　　　——直接人工
　　　　　　　　　　　　　　　　　　　　　　　　　　——制造费用

（2）组装车间

组装车间主要负责烤花水晶玻璃醒酒器的组装，组装完毕，入产成品库，成本核算主要包括：

①组装车间领用自制半成品烤花水晶玻璃醒酒器光瓶时：

借：生产成本——基本生产成本——（组装车间）烤花水晶玻璃醒酒器——自制半成品
　贷：半成品——自制半成品——烤花水晶玻璃醒酒器光瓶

②组装车间领用不锈钢盖、水晶槽等原材料时：

借：生产成本——基本生产成本——（组装车间）烤花水晶玻璃醒酒器——直接材料
　贷：原材料——××

③发生直接人工时：

借：生产成本——基本生产成本——（组装车间）烤花水晶玻璃醒酒器——直接人工
　贷：应付职工薪酬——工资
　　　　　　　　　——社会保险费
　　　　　　　　　——住房公积金
　　　　　　　　　——工会经费
　　　　　　　　　——职工教育经费等

④组装车间发生水费、电费、办公费、差旅费、折旧费、生产管理人员的职工薪酬时：

借：制造费用——组装车间——水电费
　　　　　　　　　　　——办公费
　　　　　　　　　　　——差旅费
　　　　　　　　　　　——折旧费
　　　　　　　　　　　——职工薪酬等
　贷：银行存款/应付职工薪酬等

⑤月末，将组装车间本月发生的制造费用转入“生产成本——基本生产成本——（组装车间）烤花水晶玻璃醒酒器——制造费用”：

借：生产成本——基本生产成本——（组装车间）烤花水晶玻璃醒酒器——制造费用
　贷：制造费用——组装车间——水电费

——办公费

——差旅费

——折旧费

——职工薪酬等

⑥月末，结转完工产品的成本：

借：库存商品——烤花水晶玻璃醒酒器

贷：生产成本——基本生产成本——（组装车间）烤花水晶玻璃醒酒器

——自制半成品

——直接材料

——直接人工

——制造费用

# 第3章

# 主要会计核算规则

## 3.1　备用金的核算

1. 备用金的管理制度

本公司采用以下两种备用金管理制度：

（1）随借随用，用后报销制度。

（2）定额备用金制度。

2. 备用金科目的设置

（1）随借随用，用后报销制度，适用于不经常使用备用金的单位和个人，科目设置为“其他应收款——××”。

（2）定额备用金制度，适用于备用金数额较大或业务较多的单位和个人，科目设置为“其他应收款——备用金——××”。

## 3.2　交易性金融资产的核算

1. 取得交易性金融资产时

按照公允价值进行初始确认，企业取得金融资产时所支付的价款中包含的已宣告但尚未发放的债券利息或现金股利应一并计入初始成本，相关交易费用计入当期损益“投资收益”科目（借方）。初始计量如表3-1所示。

**表3-1　　交易性金融资产的初始计量**

| 初始计量核算要点 | 分　录 | 备注 |
| --- | --- | --- |
| （1）按公允价值计量 | 借：交易性金融资产——××（成本）<br>　　投资收益<br>　贷：其他货币资金 | 【公允价值】<br>【交易费用】 |
| （2）相关的交易费用计入当期损益“投资收益”（借方，冲减） | | |

2. 持有期间

持有期间取得的利息或现金股利，确认为投资收益，记入“投资收益”科目。

3. 资产负债表日

资产负债表日，交易性金融资产按公允价值计量，其变动一方调整资产的账面价值，另一方应计入当期损益“公允价值变动损益”科目。如表 3 - 2 所示。

**表 3 - 2　　交易性金融资产的期末计量**

| | | |
|---|---|---|
| 期末计量：资产负债表日按公允价值计量，其变动计入当期损益的“公允价值变动损益”。 | 借：交易性金融资产—××（公允价值变动）<br>　贷：公允价值变动损益 | 价值上升<br>↗ |
| | 借：公允价值变动损益<br>　贷：交易性金融资产—××（公允价值变动） | 价值下跌<br>↘ |

4. 处置交易性金融资产时

将处置时金融资产的公允价值与账面价值之间的差额确认为“投资收益”，同时将持有期间“公允价值变动损益”科目的累计发生额，即其科目余额转入“投资收益”科目。

## 3.3　存货的核算

1. 存货的分类

公司存货分为原材料、周转材料（包括包装物、低值易耗品）、在产品、自制半成品、库存商品等。

2. 存货成本的核算

存货采用实际成本进行核算：

（1）材料的核算

①材料采购过程中发生的运费、保险费、装卸整理等共同采购费用，按照材料的买价比例进行分配，分配率及分配额均保留两位小数。如果费用发生时已明确相应材料承担的费用，则按各材料所承担的费用进行核算；

②材料发出采用先进先出法。

（2）自制半成品及产成品发出的计价方法

均按全月一次加权平均法计价。

（3）低值易耗品的核算

低值易耗品采用一次转销法。

（4）完工产品成本的核算

完工产品的成本核算采用逐步结转分步法（不要求成本还原），生产费用在完工产品与在产品之间的分配采用约当产量法。

（5）工资、五险一金等费用的核算

由于烤花车间和组装车间均生产单一产品，因此按实际发生额进行核算。

（6）制造费用的核算

按照烤花车间和组装车间分别进行归集，由于烤花车间和组装车间均生产单一产品，因此，在月末直接结转到相应产品的生产成本中。

（7）盘盈盘亏材料的核算

①盘盈的材料按其最近一次不含税买价作为入账价值。

②盘亏的材料按先进先出法核算的实际成本进行计量。

3. 期末存货的核算

①期末存货按成本与可变现净值孰低原则进行计价核算。

②对于跌价的部分，进行存货跌价准备的计提。

## 3.4 固定资产的核算

1. 本公司固定资产的确定标准

在遵循固定资产准则规定的前提下，为了便于对本企业固定资产的核算与管理，固定资产的确定标准如下：

（1）属于生产经营主要设备的物品，需同时满足使用寿命超过一个会计年度且单位价值在 2 000 元以上。

（2）不属于生产经营主要设备的物品，需同时满足使用寿命超过两年且单位价值在 2 000 元以上。

2. 固定资产的折旧

（1）固定资产按年限平均法计提折旧。

（2）按月计提固定资产折旧。月份内开始使用的固定资产，当月不计提折旧，从下月起计提折旧；月份内减少或停用的固定资产，当月仍计提折旧，从下月起停止计提折旧。

（3）固定资产净残值率均为 5%。

固定资产的折旧年限等相关资料，如表 3－3 所示。

**表 3－3　　固定资产按类别计提折旧的年限**

| 类别编号 | 类别名称 | 折旧年限 | 净残值率 | 年折旧率 |
| --- | --- | --- | --- | --- |
| 1 | 房屋及建筑物 | 20 年 | 5% | 0.40% |
| 2 | 机器设备 | 10 年 | 5% | 0.79% |
| 3 | 工具、器具、家具 | 5 年 | 5% | 1.58% |
| 4 | 运输工具 | 4 年 | 5% | 1.98% |
| 5 | 电子设备 | 3 年 | 5% | 2.64% |

3. 固定资产的核算

（1）生产车间发生的不符合固定资产确认条件的修理费用，记入“管理费用”科目。

（2）固定资产盘盈作为前期差错处理，通过“以前年度损益调整”科目调整年初留存收益及相关账户金额；固定资产盘亏，通过“待处理财产损溢——待处理固定资产损溢”科目核算，盘亏的净损失记入“营业外支出——盘亏损失”科目。

（3）出售的固定资产，需先将其账面价值转入“持有待售资产”科目，出售的净损益记入“资产处置损益”科目。

（4）对于毁损报废的固定资产，通过“固定资产清理”科目核算，其报废的净损失记入“营业外支出”科目。

## 3.5　无形资产的核算

1. 无形资产的初始计量。

无形资产按实际成本进行初始计量。

2. 无形资产的内部研究开发费用账务处理，如图 3－1 所示。

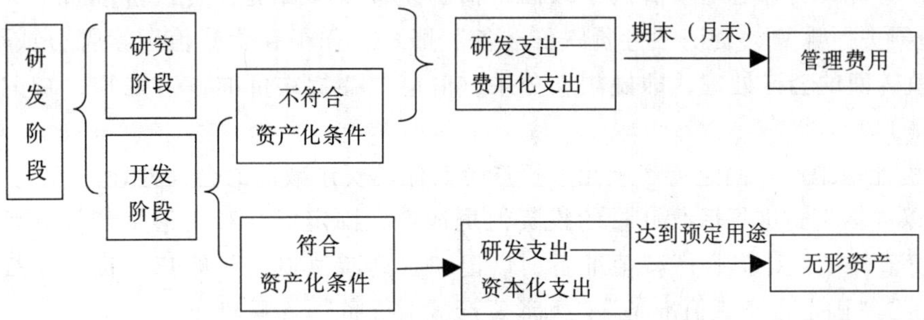


图 3－1　内部研究开发费用账务处理流程图

3. 无形资产的摊销年限和方法，见表 3－4。

表 3－4　无形资产使用寿命的确定

| 具体情况 | 使用寿命的确定 |
| --- | --- |
| 来源于合同性权利或其他法定权利的 | （1）不应超过合同性权利或其他法定权利的期限（如果续约不需付出大额成本，续约期计入使用寿命）。<br>（2）如预期期限短于合同性权利或其他法定权利的期限，则以预期期限确定其使用寿命，即孰短的原则。 |
| 合同或法律没有规定使用寿命的 | 应当综合各方面情况判断，以确定无形资产能为企业带来未来经济利益的期限，如参考历史经验、聘请相关专家进行论证、同行业的情况进行比较等。 |
| 按照上述方法仍无法合理确定无形资产为企业带来经济利益期限的 | 该项无形资产应作为使用寿命不确定的无形资产。不进行摊销，需于每年年末进行减值测试。 |

公司的土地使用权从获得土地使用权日起，按其出让年限平均摊销；公司专利技术、专有技术和其他无形资产按 10 年平均摊销。摊销金额按其受益对象计入相关科目。

4. 无形资产摊销方法及核算。

（1）无形资产采用年限平均法摊销。

（2）摊销额一般确认为当期损益，记入“管理费用”。

（3）如果某项无形资产包含的经济利益是通过所生产的产品或其他资产实现的，无形资产的摊销金额可以计入产品或其他资产的成本中，即计入“在建工程”“研发支出——资产化支出”“生产成本”“其他业务成本”等科目。

（4）当月增加的无形资产，当月进行摊销；当月减少的无形资产，当月不再进行摊销。

## 3.6 相关资产减值的会计核算

1. 应收款项减值的会计核算

坏账准备的计提采用余额百分比法。计提比例为3%。

2. 存货减值的会计核算

期末，存货按其可变现净值低于账面价值的差额单项计提存货跌价准备，计提时借记“资产减值损失”账户，贷记“存货跌价准备”账户，如果存货减值因素部分或全部消失，则需做减值转回的会计处理，即做相反分录，借记“存货跌价准备”账户，贷记“资产减值损失”账户。

3. 投资性房地产、固定资产、无形资产等非流动资产减值的会计处理

（1）以成本模式进行后续计量的投资性房地产、固定资产和无形资产按其可收回金额低于账面价值的差额计提资产减值准备，借记“资产减值损失”账户，贷记“投资性房地产减值准备”“固定资产减值准备”“无形资产减值准备”等账户。

（2）以上资产减值损失一经确认，在以后会计期间不得转回。

## 3.7 社会保险费、住房公积金及相关经费的计提比例

1. 社会保险费缴纳比例

2019年度五险一金的计提比例如表3-5所示。本公司职工全部为城镇职工。2019年青岛社保缴费基数上限为14 730元，下限为2 946元。

**表3-5　　2019年青岛单位社会保险缴费比例**

| 缴费项 | 单位比例 | 个人比例 | |
|---|---|---|---|
| | | 农业户口 | 城镇户口 |
| 养老保险 | 18% | 8% | 8% |
| 医疗保险 | 9% | 2% | 2% |
| 失业保险 | 0.7% | 0 | 0.3% |
| 生育保险 | 1% | 0 | 0 |
| 工伤保险 | 0.4%（二类） | 0 | 0 |
| 合计 | 29.10% | 10% | 10.3% |

2. 本公司住房公积金缴纳比例，见表 3－6

表 3－6　　2019 年本公司住房公积金缴费比例

| 缴费项 | 单位比例 | 个人比例 |
|---|---|---|
| 住房公积金 | 10% | 10% |

3. 本公司工会经费、职工教育经费的计提比例，见表 3－7

表 3－7　　2019 年本公司工会经费、职工教育经费的计提比例

| 计提项 | 单位比例 |
|---|---|
| 工会经费 | 2% |
| 职工教育经费 | 2.5% |

## 3.8　本公司主要税费

1. 增值税

按照所销售的产品、原材料等销售收入的 16% 计算，按月申报。出租不动产，按租金收入的 10% 计算。

2. 城市维护建设税

按照实际缴纳增值税税额的 7% 计算，按月缴纳。

3. 教育费附加

按照实际缴纳增值税税额的 5% 计算，其中 3% 为城市教育费附加，2% 为地方教育费附加，按月缴纳。

4. 地方水利建设基金

根据《山东省人民政府办公厅关于进一步清理规范政府性基金和行政事业性收费的通知》（鲁政办字［2017］83 号）规定，自 2017 年 6 月 1 日起至 2020 年 12 月 31 日，对本省行政区域内缴纳增值税、消费税的企事业单位和个体经营者，其地方水利建设基金征收比例，由按照增值税、消费税实际缴纳额 1% 调整为 0.5%，按月缴纳。

5. 房产税，见表 3－8

表 3－8　　房　产　税

| 类别 | 计税基数 | 税率 | 申报时间 |
|---|---|---|---|
| 自有的房屋 | 原值 ×（1－30%） | 1.2% | 按季申报 |
| 出租的房屋 | 租金 | 12% | 按季申报 |

6. 城镇土地使用税

城镇土地使用税，按季申报。

（1）办公楼属城市一级土地，23 元/平方米。

（2）厂房与仓库属城市七级土地，5 元/平方米。

7. 印花税

按照购销合同的0.3‰、借款合同的0.5‰、财产租赁合同的1‰等进行缴纳，印花税在书立或领受时贴花。

8. 环境保护税

环境保护税税目包括大气污染物、水污染物、固体废物和噪声4大类，采用定额税率。本公司日常需缴纳水污染物环境保护税，冬季自行燃烧锅炉取暖时还需缴纳大气污染物环境保护税。

9. 企业所得税

适用税率25%，根据实际利润额按月预缴，年终汇算清缴。

# 第4章

# 期初资料

## 4.1 资产负债表

1. 资产负债表期初余额，见表4-1

**表4-1** **资产负债表** 会企01表

编制单位：中国琴岛家居用品有限公司 2019年01月31日 单位：元

| 资产 | 期末余额 | 年初余额 | 负债和所有者权益（或股东权益） | 期末余额 | 年初余额 |
|---|---|---|---|---|---|
| 流动资产： | | | 流动负债： | | |
| 货币资金 | | 6 847 210.60 | 短期借款 | | 1 500 000.00 |
| 以公允价值计量且其变动计入当期损益的金融资产 | | 300 000.00 | 以公允价值计量且其变动计入当期损益的金融负债 | | |
| 衍生金融资产 | | | 衍生金融负债 | | |
| 应收票据及应收账款 | | 2 639 696.00 | 应付票据及应付账款 | | 2 178 027.60 |
| 预付款项 | | | 预收款项 | | 500 000.00 |
| 其他应收款 | | 9 000.00 | 应付职工薪酬 | | 571 611.40 |
| 存货 | | 2 125 000.00 | 应交税费 | | 679 269.70 |
| 持有待售资产 | | | 其他应付款 | | 1 073 567.20 |
| 一年内到期的非流动资产 | | | 持有待售负债 | | |
| 其他流动资产 | | | 一年内到期的非流动负债 | | |
| 流动资产合计 | | 11 920 906.60 | 其他流动负债 | | |
| 非流动资产： | | | 流动负债合计 | | 6 502 475.90 |
| 可供出售金融资产 | | | 非流动负债： | | |
| 持有至到期投资 | | | 长期借款 | | 2 120 000.00 |
| 长期应收款 | | | 应付债券 | | |
| 长期股权投资 | | | 其中：优先股 | | |
| 投资性房地产 | | | 永续债 | | |

续表

| 资 产 | 期末余额 | 年初余额 | 负债和所有者权益（或股东权益） | 期末余额 | 年初余额 |
|---|---|---|---|---|---|
| 固定资产 | | 16 131 109.30 | 长期应付款 | | |
| 在建工程 | | 2 720 000.00 | 预计负债 | | |
| 生产性生物资产 | | | 递延所得税负债 | | |
| 油气资产 | | | 其他非流动负债 | | |
| 无形资产 | | 2 302 200.00 | 非流动负债合计 | | 2 120 000.00 |
| 开发支出 | | 28 800.00 | 负债合计 | | 8 622 475.90 |
| 商誉 | | | 所有者权益（或股东权益）： | | |
| 长期待摊费用 | | | 实收资本（或股本） | | 20 000 000.00 |
| 递延所得税资产 | | | 其他权益工具 | | |
| 其他非流动资产 | | | 其中：优先股 | | |
| 非流动资产合计 | | 21 182 109.30 | 永续债 | | |
| | | | 资本公积 | | |
| | | | 减：库存股 | | |
| | | | 其他综合收益 | | |
| | | | 盈余公积 | | 931 691.80 |
| | | | 未分配利润 | | 3 548 848.20 |
| | | | 所有者权益（或股东权益）合计 | | 24 480 540.00 |
| 资产总计 | | 33 103 015.90 | 负债和所有者权益（或股东权益）总计 | | 33 103 015.90 |

2.《资产负债表》修订新增项目说明

根据财会【2018】15号财政部关于修订印发一般企业财务报表格式的通知，《资产负债表》修订新增项目列报说明：

（1）“应收票据及应收账款”行项目，应根据“应收票据”科目的期末余额，以及“应收账款”和“预收账款”科目所属的相关明细科目的期末借方余额，减去“坏账准备”科目中相关坏账准备期末余额后的金额填列。

（2）“其他应收款”行项目，应根据“应收利息”“应收股利”和“其他应收款”科目的期末余额合计数，减去“坏账准备”科目中相关坏账准备期末余额后的金额填列。

（3）“持有待售资产”行项目，应根据“持有待售资产”科目的期末余额，减去“持有待售资产减值准备”科目的期末余额后的金额填列。

（4）“固定资产”行项目，应根据“固定资产”科目的期末余额，减去“累计折旧”和“固定资产减值准备”科目的期末余额后的金额，以及“固定资产清理”科目的期末余额填列。

（5）“在建工程”行项目，应根据“在建工程”科目的期末余额，减去“在建工程减值准备”科目的期末余额后的金额，以及“工程物资”科目的期末余额，减去“工程物资减值准备”科目的期末余额后的金额填列。

（6）“应付票据及应付账款”行项目，应根据“应付票据”科目的期末余额，以及“应付账款”和“预付账款”科目所属的相关明细科目的期末贷方余额合计数填列。

（7）“其他应付款”行项目，应根据“应付利息”“应付股利”和“其他应付款”科目的期末余额合计数据填列。

（8）“持有待售负债”行项目，应根据“持有待售负债”科目的期末余额填列。

（9）“长期应付款”行项目，应根据“长期应付款”科目的期末余额，减去相关的“未确认融资费用”科目的期末余额后的金额，以及“专项应付款”科目的期末余额填列。

## 4.2　利润表

1. 利润表上期金额（略），见表 4－2

**表 4－2**　　**利 润 表**　　会企 02 表

编制单位：中国琴岛家居用品有限公司　　2019 年 01 月　　单位：元

| 项　　目 | 本期金额 | 上期金额（略） |
|---|---|---|
| | | |
| 一、营业收入 | | |
| 减：营业成本 | | |
| 税金及附加 | | |
| 销售费用 | | |
| 管理费用 | | |
| 其中：研发费用 | | |
| 财务费用 | | |
| 其中：利息费用 | | |
| 利息收入 | | |
| 资产减值损失 | | |
| 加：其他收益 | | |
| 投资收益（损失以“—”号填列） | | |
| 其中：对联营企业和合营企业的投资收益 | | |
| 公允价值变动收益（损失以“—”号填列） | | |
| 资产处置收益（损失“—”号填列） | | |
| 二、营业利润（亏损以“—”填号列） | | |
| 加：营业外收入 | | |
| 减：营业外支出 | | |
| 三、利润总额（亏损总额以“—”号填列） | | |
| 减：所得税费用 | | |

续表

| 项　　目 | 本期金额 | 上期金额（略） |
| --- | --- | --- |
| 四、净利润（净亏损以"—"号填列） | | |
| （一）持续经营净利润（净亏损以"—"号填列） | | |
| （二）终止经营净利润（净亏损以"—"号填列） | | |
| 五、其他综合收益的税后净额 | | |
| （一）不能重分类进损益的其他综合收益 | | |
| 1. 重新计量设定受益计划变动额 | | |
| 2. 权益法下不能转损益的其他综合收益 | | |
| …… | | |
| （二）将重分类进损益的其他综合收益 | | |
| 1. 权益法下可转损益的其他综合收益 | | |
| 2. 可供出售金融资产公允价值变动损益 | | |
| 3. 持有至到期投资重分类为可供出售金融资产损益 | | |
| 4. 现金流量套期损益的有效部分 | | |
| 5. 外币财务报表折算差额 | | |
| …… | | |
| 六、综合收益总额 | | |
| 七、每股收益 | | |
| （一）基本每股收益 | | |
| （二）稀释每股收益 | | |

2.《利润表》修订新增项目说明

根据财会【2018】15号财政部关于修订印发一般企业财务报表格式的通知，《利润表》修订新增项目列报说明：

（1）"研发费用"行项目，应根据"管理费用"科目下的"研发费用"明细科目的发生额分析填列。

（2）"其中：利息费用"行项目，应根据"财务费用"科目的相关明细科目的发生额分析填列。

（3）"利息收入"行项目，应根据"财务费用"科目的相关明细科目的发生额分析填列。

（4）"其他收益"行项目，应根据"其他收益"科目的发生额分析填列。

（5）"资产处置收益"行项目，应根据"资产处置损益"科目的发生额分析填列；如为处置损失，以"－"号填列。

（6）"营业外收入"行项目，反映企业发生的除营业利润以外的收益，主要包括债务重组利得、与企业日常活动无关的政府补助、盘盈利得、捐赠利得等。该项目应根据"营业外收入"科目的发生额分析填列。

（7）"营业外支出"行项目，反映企业发生的除营业利润以外的支出，主要包括：债务重组损失发生额分析填列。

（8）“（一）持续经营净利润”和“（二）终止经营净利润”行项目，分别反映净利润中与持续经营相关的净利润和与终止经营相关的净利润；如为净亏损，以“-”号填列。该两个项目应按照《企业会计准则第42号——持有待售的非流动资产、处置组和终止经营》的相关规定分别列报。

## 4.3　期初账户余额及账页格式

期初账户余额及账页格式，见表4-3。

**表4-3　2019年01月初账户余额及账页格式表**

| 科目名称 | 期初余额 | | 账页格式 | 备注 |
|---|---|---|---|---|
| | 借方 | 贷方 | | |
| 库存现金 | 54 600.00 | | 日记账 | 总账为三栏式 |
| 银行存款 | 5 995 650.60 | | | 总账为三栏式 |
| 中国建设银行山东路支行（6991） | 572 861.32 | | 日记账 | |
| 中国银行青岛市南支行（2282） | 3 999 632.28 | | 日记账 | |
| 中国农业银行青岛市南区支行（6681） | 986 328.00 | | 日记账 | |
| 招商银行股份有限公司青岛分行营业部（8723） | 436 829.00 | | 日记账 | |
| 其他货币资金 | 796 960.00 | | 三栏式 | |
| 存出投资款 | 500 000.00 | | 三栏式 | |
| 东海证券资金户 | 500 000.00 | | 三栏式 | |
| 商业汇票保证金存款（中行7289户） | 296 960.00 | | 三栏式 | |
| 佛山华盛玻璃制品有限公司 | 296 960.00 | | 三栏式 | |
| 交易性金融资产 | 300 000.00 | | 三栏式 | |
| 成本 | 280 000.00 | | 三栏式 | |
| 股票 | 280 000.00 | | 三栏式 | |
| 中林股份 | 280 000.00 | | 三栏式 | |
| 海浪股份 | | | 三栏式 | |
| 公允价值变动 | 20 000.00 | | 三栏式 | |
| 股票 | 20 000.00 | | 三栏式 | |
| 中林股份 | 20 000.00 | | 三栏式 | |
| 海浪股份 | | | 三栏式 | |
| 应收票据 | 867 680.00 | | 三栏式 | |
| 应收银行承兑汇票 | 867 680.00 | | 三栏式 | |
| 北京大商集团股份有限公司 | 867 680.00 | | 三栏式 | |
| 应收商业承兑汇票 | | | 三栏式 | |
| 应收账款 | 1 772 016.00 | | 三栏式 | |
| 国内客户 | 1 772 016.00 | | 三栏式 | |
| 青岛利群商贸股份有限公司 | 788 800.00 | | 三栏式 | |

续表

| 科目名称 | 期初余额 | | 账页格式 | 备注 |
|---|---|---|---|---|
| | 借方 | 贷方 | | |
| 青岛万象商贸股份有限公司 | 324 800.00 | | 三栏式 | |
| 上海百联集团股份有限公司 | 658 416.00 | | 三栏式 | |
| 其他应收款 | 9 000.00 | | 三栏式 | |
| 备用金 | | | 三栏式 | |
| 采购部门 | | | 三栏式 | |
| 销售部门 | | | 三栏式 | |
| 企业职员 | 9 000.00 | | 三栏式 | |
| 刘娜 | 2 000.00 | | | |
| 孟子轩 | 4 000.00 | | 三栏式 | |
| 任亮 | 3 000.00 | | 三栏式 | |
| 张建文 | | | 三栏式 | |
| 钱丽 | | | 三栏式 | |
| 孙晓霞 | | | 三栏式 | |
| 坏账准备 | | | 三栏式 | |
| 应收账款坏账准备 | | | 三栏式 | |
| 原材料 | 275 100.00 | | | 总账为三栏式 |
| 主要材料 | 261 000.00 | | 数量金额式 | 详见存货期初余额 |
| 水晶玻璃醒酒器光瓶 | 180 000.00 | | 数量金额式 | 详见存货期初余额 |
| 不锈钢盖 | 15 000.00 | | 数量金额式 | 详见存货期初余额 |
| 硅胶密封圈 | 3 000.00 | | 数量金额式 | 详见存货期初余额 |
| 水晶槽 | 12 000.00 | | 数量金额式 | 详见存货期初余额 |
| 烤花花纸 | 6 000.00 | | 数量金额式 | 详见存货期初余额 |
| 精致礼盒 | 45 000.00 | | 数量金额式 | 详见存货期初余额 |
| 辅助材料 | 14 100.00 | | 数量金额式 | 详见存货期初余额 |
| 胶带 | 5 400.00 | | 数量金额式 | 详见存货期初余额 |
| 气泡膜 | 5 700.00 | | 数量金额式 | 详见存货期初余额 |
| 塑料袋 | 1 500.00 | | 数量金额式 | 详见存货期初余额 |
| 防潮珠干燥剂 | 1 000.00 | | 数量金额式 | 详见存货期初余额 |
| 透明不干胶贴 | 500.00 | | 数量金额式 | 详见存货期初余额 |
| 库存商品 | 524 900.00 | | | 总账为三栏式 |
| 烤花水晶玻璃醒酒器 | 524 900.00 | | 数量金额式 | 详见存货期初余额 |
| 半成品 | 355 300.00 | | | 总账为三栏式 |
| 自制半成品 | 355 300.00 | | 数量金额式 | 详见存货期初余额 |
| 烤花水晶玻璃醒酒器光瓶 | 355 300.00 | | 数量金额式 | 详见存货期初余额 |
| 周转材料 | 61 900.00 | | | 总账为三栏式 |

续表

| 科目名称 | 期初余额 | | 账页格式 | 备注 |
|---|---|---|---|---|
| | 借方 | 贷方 | | |
| 包装物 | 25 000.00 | | 数量金额式 | 详见存货期初余额 |
| 包装箱 | 25 000.00 | | 数量金额式 | 详见存货期初余额 |
| 低值易耗品 | 36 900.00 | | 数量金额式 | 详见存货期初余额 |
| 周转塑料托盘 | 25 000.00 | | 数量金额式 | 详见存货期初余额 |
| 工作服 | 10 800.00 | | 数量金额式 | 详见存货期初余额 |
| 修理工具 | 1 100.00 | | 数量金额式 | 详见存货期初余额 |
| 手套 | | | 数量金额式 | |
| 存货跌价准备 | | | 三栏式 | |
| 持有待售资产 | | | 三栏式 | |
| 固定资产 | 18 621 084.00 | | 三栏式 | |
| 房屋建筑物 | 13 272 000.00 | | 三栏式 | |
| 机械设备 | 3 117 600.00 | | 三栏式 | |
| 工具、器具、家具 | 16 800.00 | | 三栏式 | |
| 运输工具 | 1 818 000.00 | | 三栏式 | |
| 电子设备 | 396 684.00 | | 三栏式 | |
| 累计折旧 | | 2 489 974.70 | 三栏式 | |
| 房屋建筑物 | | 1 208 305.00 | 三栏式 | |
| 机械设备 | | 567 663.00 | 三栏式 | |
| 工具、器具、家具 | | 5 928.00 | 三栏式 | |
| 运输工具 | | 490 912.50 | 三栏式 | |
| 电子设备 | | 217 166.20 | 三栏式 | |
| 固定资产减值准备 | | | 三栏式 | |
| 在建工程 | 2 720 000.00 | | 三栏式 | |
| 在安装设备（烤花大型设备） | 2 720 000.00 | | 三栏式 | |
| 固定资产清理 | | | 三栏式 | |
| 无形资产 | 2 514 000.00 | | 三栏式 | |
| 专利权 | 18 000.00 | | 三栏式 | |
| 实用新型：快速过滤醒酒器 | 18 000.00 | | 三栏式 | |
| U－1 型醒酒器外观设计 | | | 三栏式 | |
| 商标权 | 36 000.00 | | 三栏式 | |
| “琴岛图形”商标 | 36 000.00 | | 三栏式 | |
| 土地使用权 | 1 920 000.00 | | 三栏式 | |
| 土地使用权 | 1 920 000.00 | | 三栏式 | |
| 其他 | 540 000.00 | | 三栏式 | |
| 用友 ERP 财务软件 | 540 000.00 | | 三栏式 | |

续表

| 科目名称 | 期初余额 | | 账页格式 | 备注 |
|---|---|---|---|---|
| | 借方 | 贷方 | | |
| 累计摊销 | | 211 800.00 | 三栏式 | |
| 实用新型：快速过滤醒酒器 | | 2 700.00 | 三栏式 | |
| U-1 型醒酒器外观设计 | | | 三栏式 | |
| “琴岛图形”商标 | | 5 100.00 | 三栏式 | |
| 土地使用权 | | 96 000.00 | 三栏式 | |
| 用友 ERP 财务软件 | | 108 000.00 | 三栏式 | |
| 待处理财产损溢 | | | 三栏式 | |
| 待处理流动资产损溢 | | | 三栏式 | |
| 短期借款 | | 1 500 000.00 | 三栏式 | |
| 中国银行青岛市南支行 | | 1 500 000.00 | 三栏式 | |
| 应付票据 | | 593 920.00 | 三栏式 | |
| 应付银行承兑汇票 | | 593 920.00 | 三栏式 | |
| 佛山华盛玻璃制品有限公司 | | 593 920.00 | 三栏式 | |
| 应付账款 | | 1 584 107.60 | 三栏式 | |
| 山东淄博昌盛玻璃制品有限公司 | | 499 148.00 | 三栏式 | |
| 山东淄博春林纸箱制品有限公司 | | 77 580.80 | 三栏式 | |
| 南京东鑫橡胶制品有限公司 | | 25 520.00 | 三栏式 | |
| 广州德瑞不锈钢制品有限公司 | | 66 352.00 | 三栏式 | |
| 无锡秀树玻璃制品有限公司 | | 185 971.20 | 三栏式 | |
| 北京超凡印务有限公司 | | 53 592.00 | 三栏式 | |
| 青岛艺家印刷包装制品有限公司 | | 56 793.60 | 三栏式 | |
| 河南信阳创新不锈钢制品有限公司 | | 65 076.00 | 三栏式 | |
| 天津长恒包装制品有限公司 | | 146 160.00 | 三栏式 | |
| 山东潍坊欣华玻璃制品有限公司 | | 294 060.00 | 三栏式 | |
| 山东高密祥泰纸箱制品有限公司 | | 113 854.00 | 三栏式 | |
| 预收账款 | | 500 000.00 | 三栏式 | |
| 国内客户 | | 500 000.00 | 三栏式 | |
| 广州长青商贸股份有限公司 | | 500 000.00 | 三栏式 | |
| 应付职工薪酬 | | 571 611.40 | 三栏式 | |
| 工资 | | 411 400.00 | 三栏式 | |
| 职工福利 | | | 三栏式 | |
| 社会保险费 | | 105 458.40 | 三栏式 | |
| 住房公积金 | | 36 240.00 | 三栏式 | |
| 工会经费 | | 8 228.00 | 三栏式 | |
| 职工教育经费 | | 10 285.00 | 三栏式 | |

续表

| 科目名称 | 期初余额 | | 账页格式 | 备注 |
|---|---|---|---|---|
| | 借方 | 贷方 | | |
| 解除职工劳动关系补偿 | | | 三栏式 | |
| 应交税费 | | 679 269.70 | | 总账为三栏式 |
| 应交增值税 | | | 多栏式 | |
| 进项税额 | | | 多栏式 | |
| 已交税金 | | | 多栏式 | |
| 减免税款 | | | 多栏式 | |
| 出口抵减内销产品应纳税额 | | | 多栏式 | |
| 转出未交增值税 | | | 多栏式 | |
| 销项税额 | | | 多栏式 | |
| 出口退税 | | | 多栏式 | |
| 进项税额转出 | | | 多栏式 | |
| 转出多交增值税 | | | 多栏式 | |
| 销项税额抵减 | | | 多栏式 | |
| 未交增值税 | | 259 860.00 | 三栏式 | |
| 应交企业所得税 | | 315 000.00 | 三栏式 | |
| 应交城市建设维护税 | | 18 190.20 | 三栏式 | |
| 应交教育附加费 | | 12 993.00 | 三栏式 | |
| 应交房产税 | | 27 871.20 | 三栏式 | |
| 应交土地使用税 | | 36 500.00 | 三栏式 | |
| 应交车船使用税 | | 2 820.00 | 三栏式 | |
| 应交个人所得税 | | 4 050.00 | 三栏式 | |
| 应交水利建设基金 | | 1 299.30 | 三栏式 | |
| 应交环境保护税（大气污染物及水污染物） | | 686.00 | 三栏式 | |
| 应付股利 | | 1 000 000.00 | 三栏式 | |
| 诚信股份有限公司 | | 800 000.00 | 三栏式 | |
| 东岳股份有限公司 | | 200 000.00 | 三栏式 | |
| 应付利息 | | | 三栏式 | |
| 中国银行青岛市南支行 | | | 三栏式 | |
| 其他应付款 | | 73 567.20 | 三栏式 | |
| 个人承担社会保险 | | 37 327.20 | 三栏式 | |
| 个人承担住房公积金 | | 36 240.00 | 三栏式 | |
| 长期借款 | | 2 120 000.00 | 三栏式 | |
| 中国银行青岛市南区支行（本金） | | 2 000 000.00 | 三栏式 | |
| 利息调整 | | | 三栏式 | |
| 中国银行青岛市南区支行（应计利息） | | 120 000.00 | 三栏式 | |

续表

| 科目名称 | 期初余额 | | 账页格式 | 备注 |
|---|---|---|---|---|
| | 借方 | 贷方 | | |
| 实收资本（股本） | | 20 000 000.00 | 三栏式 | |
| 诚信股份有限公司 | | 16 000 000.00 | 三栏式 | |
| 东岳股份有限公司 | | 4 000 000.00 | 三栏式 | |
| 盈余公积 | | 931 691.80 | 三栏式 | |
| 法定盈余公积 | | 548 054.00 | 三栏式 | |
| 任意盈余公积 | | 383 637.80 | 三栏式 | |
| 本年利润 | | | 三栏式 | |
| 利润分配 | | 3 548 848.20 | 三栏式 | |
| 未分配利润 | | 3 548 848.20 | 三栏式 | |
| 生产成本 | 907 800.00 | | | 总账为三栏式 |
| 基本生产成本 | 907 800.00 | | 多栏式 | 详见存货期初余额 |
| （烤花车间）烤花水晶玻璃醒酒器光瓶 | 281 100.00 | | 多栏式 | |
| 直接材料 | 249 200.00 | | 多栏式 | 详见存货期初余额 |
| 直接人工 | 17 300.00 | | 多栏式 | 详见存货期初余额 |
| 制造费用 | 14 600.00 | | 多栏式 | 详见存货期初余额 |
| 燃料及动力 | | | 多栏式 | 详见存货期初余额 |
| 其他 | | | 多栏式 | 详见存货期初余额 |
| （组装车间）烤花水晶玻璃醒酒器 | 626 700.00 | | 多栏式 | |
| 直接材料 | 151 680.00 | | 多栏式 | 详见存货期初余额 |
| 直接人工 | 27 480.00 | | 多栏式 | 详见存货期初余额 |
| 制造费用 | 18 060.00 | | 多栏式 | 详见存货期初余额 |
| 燃料及动力 | | | 多栏式 | 详见存货期初余额 |
| 自制半成品 | 426 000.00 | | 多栏式 | 详见存货期初余额 |
| 辅助材料 | 3 480.00 | | 多栏式 | 详见存货期初余额 |
| 其他 | | | 多栏式 | 详见存货期初余额 |
| 制造费用 | | | | 总账为三栏式 |
| 烤花车间 | | | 多栏式 | |
| 水电费 | | | 多栏式 | |
| 折旧费 | | | 多栏式 | |
| 职工薪酬 | | | 多栏式 | |
| 财产保险费 | | | 多栏式 | |
| 差旅费 | | | 多栏式 | |
| 劳动保护费 | | | 多栏式 | |
| 办公费 | | | 多栏式 | |
| 其他 | | | 多栏式 | |

续表

| 科目名称 | 期初余额 | | 账页格式 | 备注 |
|---|---|---|---|---|
| | 借方 | 贷方 | | |
| 组装车间 | | | 多栏式 | |
| 水电费 | | | 多栏式 | |
| 折旧费 | | | 多栏式 | |
| 职工薪酬 | | | 多栏式 | |
| 财产保险费 | | | 多栏式 | |
| 差旅费 | | | 多栏式 | |
| 劳动保护费 | | | 多栏式 | |
| 办公费 | | | 多栏式 | |
| 其他 | | | 多栏式 | |
| 研发支出 | 28 800.00 | | 三栏式 | |
| 资本化支出 | 28 800.00 | | 三栏式 | |
| U－1 型醒酒器外观设计 | 28 800.00 | | 三栏式 | |
| 主营业务收入 | | | 三栏式 | |
| 烤花水晶玻璃醒酒器 | | | 三栏式 | |
| 其他业务收入 | | | 三栏式 | |
| 公允价值变动损益 | | | 三栏式 | |
| 投资收益 | | | 三栏式 | |
| 资产处置损益 | | | 三栏式 | |
| 其他收益 | | | 三栏式 | |
| 营业外收入 | | | 三栏式 | |
| 罚没收入 | | | 三栏式 | |
| 主营业务成本 | | | 三栏式 | |
| 烤花水晶玻璃醒酒器 | | | 三栏式 | |
| 其他业务成本 | | | 三栏式 | |
| 税金及附加 | | | 三栏式 | |
| 销售费用 | | | | 总账为三栏式 |
| 办公费 | | | 多栏式 | |
| 差旅费 | | | 多栏式 | |
| 物业费 | | | 多栏式 | |
| 水电费 | | | 多栏式 | |
| 通讯费 | | | 多栏式 | |
| 折旧费 | | | 多栏式 | |
| 工资 | | | 多栏式 | |
| 社会保险费 | | | 多栏式 | |
| 住房公积金 | | | 多栏式 | |
| 工会经费 | | | 多栏式 | |
| 职工教育经费 | | | 多栏式 | |
| 职工福利 | | | 多栏式 | |
| 运输费 | | | 多栏式 | |
| 广告费 | | | 多栏式 | |

续表

| 科目名称 | 期初余额 | | 账页格式 | 备注 |
|---|---|---|---|---|
| | 借方 | 贷方 | | |
| 展览费 | | | 多栏式 | |
| 其他 | | | 多栏式 | |
| 管理费用 | | | | 总账为三栏式 |
| 办公费 | | | 多栏式 | |
| 差旅费 | | | 多栏式 | |
| 物业费 | | | 多栏式 | |
| 水电费 | | | 多栏式 | |
| 通讯费 | | | 多栏式 | |
| 折旧费 | | | 多栏式 | |
| 工资 | | | 多栏式 | |
| 社会保险费 | | | 多栏式 | |
| 住房公积金 | | | 多栏式 | |
| 工会经费 | | | 多栏式 | |
| 职工教育经费 | | | 多栏式 | |
| 职工福利 | | | 多栏式 | |
| 业务招待费 | | | 多栏式 | |
| 汽车费用 | | | 多栏式 | |
| 维修费 | | | 多栏式 | |
| 无形资产摊销费 | | | 多栏式 | |
| 其他 | | | 多栏式 | |
| 财务费用 | | | | 总账为三栏式 |
| 利息支出 | | | 多栏式 | |
| 利息收入 | | | 多栏式 | |
| 手续费 | | | 多栏式 | |
| 汇兑损益 | | | 多栏式 | |
| 现金折扣 | | | 多栏式 | |
| 资产减值损失 | | | 三栏式 | |
| 营业外支出 | | | 三栏式 | |
| 公益性捐赠支出 | | | 三栏式 | |
| 罚款支出 | | | 三栏式 | |
| 非常损失 | | | 三栏式 | |
| 盘亏损失 | | | 三栏式 | |
| 非流动资产毁损报废损失 | | | 三栏式 | |
| 所得税费用 | | | 三栏式 | |
| 当期所得税费用 | | | 三栏式 | |
| 递延所得税费用 | | | 三栏式 | |

## 4.4 存货期初余额

1. 原材料明细账户的期初余额，见表4-4。

表4-4 原材料明细账户期初余额

| 科目编码 | 科目名称 | 单位 | 数量 | 单价 | 金额 | 备注 |
|---|---|---|---|---|---|---|
| 1403 | 原材料 | | | | | |
| 140301 | 主要材料 | | | | | |
| 14030101 | 水晶玻璃醒酒器光瓶 | 只 | 3 000 | 60.00 | 180 000.00 | |
| 14030102 | 不锈钢盖 | 只 | 3 000 | 5.00 | 15 000.00 | |
| 14030103 | 硅胶密封圈 | 个 | 3 000 | 1.00 | 3 000.00 | |
| 14030104 | 水晶槽 | 个 | 3 000 | 4.00 | 12 000.00 | |
| 14030105 | 烤花花纸 | 张 | 3 000 | 2.00 | 6 000.00 | |
| 14030106 | 精致礼盒 | 个 | 3 000 | 15.00 | 45 000.00 | |
| 小计 | | | | | 261 000.00 | |
| 140302 | 辅助材料 | | | | | |
| 14030201 | 胶带 | 卷 | 600 | 9.00 | 5 400.00 | 宽5cm长150m，每只用2米 |
| 14030202 | 气泡膜 | 卷 | 190 | 30.00 | 5 700.00 | 宽30cm长200m |
| 14030203 | 塑料袋 | 只 | 10 000 | 0.15 | 1 500.00 | |
| 14030204 | 防潮珠干燥剂 | 包 | 10 000 | 0.10 | 1 000.00 | 10g |
| 14030205 | 透明不干胶贴 | 张 | 5 000 | 0.10 | 500.00 | |
| 小计 | | | | | 14 100.00 | |
| 合计 | | | | | 275 100.00 | |

2. 周转材料明细账户的期初余额，见表4-5。

表4-5 周转材料明细账户期初余额

| 科目编码 | 科目名称 | 单位 | 数量 | 单价 | 金额 |
|---|---|---|---|---|---|
| 1411 | 周转材料 | | | | |
| 141101 | 包装物 | | | | 25 000.00 |
| 14110101 | 包装箱 | 个 | 500 | 50.00 | 25 000.00 |
| 141102 | 低值易耗品 | | | | 36 900.00 |
| 14110201 | 周转塑料托盘 | 个 | 1 000 | 25.00 | 25 000.00 |
| 14110202 | 工作服 | 套 | 90 | 120.00 | 10 800.00 |
| 14110203 | 修理工具 | 套 | 10 | 110.00 | 1 100.00 |
| 合计 | | | | | 61 900.00 |

3. 半成品明细账户的期初余额，见表4-6。

表4-6 半成品明细账户期初余额

| 科目编码 | 科目名称 | 单位 | 数量 | 单价 | 金额 |
|---|---|---|---|---|---|
| 1409 | 半成品 | | | | |
| 140901 | 自制半成品 | | | | 355 300.00 |
| 14090101 | 烤花水晶玻璃醒酒器光瓶 | 只 | 5 000 | 71.06 | 355 300.00 |
| 合计 | | | | | 355 300.00 |

4. “生产成本——基本生产成本——烤花水晶玻璃醒酒器光瓶”明细账户的期初余额，见表4－7。

**表4－7 “生产成本——基本生产成本——烤花水晶玻璃醒酒器光瓶”明细账户期初余额**

| 科目编码 | 科目名称 | 单位 | 数量 | 单价 | 金额 |
|---|---|---|---|---|---|
| 5001 | 生产成本 | | | | |
| 500101 | 基本生产成本 | | | | |
| 50010101 | （烤花车间）烤花水晶玻璃醒酒器光瓶 | 只 | 4 000 | 70.28 | 281 100.00 |
| 5001010101 | 直接材料 | | | | 249 200.00 |
| 5001010102 | 直接人工 | | | | 17 300.00 |
| 5001010103 | 制造费用 | | | | 14 600.00 |
| 5001010104 | 燃料及动力 | | | | |
| 5001010105 | 其他 | | | | |

5. “生产成本——基本生产成本——烤花水晶玻璃醒酒器”明细账户的期初余额，见表4－8。

**表4－8 “生产成本——基本生产成本——烤花水晶玻璃醒酒器”明细账户期初余额**

| 科目编码 | 科目名称 | 单位 | 数量 | 单价 | 金额 |
|---|---|---|---|---|---|
| 5001 | 生产成本 | | | | |
| 500101 | 基本生产成本 | | | | |
| 50010102 | （组装车间）烤花水晶玻璃醒酒器 | 只 | 6 000 | 104.45 | 626 700.00 |
| 5001010201 | 直接材料 | | | | 151 680.00 |
| 5001010202 | 直接人工 | | | | 27 480.00 |
| 5001010203 | 制造费用 | | | | 18 060.00 |
| 5001010204 | 燃料及动力 | | | | |
| 5001010205 | 自制半成品 | | | | 426 000.00 |
| 5001010206 | 辅助材料 | | | | 3 480.00 |

6. “库存商品——烤花水晶玻璃醒酒器”明细账户的期初余额，见表4－9。

**表4－9 “库存商品——烤花水晶玻璃醒酒器”明细账户期初余额**

| 科目编码 | 科目名称 | 单位 | 数量 | 单价 | 金额 |
|---|---|---|---|---|---|
| 1405 | 库存商品 | | | | |
| 140501 | 烤花水晶玻璃醒酒器 | 只 | 5 000 | 104.98 | 524 900.00 |
| 合 计 | | | | | 524 900.00 |

## 4.5 固定资产及累计折旧期初余额

1. 固定资产及累计折旧期初余额，见表4－10。

**表4－10** 固定资产及累计折旧期初余额

| 类别名称 | 固定资产编号 | 规格型号 | 部门名称 | 固定资产名称 | 单位 | 数量 | 增加方式 | 使用状况 | 折旧年限 | 折旧方法 | 使用日期 | 已计提月份 | 原值 | 净残值率 | 累计折旧（截至2018年12月） | 净值（截至2018年12月） |
|---|---|---|---|---|---|---|---|---|---|---|---|---|---|---|---|---|
| 房屋建筑物 | 01001 | | 总经理办公室 | 办公楼（室） | 幢 | 1 | 直接购入 | 在用 | 20 | 平均年限法 | 2017/1/1 | 23 | 552 000.00 | 5% | 50 255.00 | 501 745.00 |
| | 01002 | | 人事部 | 办公楼（室） | 幢 | 1 | 直接购入 | 在用 | 20 | 平均年限法 | 2017/1/1 | 23 | 552 000.00 | 5% | 50 255.00 | 501 745.00 |
| | 01003 | | 财务部 | 办公楼（室） | 幢 | 1 | 直接购入 | 在用 | 20 | 平均年限法 | 2017/1/1 | 23 | 552 000.00 | 5% | 50 255.00 | 501 745.00 |
| | 01004 | | 采购部 | 办公楼（室） | 幢 | 1 | 直接购入 | 在用 | 20 | 平均年限法 | 2017/1/1 | 23 | 720 000.00 | 5% | 65 550.00 | 654 450.00 |
| | 01005 | | 销售部 | 办公楼（室） | 幢 | 1 | 直接购入 | 在用 | 20 | 平均年限法 | 2017/1/1 | 23 | 720 000.00 | 5% | 65 550.00 | 654 450.00 |
| | 01006 | | 设计部 | 办公楼（室） | 幢 | 1 | 直接购入 | 在用 | 20 | 平均年限法 | 2017/1/1 | 23 | 552 000.00 | 5% | 50 255.00 | 501 745.00 |
| | 01007 | | 研发部 | 办公楼（室） | 幢 | 1 | 直接购入 | 在用 | 20 | 平均年限法 | 2017/1/1 | 23 | 552 000.00 | 5% | 50 255.00 | 501 745.00 |
| | 01008 | | 厂办公室 | 办公楼（室） | 幢 | 1 | 直接购入 | 在用 | 20 | 平均年限法 | 2017/1/1 | 23 | 552 000.00 | 5% | 50 255.00 | 501 745.00 |
| | 01009 | | 烤花车间 | 烤花车间 | 幢 | 1 | 直接购入 | 在用 | 20 | 平均年限法 | 2017/1/1 | 23 | 1 800 000.00 | 5% | 163 875.00 | 1 636 125.00 |
| | 01010 | | 组装车间 | 组装车间 | 幢 | 1 | 直接购入 | 在用 | 20 | 平均年限法 | 2017/1/1 | 23 | 1 800 000.00 | 5% | 163 875.00 | 1 636 125.00 |
| | 01011 | | 质检部 | 办公楼（室） | 幢 | 1 | 直接购入 | 在用 | 20 | 平均年限法 | 2017/1/1 | 23 | 552 000.00 | 5% | 50 255.00 | 501 745.00 |
| | 01012 | | 原材料库 | 原材料库 | 幢 | 1 | 直接购入 | 在用 | 20 | 平均年限法 | 2017/1/1 | 23 | 1 332 000.00 | 5% | 121 267.50 | 1 210 732.50 |
| | 01013 | | 半成品库 | 半成品库 | 幢 | 1 | 直接购入 | 在用 | 20 | 平均年限法 | 2017/1/1 | 23 | 1 656 000.00 | 5% | 150 765.00 | 1 505 235.00 |
| | 01014 | | 产成品库 | 产成品库 | 幢 | 1 | 直接购入 | 在用 | 20 | 平均年限法 | 2017/1/1 | 23 | 1 380 000.00 | 5% | 125 637.50 | 1 254 362.50 |
| | | | 小计 | | | 14 | | | | | | | 13 272 000.00 | | 1 208 305.00 | 12 063 695.00 |
| 机械设备 | 02001 | K-1 | 烤花车间 | 烤花炉 | 台 | 1 | 直接购入 | 在用 | 10 | 平均年限法 | 2017/1/16 | 23 | 300 000.00 | 5% | 54 625.00 | 245 375.00 |
| | 02002 | K-2 | 烤花车间 | 烤花炉 | 台 | 1 | 直接购入 | 在用 | 10 | 平均年限法 | 2017/1/16 | 23 | 660 000.00 | 5% | 120 175.00 | 539 825.00 |
| | 02003 | K-3 | 烤花车间 | 烤花炉 | 台 | 1 | 直接购入 | 在用 | 10 | 平均年限法 | 2017/1/16 | 23 | 558 000.00 | 5% | 101 602.50 | 456 397.50 |
| | 02004 | S-1 | 组装车间 | 塑封收缩机 | 台 | 1 | 直接购入 | 在用 | 10 | 平均年限法 | 2017/1/11 | 23 | 156 000.00 | 5% | 28 405.00 | 127 595.00 |
| | 02005 | S-2 | 组装车间 | 塑封收缩机 | 台 | 1 | 直接购入 | 在用 | 10 | 平均年限法 | 2017/1/11 | 23 | 187 200.00 | 5% | 34 086.00 | 153 114.00 |
| | 02006 | MZ-1 | 组装车间 | 激光打标机 | 台 | 1 | 直接购入 | 在用 | 10 | 平均年限法 | 2017/1/18 | 23 | 68 400.00 | 5% | 12 454.50 | 55 945.50 |
| | 02007 | D-1 | 组装车间 | 多功能工作台 | 台 | 1 | 直接购入 | 在用 | 10 | 平均年限法 | 2017/1/19 | 23 | 120 000.00 | 5% | 21 850.00 | 98 150.00 |
| | 02008 | D-2 | 组装车间 | 多功能工作台 | 台 | 1 | 直接购入 | 在用 | 10 | 平均年限法 | 2017/1/19 | 23 | 144 000.00 | 5% | 26 220.00 | 117 780.00 |
| | 02009 | A-1 | 组装车间 | 激光打码机 | 台 | 1 | 直接购入 | 在用 | 10 | 平均年限法 | 2017/1/20 | 23 | 36 000.00 | 5% | 6 555.00 | 29 445.00 |
| | 02010 | H-1 | 原材料库 | 立体货架 | 套 | 1 | 直接购入 | 在用 | 10 | 平均年限法 | 2017/1/7 | 23 | 240 000.00 | 5% | 43 700.00 | 196 300.00 |
| | 02011 | H-2 | 半成品库 | 立体货架 | 套 | 1 | 直接购入 | 在用 | 10 | 平均年限法 | 2017/1/7 | 23 | 360 000.00 | 5% | 65 550.00 | 294 450.00 |
| | 02012 | H-3 | 产成品库 | 立体货架 | 套 | 1 | 直接购入 | 在用 | 10 | 平均年限法 | 2017/1/7 | 23 | 288 000.00 | 5% | 52 440.00 | 235 560.00 |
| | | | 小计 | | | 12 | | | | | | | 3 117 600.00 | | 567 663.00 | 2 549 937.00 |

续表

| 类别名称 | 固定资产编号 | 规格型号 | 部门名称 | 固定资产名称 | 单位 | 数量 | 增加方式 | 使用状况 | 折旧年限 | 折旧方法 | 使用日期 | 已计提月份 | 原值 | 净残值率 | 累计折旧（截至2018年12月） | 净值（截至2018年12月） |
|---|---|---|---|---|---|---|---|---|---|---|---|---|---|---|---|---|
| 工具器具家具 | 03001 | D-568 | 总经理办公室 | 会议桌 | 张 | 1 | 直接购入 | 在用 | 5 | 平均年限法 | 2017/1/12 | 23 | 6,900.00 | 5% | 2,512.75 | 4,387.25 |
| | 03002 | D-568 | 厂办公室 | 会议桌 | 张 | 1 | 直接购入 | 在用 | 5 | 平均年限法 | 2017/1/12 | 23 | 6,900.00 | 5% | 2,512.75 | 4,387.25 |
| | 03003 | | 厂办公室 | 推行式草坪割草机 | 台 | 1 | 直接购入 | 在用 | 5 | 平均年限法 | 2017/5/16 | 19 | 3,000.00 | 5% | 902.50 | 2,097.50 |
| | | | 小计 | | | 3 | | | | | | | 16,800.00 | | 5,928.00 | 10,872.00 |
| 运输工具 | 04001 | | 厂办公室 | 瑞风商务车 | 台 | 1 | 直接购入 | 在用 | 4 | 平均年限法 | 2017/1/12 | 23 | 156,000.00 | 5% | 71,012.50 | 84,987.50 |
| | 04002 | | 厂办公室 | 奔驰轿车 | 台 | 1 | 直接购入 | 在用 | 4 | 平均年限法 | 2017/6/16 | 18 | 342,000.00 | 5% | 121,837.50 | 220,162.50 |
| | 04003 | C-1 | 原材料库 | 合力电瓶叉车 | 台 | 1 | 直接购入 | 在用 | 4 | 平均年限法 | 2017/1/18 | 23 | 138,000.00 | 5% | 62,818.75 | 75,181.25 |
| | 04004 | C-2 | 半成品库 | 合力电瓶叉车 | 台 | 1 | 直接购入 | 在用 | 4 | 平均年限法 | 2017/1/18 | 23 | 126,000.00 | 5% | 57,356.25 | 68,643.75 |
| | 04005 | C-3 | 产成品库 | 合力电瓶叉车 | 台 | 1 | 直接购入 | 在用 | 4 | 平均年限法 | 2017/1/18 | 23 | 156,000.00 | 5% | 71,012.50 | 84,987.50 |
| | 04006 | RC | 总经理办公室 | 雷克萨斯轿车 | 台 | 1 | 直接购入 | 在用 | 4 | 平均年限法 | 2018/6/20 | 6 | 540,000.00 | 5% | 64,125.00 | 475,875.00 |
| | 04007 | | 总经理办公室 | 别克商务车 | 台 | 1 | 直接购入 | 在用 | 4 | 平均年限法 | 2018/6/20 | 6 | 360,000.00 | 5% | 42,750.00 | 317,250.00 |
| | | | 小计 | | | 7 | | | | | | | 1,818,000.00 | | 490,912.50 | 1,327,087.50 |
| 电子设备 | 05001 | R730 | 总经理办公室 | DELL服务器 | 台 | 1 | 直接购入 | 在用 | 3 | 平均年限法 | 2017/1/6 | 23 | 29,160.00 | 5% | 17,698.50 | 11,461.50 |
| | 05002 | TE40-1080P | 总经理办公室 | 华为视频会议终端 | 套 | 1 | 直接购入 | 在用 | 3 | 平均年限法 | 2017/12/6 | 12 | 19,800.00 | 5% | 6,270.00 | 13,530.00 |
| | 05003 | IMAC | 总经理办公室 | 苹果电脑 | 台 | 1 | 直接购入 | 在用 | 3 | 平均年限法 | 2017/1/6 | 23 | 13,860.00 | 5% | 8,412.25 | 5,447.75 |
| | 05004 | Ins15-1605 | 总经理办公室 | DELL电脑 | 台 | 1 | 直接购入 | 在用 | 3 | 平均年限法 | 2017/1/8 | 23 | 4,860.00 | 5% | 2,949.75 | 1,910.25 |
| | 05005 | Ins15-1605 | 总经理办公室 | DELL电脑 | 台 | 1 | 直接购入 | 在用 | 3 | 平均年限法 | 2017/1/8 | 23 | 4,860.00 | 5% | 2,949.75 | 1,910.25 |
| | 05006 | Ins15-1605 | 人事部 | DELL电脑 | 台 | 1 | 直接购入 | 在用 | 3 | 平均年限法 | 2017/1/8 | 23 | 4,860.00 | 5% | 2,949.75 | 1,910.25 |
| | 05007 | Ins15-1605 | 人事部 | DELL电脑 | 台 | 1 | 直接购入 | 在用 | 3 | 平均年限法 | 2017/1/8 | 23 | 4,860.00 | 5% | 2,949.75 | 1,910.25 |
| | 05008 | Ins15-1605 | 财务部 | DELL电脑 | 台 | 1 | 直接购入 | 在用 | 3 | 平均年限法 | 2017/1/8 | 23 | 4,860.00 | 5% | 2,949.75 | 1,910.25 |
| | 05009 | Ins15-1605 | 财务部 | DELL电脑 | 台 | 1 | 直接购入 | 在用 | 3 | 平均年限法 | 2017/1/8 | 23 | 4,860.00 | 5% | 2,949.75 | 1,910.25 |
| | 05010 | Ins15-1605 | 财务部 | DELL电脑 | 台 | 1 | 直接购入 | 在用 | 3 | 平均年限法 | 2017/1/8 | 23 | 4,860.00 | 5% | 2,949.75 | 1,910.25 |
| | 05011 | T500 | 财务部 | 得力自动热熔装订机 | 台 | 1 | 直接购入 | 在用 | 3 | 平均年限法 | 2017/1/8 | 23 | 4,860.00 | 5% | 2,949.75 | 1,910.25 |
| | 05012 | Ins15-1605 | 采购部 | DELL电脑 | 台 | 1 | 直接购入 | 在用 | 3 | 平均年限法 | 2017/1/8 | 23 | 4,860.00 | 5% | 2,949.75 | 1,910.25 |
| | 05013 | Ins15-1605 | 采购部 | DELL电脑 | 台 | 1 | 直接购入 | 在用 | 3 | 平均年限法 | 2017/1/8 | 23 | 4,860.00 | 5% | 2,949.75 | 1,910.25 |
| | 05014 | E6330 | 采购部 | DELL笔记本电脑 | 台 | 1 | 直接购入 | 在用 | 3 | 平均年限法 | 2017/1/15 | 23 | 5,832.00 | 5% | 3,539.70 | 2,292.30 |
| | 05015 | M701A | 销售部 | 惠普打印机 | 台 | 1 | 直接购入 | 在用 | 3 | 平均年限法 | 2017/1/8 | 23 | 6,480.00 | 5% | 3,933.00 | 2,547.00 |
| | 05016 | E6330 | 销售部 | DELL笔记本电脑 | 台 | 1 | 直接购入 | 在用 | 3 | 平均年限法 | 2017/1/15 | 23 | 5,832.00 | 5% | 3,539.70 | 2,292.30 |
| | 05017 | E6330 | 销售部 | DELL笔记本电脑 | 台 | 1 | 直接购入 | 在用 | 3 | 平均年限法 | 2017/1/15 | 23 | 5,832.00 | 5% | 3,539.70 | 2,292.30 |
| | 05018 | E6330 | 销售部 | DELL笔记本电脑 | 台 | 1 | 直接购入 | 在用 | 3 | 平均年限法 | 2017/1/15 | 23 | 5,832.00 | 5% | 3,539.70 | 2,292.30 |
| | 05019 | E6330 | 销售部 | DELL笔记本电脑 | 台 | 1 | 直接购入 | 在用 | 3 | 平均年限法 | 2017/1/15 | 23 | 5,832.00 | 5% | 3,539.70 | 2,292.30 |
| | 05020 | E6330 | 销售部 | DELL笔记本电脑 | 台 | 1 | 直接购入 | 在用 | 3 | 平均年限法 | 2017/1/15 | 23 | 5,832.00 | 5% | 3,539.70 | 2,292.30 |

续表

| 类别名称 | 固定资产编号 | 规格型号 | 部门名称 | 固定资产名称 | 单位 | 数量 | 增加方式 | 使用状况 | 折旧年限 | 折旧方法 | 使用日期 | 已计提月份 | 原值 | 净残值率 | 累计折旧（截至2018年12月） | 净值（截至2018年12月） |
|---|---|---|---|---|---|---|---|---|---|---|---|---|---|---|---|---|
| 电子设备 | 05021 | 3668-1939 | 设计部 | DELL电脑 | 台 | 1 | 直接购入 | 在用 | 3 | 平均年限法 | 2017/1/10 | 23 | 7,200.00 | 5% | 4,370.00 | 2,830.00 |
| | 05022 | 3668-1939 | 设计部 | DELL电脑 | 台 | 1 | 直接购入 | 在用 | 3 | 平均年限法 | 2017/1/10 | 23 | 7,200.00 | 5% | 4,370.00 | 2,830.00 |
| | 05023 | 3668-1939 | 设计部 | DELL电脑 | 台 | 1 | 直接购入 | 在用 | 3 | 平均年限法 | 2017/1/10 | 23 | 7,200.00 | 5% | 4,370.00 | 2,830.00 |
| | 05024 | R1938 | 研发部 | DELL电脑 | 台 | 1 | 直接购入 | 在用 | 3 | 平均年限法 | 2017/1/20 | 23 | 7,776.00 | 5% | 4,719.60 | 3,056.40 |
| | 05025 | R1938 | 研发部 | DELL电脑 | 台 | 1 | 直接购入 | 在用 | 3 | 平均年限法 | 2017/1/20 | 23 | 7,776.00 | 5% | 4,719.60 | 3,056.40 |
| | 05026 | R1938 | 研发部 | DELL电脑 | 台 | 1 | 直接购入 | 在用 | 3 | 平均年限法 | 2017/1/20 | 23 | 7,776.00 | 5% | 4,719.60 | 3,056.40 |
| | 05027 | Ins15-1505 | 厂办公室 | DELL电脑 | 台 | 1 | 直接购入 | 在用 | 3 | 平均年限法 | 2017/1/8 | 23 | 4,860.00 | 5% | 2,949.75 | 1,910.25 |
| | 05028 | Ins15-1505 | 厂办公室 | DELL电脑 | 台 | 1 | 直接购入 | 在用 | 3 | 平均年限法 | 2017/1/8 | 23 | 4,860.00 | 5% | 2,949.75 | 1,910.25 |
| | 05029 | HD1080 | 厂办公室 | 理光投影仪 | 台 | 1 | 直接购入 | 在用 | 3 | 平均年限法 | 2017/1/16 | 23 | 5,832.00 | 5% | 3,539.70 | 2,292.30 |
| | 05030 | L850 | 厂办公室 | EPSON打印机 | 台 | 1 | 直接购入 | 在用 | 3 | 平均年限法 | 2017/1/5 | 23 | 3,600.00 | 5% | 2,185.00 | 1,415.00 |
| | 05031 | T430 | 厂办公室 | DELL服务器 | 台 | 1 | 直接购入 | 在用 | 3 | 平均年限法 | 2017/12/8 | 12 | 24,300.00 | 5% | 7,695.00 | 16,605.00 |
| | 05032 | Ins15-1505 | 烤花车间 | DELL电脑 | 台 | 1 | 直接购入 | 在用 | 3 | 平均年限法 | 2017/1/8 | 23 | 4,860.00 | 5% | 2,949.75 | 1,910.25 |
| | 05033 | Ins15-1505 | 烤花车间 | DELL电脑 | 台 | 1 | 直接购入 | 在用 | 3 | 平均年限法 | 2017/1/8 | 23 | 4,860.00 | 5% | 2,949.75 | 1,910.25 |
| | 05034 | | 烤花车间 | 无线AP访问点设备 | 套 | 1 | 直接购入 | 在用 | 3 | 平均年限法 | 2017/1/12 | 23 | 5,220.00 | 5% | 3,168.25 | 2,051.75 |
| | 05035 | | 烤花车间 | 无线AP访问点设备 | 套 | 1 | 直接购入 | 在用 | 3 | 平均年限法 | 2017/1/12 | 23 | 5,220.00 | 5% | 3,168.25 | 2,051.75 |
| | 05036 | Ins15-1505 | 组装车间 | DELL电脑 | 台 | 1 | 直接购入 | 在用 | 3 | 平均年限法 | 2017/1/8 | 23 | 4,860.00 | 5% | 2,949.75 | 1,910.25 |
| | 05037 | Ins15-1505 | 组装车间 | DELL电脑 | 台 | 1 | 直接购入 | 在用 | 3 | 平均年限法 | 2017/1/8 | 23 | 4,860.00 | 5% | 2,949.75 | 1,910.25 |
| | 05038 | | 组装车间 | 无线AP访问点设备 | 套 | 1 | 直接购入 | 在用 | 3 | 平均年限法 | 2017/1/12 | 23 | 5,220.00 | 5% | 3,168.25 | 2,051.75 |
| | 05039 | | 组装车间 | 无线AP访问点设备 | 套 | 1 | 直接购入 | 在用 | 3 | 平均年限法 | 2017/1/12 | 23 | 5,220.00 | 5% | 3,168.25 | 2,051.75 |
| | 05040 | 三星 | 组装车间 | 监控摄像头 | 套 | 1 | 直接购入 | 在用 | 3 | 平均年限法 | 2017/6/6 | 18 | 2,520.00 | 5% | 1,197.00 | 1,323.00 |
| | 05041 | | 质检部 | EPSON打印机 | 台 | 1 | 直接购入 | 在用 | 3 | 平均年限法 | 2017/1/5 | 23 | 3,600.00 | 5% | 2,185.00 | 1,415.00 |
| | 05042 | E6330 | 质检部 | DELL笔记本电脑 | 台 | 1 | 直接购入 | 在用 | 3 | 平均年限法 | 2017/1/15 | 23 | 5,832.00 | 5% | 3,539.70 | 2,292.30 |
| | 05043 | E6330 | 质检部 | DELL笔记本电脑 | 台 | 1 | 直接购入 | 在用 | 3 | 平均年限法 | 2017/1/15 | 23 | 5,832.00 | 5% | 3,539.70 | 2,292.30 |
| | 05044 | | 原材料库 | EPSON打印机 | 台 | 1 | 直接购入 | 在用 | 3 | 平均年限法 | 2017/1/5 | 23 | 3,600.00 | 5% | 2,185.00 | 1,415.00 |
| | 05045 | | 原材料库 | PDA掌上电脑 | 台 | 1 | 直接购入 | 在用 | 3 | 平均年限法 | 2018/6/13 | 6 | 7,776.00 | 5% | 1,231.20 | 6,544.80 |
| | 05046 | | 半成品库 | EPSON打印机 | 台 | 1 | 直接购入 | 在用 | 3 | 平均年限法 | 2017/1/5 | 23 | 3,600.00 | 5% | 2,185.00 | 1,415.00 |
| | 05047 | | 半成品库 | PDA掌上电脑 | 台 | 1 | 直接购入 | 在用 | 3 | 平均年限法 | 2018/6/13 | 6 | 7,776.00 | 5% | 1,231.20 | 6,544.80 |
| | 05048 | | 产成品库 | EPSON打印机 | 台 | 1 | 直接购入 | 在用 | 3 | 平均年限法 | 2017/1/5 | 23 | 3,600.00 | 5% | 2,185.00 | 1,415.00 |
| | 05049 | TDA800 | 产成品库 | 交换机 | 台 | 1 | 直接购入 | 在用 | 3 | 平均年限法 | 2017/1/5 | 23 | 63,180.00 | 5% | 38,346.75 | 24,833.25 |
| | 05050 | | 产成品库 | PDA掌上电脑 | 台 | 1 | 直接购入 | 在用 | 3 | 平均年限法 | 2018/6/13 | 6 | 7,776.00 | 5% | 1,231.20 | 6,544.80 |
| | | | 小计 | | | 50 | | | | | | | 396,684.00 | | 217,166.20 | 179,517.80 |
| 合计 | | | | | | 86 | | | | | | | 18,621,084.00 | | 2,489,974.70 | 16,131,109.30 |

# 4.6 无形资产及累计摊销期初余额

无形资产及累计摊销期初余额，见表4－11。

**表4－11** **无形资产及累计摊销期初余额**

| 无形资产编号 | 资本化日期 | 类别 | 资产描述 | 原值 | 摊销年限 | 已摊销月数 | 累计摊销（截止2018年12月） | 账面价值（2018年12月31日） |
|---|---|---|---|---|---|---|---|---|
| 001 | 2017/7/10 | 专利权 | 实用新型：快速过滤醒酒器 | 18 000.00 | 10 | 18 | 2 700.00 | 15 300.00 |
| 002 | 2017/8/16 | 商标权 | “琴岛图形”商标 | 36 000.00 | 10 | 17 | 5 100.00 | 30 900.00 |
| 003 | 2017/1/2 | 土地使用权 | 土地使用权 | 1 920 000.00 | 40 | 24 | 96 000.00 | 1 824 000.00 |
| 004 | 2017/1/1 | 其他 | 用友ERP财务软件 | 540 000.00 | 10 | 24 | 108 000.00 | 432 000.00 |
| 总计 | | | | 2 514 000.00 | | | 211 800.00 | 2 302 200.00 |

# 4.7 总账建账资料

总账建账资料，见表4－12。

**表4－12** **总账建账资料**

| 序号 | 科目代码 | 科目名称 | 借方 | 贷方 |
|---|---|---|---|---|
| 1 | 1001 | 库存现金 | 54 600.00 | |
| 2 | 1002 | 银行存款 | 5 995 650.60 | |
| 3 | 1012 | 其他货币资金 | 796 960.00 | |
| 4 | 1101 | 交易性金融资产 | 300 000.00 | |
| 5 | 1121 | 应收票据 | 867 680.00 | |
| 6 | 1122 | 应收账款 | 1 772 016.00 | |
| 7 | 1123 | 预付账款 | | |
| 8 | 1221 | 其他应收款 | 9 000.00 | |
| 9 | 1231 | 坏账准备 | | |
| 10 | 1403 | 原材料 | 275 100.00 | |
| 11 | 1405 | 库存商品 | 524 900.00 | |
| 12 | 1409 | 半成品 | 355 300.00 | |
| 13 | 1411 | 周转材料 | 61 900.00 | |
| 14 | 1471 | 存货跌价准备 | | |
| 15 | 1481 | 持有待售资产 | | |
| 16 | 1511 | 长期股权投资 | | |

续表

| 序号 | 科目代码 | 科目名称 | 借方 | 贷方 |
|---|---|---|---|---|
| 17 | 1521 | 投资性房地产 | | |
| 18 | 1601 | 固定资产 | 18 621 084. 00 | |
| 19 | 1602 | 累计折旧 | | 2 489 974. 70 |
| 20 | 1603 | 固定资产减值准备 | | |
| 21 | 1604 | 在建工程 | 2 720 000. 00 | |
| 22 | 1605 | 工程物资 | | |
| 23 | 1606 | 固定资产清理 | | |
| 24 | 1701 | 无形资产 | 2 514 000. 00 | |
| 25 | 1702 | 累计摊销 | | 211 800. 00 |
| 26 | 1711 | 商誉 | | |
| 27 | 1801 | 长期待摊费用 | | |
| 28 | 1811 | 递延所得税资产 | | |
| 29 | 1901 | 待处理财产损溢 | | |
| 30 | 2001 | 短期借款 | | 1 500 000. 00 |
| 31 | 2201 | 应付票据 | | 593 920. 00 |
| 32 | 2202 | 应付账款 | | 1 584 107. 60 |
| 33 | 2203 | 预收账款 | | 500 000. 00 |
| 34 | 2211 | 应付职工薪酬 | | 571 611. 40 |
| 35 | 2221 | 应交税费 | | 679 269. 70 |
| 36 | 2231 | 应付股利 | | 1 000 000. 00 |
| 37 | 2232 | 应付利息 | | |
| 38 | 2241 | 其他应付款 | | 73 567. 20 |
| 39 | 2501 | 长期借款 | | 2 120 000. 00 |
| 40 | 2901 | 递延所得税负债 | | |
| 41 | 4001 | 实收资本（股本） | | 20 000 000. 00 |
| 42 | 4002 | 资本公积 | | |
| 43 | 4003 | 其他综合收益 | | |
| 44 | 4101 | 盈余公积 | | 931 691. 80 |
| 45 | 4103 | 本年利润 | | |
| 46 | 4104 | 利润分配 | | 3 548 848. 20 |
| 47 | 5001 | 生产成本 | 907 800. 00 | |
| 48 | 5101 | 制造费用 | | |
| 49 | 5301 | 研发支出 | 28 800. 00 | |
| 50 | 6001 | 主营业务收入 | | |
| 51 | 6051 | 其他业务收入 | | |
| 52 | 6101 | 公允价值变动损益 | | |

续表

| 序号 | 科目代码 | 科目名称 | 借方 | 贷方 |
|---|---|---|---|---|
| 53 | 6111 | 投资收益 | | |
| 54 | 6115 | 资产处置损益 | | |
| 55 | 6117 | 其他收益 | | |
| 56 | 6301 | 营业外收入 | | |
| 57 | 6401 | 主营业务成本 | | |
| 58 | 6402 | 其他业务成本 | | |
| 59 | 6403 | 税金及附加 | | |
| 60 | 6601 | 销售费用 | | |
| 61 | 6602 | 管理费用 | | |
| 62 | 6603 | 财务费用 | | |
| 63 | 6701 | 资产减值损失 | | |
| 64 | 6711 | 营业外支出 | | |
| 65 | 6801 | 所得税费用 | | |
| 66 | 6901 | 以前年度损益调整 | | |
| 合 计 | | | 35 804 790. 60 | 35 804 790. 60 |

# 第 5 章

# 本期经济业务

【业务 1】 1 月 1 日支付昌盛前期货款

## 付款申请单

2019 年 01 月 01 日

| | | | | | | | |
|---|---|---|---|---|---|---|---|
| 收款单位 | 山东淄博昌盛玻璃制品有限公司 | | 申请金额 | ￥249 574.00 | | 原账面余额 | ￥499 148.00 |
| 申请用途 | 支付前期货款 | | | | | 结算方式 | 电汇 |
| 总经理 | 李厚松 | 财务部门 | 部门经理 | 孙晓霞 | 申请部门 | 部门经理 | 林子伟 |
| | | | 出 纳 | 钱 丽 | | 经办人 | 洪 涵 |

中国银行 BANK OF CHINA

## 国内支付业务付款回单

2019 年 01 月 01 日　　交易流水号：122100516-081

| | | | | | | | | | | | | | |
|---|---|---|---|---|---|---|---|---|---|---|---|---|---|
| 付款人 | 全 称 | 中国琴岛家居用品有限公司 | 收款人 | 全 称 | 山东淄博昌盛玻璃制品有限公司 | | | | | | | | |
| | 账 号 | 603089162282 | | 账 号 | 9806562879476 | | | | | | | | |
| | 开户银行 | 中国银行青岛市南支行 | | 开户银行 | 工行淄博分行 | | | | | | | | |
| 付 款 金额 | 人民币（大写） | 贰拾肆万玖仟伍佰柒拾肆元整 | | 千 | 百 | 十 | 万 | 千 | 百 | 十 | 元 | 角 | 分 |
| | | | | | ￥ | 2 | 4 | 9 | 5 | 7 | 4 | 0 | 0 |
| 凭证种类 | | 网上银行 | | 回单编号 | 20190101874596 32 | | | | | | | | |
| 结算方式 | | 转账 | | 验证码 | 080E5A5D6G8C4A5X8T6R | | | | | | | | |
| | | | | 交易机构：02120<br>打印时间：2019-01-01 | | | | | | | | | |

中国银行青岛市南支行 电子回单专用章

**【业务 2】 1 月 1 日赊购昌盛原材料**

3700183140　**山东省增值税专用发票**　№. 18900101

全国统一发票监制章　山东　国家税务总局监制

发票联

机器编号：698451868518

开票日期：2019 年 01 月 01 日

| 购买方 | | 密码区 | |
|---|---|---|---|
| 购买方 | 名　　称：中国琴岛家居用品有限公司<br>纳税人识别号：37020286AC17W62A39<br>地址、电话：山东省青岛市市南区香港东路 366 号 0532-88666680<br>开户行及账号：中国银行青岛市南支行 603089162282 | 密码区 | 8>264+-5<3>278>81629+-922<br>0-492+849712-98/32-/9955-<br>368*7+23-50/8746//52-/88><br>2>29-398*+3>278>81448>268 |

| 货物或应税劳务、服务名称 | 规格型号 | 单位 | 数量 | 单价 | 金额 | 税率 | 税额 |
|---|---|---|---|---|---|---|---|
| 水晶玻璃醒酒器瓶 | | 只 | 5 000 | 62.00 | 310 000.00 | 16% | 49 600.00 |
| 水晶槽 | | 个 | 5 000 | 4.20 | 21 000.00 | 16% | 3 360.00 |
| 合　计 | | | | | ￥331 000.00 | | ￥52 960.00 |
| 价税合计（大写） | ⊗人民币叁拾捌万叁仟玖佰陆拾元整 | | | | （小写）￥383 960.00 | | |

| 销售方 | | 备注 |
|---|---|---|
| 销售方 | 名　　称：山东淄博昌盛玻璃制品有限公司<br>纳税人识别号：37030376EA73F23785<br>地址、电话：淄博中心路 7 号 0533-3916823<br>开户行及账号：工行淄博分行 9806562879476 | 山东淄博昌盛玻璃制品有限公司<br>37030376EA73F23785<br>发票专用章 |

收款人：高晨　　复核：张明　　开票人：王晓　　销货单位：

第三联：发票联　购买方记账凭证

发票号码：18900101

**收　料　单**

材料类别：原材料类　　收料单编号：SL19011201

供应单位：山东淄博昌盛玻璃制品有限公司 2019 年 01 月 01 日　　收料仓库：原材料库

| 编码 | 名称 | 规格 | 单位 | 数量 | | 实际成本 | | | |
|---|---|---|---|---|---|---|---|---|---|
| | | | | 应收 | 实收 | 买价 | | 运杂费等 | 合计 |
| | | | | | | 单价 | 金额 | | |
| | 水晶玻璃醒酒器瓶 | | 只 | 5 000 | 5 000 | | | | |
| | 水晶槽 | | 个 | 5 000 | 5 000 | | | | |
| 合计 | | | | | | | | | |

审批：王新源　　质检：孙少华　　仓管：杜胜禹

②会计记账联

**【业务 3】 1 月 1 日烤花车间领料**

## 领　料　单

领料部门：烤花车间　　　　编号：LK19010601

用　　途：醒酒器烤花　　2019 年 01 月 01 日　　发料仓库：原材料库

| 编码 | 材料名称及规格 | 计量单位 | 数量 | | 成本 | | 备注 |
|---|---|---|---|---|---|---|---|
| | | | 请领 | 实领 | 单位成本 | 金额 | |
| | 水晶玻璃醒酒器光瓶 | 只 | 3 000 | 3 000 | | | |
| | 合　计 | | | | | | |

领料单位负责人：孟子轩　　领料人：董玉　　发料人：杜胜禹

**【业务 4】 1 月 1 日烤花车间领料**

## 领　料　单

领料部门：烤花车间　　　　编号：LK19010602

用　　途：醒酒器烤花　　2019 年 01 月 01 日　　发料仓库：原材料库

| 编码 | 材料名称及规格 | 计量单位 | 数量 | | 成本 | | 备注 |
|---|---|---|---|---|---|---|---|
| | | | 请领 | 实领 | 单位成本 | 金额 | |
| | 烤花花纸 | 张 | 3 000 | 3 000 | | | |
| | 合　计 | | | | | | |

领料单位负责人：孟子轩　　领料人：董玉　　发料人：杜胜禹

**【业务 5】 1 月 1 日支付秀树前期货款**

## 付 款 申 请 单

2019 年 01 月 01 日

| 收款单位 | 无锡秀树玻璃制品有限公司 | | 申请金额 | ￥92 985.60 | 原账面余额 | | ￥185 971.20 |
|---|---|---|---|---|---|---|---|
| 申请用途 | 支付前期货款 | | | | 结算方式 | | 电汇 |
| 总经理 | 李厚松 | 财务部门 | 部门经理 | 孙晓霞 | 申请部门 | 部门经理 | 林子伟 |
| | | | 出　纳 | 钱　丽 | | 经办人 | 洪　涵 |

中国银行 BANK OF CHINA

## 国内支付业务付款回单

2019 年 01 月 01 日　　　交易流水号：122100527-096

| | | | | | | | | | | | | | | | |
|---|---|---|---|---|---|---|---|---|---|---|---|---|---|---|---|
| 付款人 | 全 称 | 中国琴岛家居用品有限公司 | 收款人 | 全 称 | 无锡秀树玻璃制品有限公司 | | | | | | | | | | |
| | 账 号 | 603089162282 | | 账 号 | 8721656896156 | | | | | | | | | | |
| | 开户银行 | 中国银行青岛市南支行 | | 开户银行 | 建行无锡滨湖支行 | | | | | | | | | | |
| 付款金额 | 人民币（大写） | 玖万贰仟玖佰捌拾伍元陆角整 | | 千 | 百 | 十 | 万 | 千 | 百 | 十 | 元 | 角 | 分 | | |
| | | | | | | ¥ | 9 | 2 | 9 | 8 | 5 | 6 | 0 | | |
| 凭证种类 | | 网上银行 | | 回单编号 | 2019010187369641 | | | | | | | | | | |
| 结算方式 | | 转账 | | 验证码 | 080E5R5Z6F6C895X8M9Z | | | | | | | | | | |
| | | | | 交易机构：02120<br>打印时间：2019-01-01 | | | | | | | | | | | |

中国银行青岛市南支行 电子回单专用章

【业务 6】 1 月 1 日支付春林前期货款

## 付款申请单

2019 年 01 月 01 日

| | | | | | | |
|---|---|---|---|---|---|---|
| 收款单位 | 山东淄博春林纸箱制品有限公司 | | 申请金额 | ¥77 580.80 | 原账面余额 | ¥77 580.80 |
| 申请用途 | 支付前期货款 | | | | 结算方式 | 电汇 |
| 总经理 | 李厚松 | 财务部门 | 部门经理 | 孙晓霞 | 申请部门 | 部门经理 | 林子伟 |
| | | | 出 纳 | 钱 丽 | | 经办人 | 刘 楠 |

中国银行 BANK OF CHINA

## 国内支付业务付款回单

2019 年 01 月 01 日　　交易流水号：122100516-213

| | | | | | |
|---|---|---|---|---|---|
| 付款人 | 全 称 | 中国琴岛家居用品有限公司 | 收款人 | 全 称 | 山东淄博春林纸箱制品有限公司 |
| | 账 号 | 603089162282 | | 账 号 | 8515246785432 |
| | 开户银行 | 中国银行青岛市南支行 | | 开户银行 | 工行淄博高新区支行 |

| 付款金额 | 人民币（大写） | 千 | 百 | 十 | 万 | 千 | 百 | 十 | 元 | 角 | 分 |
|---|---|---|---|---|---|---|---|---|---|---|---|
| | 柒万柒仟伍佰捌拾元捌角整 | | | ¥ | 7 | 7 | 5 | 8 | 0 | 8 | 0 |

| | | | |
|---|---|---|---|
| 凭证种类 | 网上银行 | 回单编号 | 2019010187459699 |
| 结算方式 | 转账 | 验证码 | 080E5A5D6G8C4A5XA10S |
| | | 交易机构：02120 | |
| | | 打印时间：2019-01-01 | |

中国银行青岛市南支行 电子回单专用章

【业务 7】 1 月 1 日支付东鑫前期货款

## 付 款 申 请 单

2019 年 01 月 01 日

| | | | | | | | |
|---|---|---|---|---|---|---|---|
| 收款单位 | 南京东鑫橡胶制品有限公司 | | 申请金额 | ¥25 520.00 | | 原账面余额 | ¥25 520.00 |
| 申请用途 | 支付前期货款 | | | | | 结算方式 | 电汇 |
| 总经理 | 李厚松 | 财务部门 | 部门经理 | 孙晓霞 | 申请部门 | 部门经理 | 林子伟 |
| | | | 出 纳 | 钱 丽 | | 经办人 | 孙 强 |

**中国银行 BANK OF CHINA**

**国内支付业务付款回单**

2019 年 01 月 01 日　　交易流水号：122100516-229

| | | | | | | | | | | | | | | |
|---|---|---|---|---|---|---|---|---|---|---|---|---|---|---|
| 付款人 | 全 称 | 中国琴岛家居用品有限公司 | 收款人 | 全 称 | 南京东鑫橡胶制品有限公司 | | | | | | | | | |
| | 账 号 | 603089162282 | | 账 号 | 8676548545129 | | | | | | | | | |
| | 开户银行 | 中国银行青岛市南支行 | | 开户银行 | 中行江宁支行 | | | | | | | | | |
| 付款金额 | 人民币（大写） | 贰万伍仟伍佰贰拾元整 | | 千 | 百 | 十 | 万 | 千 | 百 | 十 | 元 | 角 | 分 | |
| | | | | | | ¥ | 2 | 5 | 5 | 2 | 0 | 0 | 0 | |
| 凭证种类 | 网上银行 | | | 回单编号 | 2019010187459706 | | | | | | | | | |
| 结算方式 | 转账 | | | 验证码 | 080E5A55K68C4A5XL857A | | | | | | | | | |
| | | 中国银行青岛市南支行 电子回单专用章 | | 交易机构：02120 打印时间：2019-01-01 | | | | | | | | | | |

【业务 8】 1 月 1 日赊购春林原材料

3700183140　**山东省增值税专用发票**　№. 06008802

（全国统一发票监制章 山东 国家税务局监制） 发票联

机器编号：654845621687　　开票日期：2019 年 01 月 01 日

| | | | | | | | |
|---|---|---|---|---|---|---|---|
| 购买方 | 名 称：中国琴岛家居用品有限公司<br>纳税人识别号：37020286AC17W62A39<br>地址、电话：山东省青岛市市南区香港东路 366 号 0532-88666680<br>开户行及账号：中国银行青岛市南支行 603089162282 | | | 密码区 | /629+-92922/32-/9955-368*<br>7+746/629+-47589746/629+-<br>92712746/629+-92-98746/62<br>9+-99223-50/8746/629+-781 | | |
| 货物或应税劳务、服务名称 | 规格型号 | 单位 | 数量 | 单价 | 金额 | 税率 | 税额 |
| 纸制品·精致礼盒 | | 个 | 4 000 | 15.20 | 60 800.00 | 16% | 9 728.00 |
| 合 计 | | | | | ¥60 800.00 | | ¥9 728.00 |
| 价税合计（大写） | ⊗人民币柒万零伍佰贰拾捌元整 | | | | （小写）¥70 528.00 | | |
| 销售方 | 名 称：山东淄博春林纸箱制品有限公司<br>纳税人识别号：37030359672F233281<br>地址、电话：淄博高新区鲁信路 920 号 0533-3918888<br>开户行及账号：工行淄博高新区支行 8515246785423 | | | 备注 | 山东淄博春林纸箱制品有限公司 37030359672F233281 发票专用章 | | |

收款人：刘 萍　　复核：亓 凯　　开票人：赵 超　　销货单位：

第三联：发票联 购买方记账凭证

发票号码：06008802

材料类别：原材料类　　**收　料　单**　　收料单编号：SL19011202

供应单位：山东淄博春林纸箱制品有限公司 2019 年 01 月 01 日　　收料仓库：原材料库

| 编码 | 名称 | 规格 | 单位 | 数量 | | 实际成本 | | | |
|---|---|---|---|---|---|---|---|---|---|
| | | | | 应收 | 实收 | 买价 | | 运杂费等 | 合计 |
| | | | | | | 单价 | 金额 | | |
| | 精致礼盒 | | 个 | 4 000 | 4 000 | | | | |
| | | | | | | | | | |
| 合计 | | | | | | | | | |

②会计记账联

审批：王新源　　质检：孙少华　　仓管：杜胜禹

【业务 9】 1 月 2 日支付艺家前期货款

**付 款 申 请 单**

2019 年 01 月 02 日

| 收款单位 | 青岛艺家印刷包装制品有限公司 | | 申请金额 | ￥56 793.60 | | 原账面余额 | ￥56 793.60 |
|---|---|---|---|---|---|---|---|
| 申请用途 | 支付前期货款 | | | | | 结算方式 | 电汇 |
| 总经理 | 李厚松 | 财务部门 | 部门经理 | 孙晓霞 | 申请部门 | 部门经理 | 林子伟 |
| | | | 出　纳 | 钱　丽 | | 经办人 | 刘　楠 |

中国银行 BANK OF CHINA

## 国内支付业务付款回单

2019 年 01 月 02 日　　交易流水号：122100516-081

| | | | | | |
|---|---|---|---|---|---|
| 付款人 | 全称 | 中国琴岛家居用品有限公司 | 收款人 | 全称 | 青岛艺家印刷包装制品有限公司 |
| | 账号 | 603089162282 | | 账号 | 978241526612811 |
| | 开户银行 | 中国银行青岛市南支行 | | 开户银行 | 招行青岛辽阳西路支行 |

| 付款金额 | 人民币（大写） | 伍万陆仟柒佰玖拾叁元陆角整 | 千 | 百 | 十 | 万 | 千 | 百 | 十 | 元 | 角 | 分 |
|---|---|---|---|---|---|---|---|---|---|---|---|---|
| | | | | | ¥ | 5 | 6 | 7 | 9 | 3 | 6 | 0 |

| | | | |
|---|---|---|---|
| 凭证种类 | 网上银行 | 回单编号 | 2019010241261123 |
| 结算方式 | 转账 | 验证码 | 080E5A55K68C6K5J8H9G |
| | | 交易机构：02120<br>打印时间：2019-01-02 | |

（印章：中国银行青岛市南支行 电子回单专用章）

**【业务 10】 1 月 2 日支付超凡前期货款**

## 付 款 申 请 单

2019 年 01 月 02 日

| | | | | | | | |
|---|---|---|---|---|---|---|---|
| 收款单位 | 北京超凡印务有限公司 | | 申请金额 | ¥53 592.00 | | 原账面余额 | ¥53 592.00 |
| 申请用途 | 支付前期货款 | | | | | 结算方式 | 电汇 |
| 总经理 | 李厚松 | 财务部门 | 部门经理 | 孙晓霞 | 申请部门 | 部门经理 | 林子伟 |
| | | | 出纳 | 钱丽 | | 经办人 | 孙强 |

**中国银行 BANK OF CHINA**

## 国内支付业务付款回单

2019 年 01 月 02 日　　交易流水号：122100516-288

| | | | | | |
|---|---|---|---|---|---|
| 付款人 | 全 称 | 中国琴岛家居用品有限公司 | 收款人 | 全 称 | 北京超凡印务有限公司 |
| | 账 号 | 603089162282 | | 账 号 | 6847863216956 |
| | 开户银行 | 中国银行青岛市南支行 | | 开户银行 | 建行北京分行朝阳支行 |

| 付款金额 | 人民币（大写） | 伍万叁仟伍佰玖拾贰元整 | 千 | 百 | 十 | 万 | 千 | 百 | 十 | 元 | 角 | 分 |
|---|---|---|---|---|---|---|---|---|---|---|---|---|
| | | | | | ¥ | 5 | 3 | 5 | 9 | 2 | 0 | 0 |

| | | | |
|---|---|---|---|
| 凭证种类 | 网上银行 | 回单编号 | 2019010241261139 |
| 结算方式 | 转账 | 验证码 | 090E5A75K98C6K5J6F7G |
| | | 交易机构：02120 | |
| | | 打印时间：2019-01-02 | |

（印章：中国银行青岛市南支行 电子回单专用章）

**【业务 11】 1 月 2 日赊购南京东鑫原材料**

3200183140　　**江苏省增值税专用发票**　　№. 00408036

（印章：全国统一发票监制章 江苏 国家税务局监制）　发票联

机器编号：684751254595　　开票日期：2019 年 01 月 02 日

| | | | |
|---|---|---|---|
| 购买方 | 名　　称：中国琴岛家居用品有限公司<br>纳税人识别号：37020286AC17W62A39<br>地址、电话：山东省青岛市市南区香港东路 366 号 0532-88666680<br>开户行及账号：中国银行青岛市南支行 603089162282 | 密码区 | 52-/9955-368*7+23-50/8148<br>>264+-5<3>278>8148>264971<br>2-98746/629+-9220-492+84/<br>52-/88>2>29-398*+3>278>14 |

| 货物或应税劳务、服务名称 | 规格型号 | 单位 | 数量 | 单价 | 金额 | 税率 | 税额 |
|---|---|---|---|---|---|---|---|
| 硅胶密封圈 | | 个 | 20 000 | 1.00 | 20 000.00 | 16% | 3 200.00 |
| 合　计 | | | | | ¥20 000.00 | | ¥3 200.00 |
| 价税合计（大写） | ⊗人民币贰万叁仟贰佰元整 | | | | （小写）¥23 200.00 | | |

| | | | |
|---|---|---|---|
| 销售方 | 名　　称：南京东鑫橡胶制品有限公司<br>纳税人识别号：32012DE7872T192623<br>地址、电话：南京市江宁经济技术开发区隐龙路 3 号 025-83629327<br>开户行及账号：中行江宁支行 8676548545129 | 备注 | （印章：南京东鑫橡胶制品有限公司 32012DE7872T192623 发票专用章） |

收款人：邓 海　　复核：李明亮　　开票人：陈 晓　　销货单位：

第三联：发票联　购买方记账凭证

发票号码：00408036
材料类别：原材料类

**收　料　单**

收料单编号：SL19011203
供应单位：南京东鑫橡胶制品有限公司　　2019 年 01 月 02 日　　收料仓库：原材料库

| 编码 | 名称 | 规格 | 单位 | 数量 | | 实际成本 | | | |
|---|---|---|---|---|---|---|---|---|---|
| | | | | 应收 | 实收 | 买价 | | 运杂费等 | 合计 |
| | | | | | | 单价 | 金额 | | |
| | 硅胶密封圈 | | 个 | 20 000 | 20 000 | | | | |
| | | | | | | | | | |
| 合计 | | | | | | | | | |

②会计记账联

审批：王新源　　质检：孙少华　　仓管：杜胜禹

【业务 12】 1 月 2 日购入成运包装辅助材料

**付 款 申 请 单**

2019 年 01 月 02 日

| 收款单位 | 保定成运包装材料有限公司 | | 申请金额 | ¥8 181.48 | 原账面余额 | ¥0.00 |
|---|---|---|---|---|---|---|
| 申请用途 | 采购辅助材料 | | | | 结算方式 | 电汇 |
| 总经理 | 李厚松 | 财务部门 | 部门经理 | 孙晓霞 | 申请部门 | 部门经理 | 林子伟 |
| | | | 出 纳 | 钱 丽 | | 经办人 | 孙 强 |

**中国银行 BANK OF CHINA**

## 国内支付业务付款回单

2019 年 01 月 02 日　　交易流水号：122100516-290

| | | | | | |
|---|---|---|---|---|---|
| 付款人 | 全 称 | 中国琴岛家居用品有限公司 | 收款人 | 全 称 | 保定成运包装材料有限公司 |
| | 账 号 | 603089162282 | | 账 号 | 6685291628428 |
| | 开户银行 | 中国银行青岛市南支行 | | 开户银行 | 中行保定市北城支行 |

| 付款金额 | 人民币（大写） | 捌仟壹佰捌拾壹元肆角捌分 | 千 | 百 | 十 | 万 | 千 | 百 | 十 | 元 | 角 | 分 |
|---|---|---|---|---|---|---|---|---|---|---|---|---|
| | | | | | | ￥ | 8 | 1 | 8 | 1 | 4 | 8 |

| | | | |
|---|---|---|---|
| 凭证种类 | 网上银行 | 回单编号 | 2019010187459632 |
| 结算方式 | 转账 | 验证码 | 080E5A5D6G8C4A5X8T6R |
| | 电子回单专用章 | 交易机构：02120<br>打印时间：2019-01-02 | |

（印章：中国银行青岛市南支行 电子回单专用章）

1300183140　　**河北省增值税专用发票**　　№. 02995677

（印章：全国统一发票监制章 河北 国家税务总局监制）　发票联

机器编号：589654712586　　开票日期：2019 年 01 月 02 日

| | | | |
|---|---|---|---|
| 购买方 | 名　　称：中国琴岛家居用品有限公司<br>纳税人识别号：37020286AC17W62A39<br>地址、电话：山东省青岛市市南区香港东路 366 号 0532-88666680<br>开户行及账号：中国银行青岛市南支行 603089162282 | 密码区 | 46/27469712746/629+-92-98<br>/32-/99729+-952-/88>9+-92<br>78>8148>2629+-9220-492+84<br>//62629+-92746/6749264+-2 |

| 货物或应税劳务、服务名称 | 规格型号 | 单位 | 数量 | 单价 | 金额 | 税率 | 税额 |
|---|---|---|---|---|---|---|---|
| 胶带 | 5cm*150m | 卷 | 167 | 9.00 | 1 503.00 | 16% | 240.48 |
| 气泡膜 | 30cm*200m | 卷 | 110 | 30.00 | 3 300.00 | 16% | 528.00 |
| 塑料袋 | | 只 | 15 000 | 0.15 | 2 250.00 | 16% | 360.00 |
| 合　计 | | | | | ￥7 053.00 | | ￥1 128.48 |
| 价税合计（大写） | ⊗人民币捌仟壹佰捌拾壹元肆角捌分 | | | | （小写）￥8 181.48 | | |

| | | | |
|---|---|---|---|
| 销售方 | 名　　称：保定成运包装材料有限公司<br>纳税人识别号：13062AE594071G8219<br>地址、电话：保定市恒祥北大街 8 号 0312-8751267<br>开户行及账号：中行保定市北城支行 6685291628428 | 备注 | （印章：保定成运包装材料有限公司 13062AE594071G8219 发票专用章） |

收款人：董 伟　　复核：冯小娜　　开票人：赵 睿　　销货单位：

第三联：发票联　购买方记账凭证

发票号码：02995677

材料类别：辅助材料　　　　**收　料　单**　　　　收料单编号：SFL19010301

供应单位：保定成运包装材料有限公司　　2019 年 01 月 02 日　　收料仓库：原材料库

| 编码 | 名称 | 规格 | 单位 | 数量 | | 实际成本 | | | |
|---|---|---|---|---|---|---|---|---|---|
| | | | | 应收 | 实收 | 买价 | | 运杂费等 | 合计 |
| | | | | | | 单价 | 金额 | | |
| | 胶带 | 5cm*150m | 卷 | 167 | 167 | | | | |
| | 气泡膜 | 30cm*200m | 卷 | 110 | 110 | | | | |
| | 塑料袋 | | 只 | 15 000 | 15 000 | | | | |
| 合计 | | | | | | | | | |

②会计记账联

审批：王新源　　质检：孙少华　　仓管：杜胜禹

**【业务 13】 1 月 2 日购入宏泰辅助材料**

**付 款 申 请 单**

2019 年 01 月 02 日

| 收款单位 | 昆山宏泰干燥剂制品有限公司 | | 申请金额 | ¥1 740.00 | | 原账面余额 | ¥0.00 |
|---|---|---|---|---|---|---|---|
| 申请用途 | 支付货款 | | | | | 结算方式 | 电汇 |
| 总经理 | 李厚松 | 财务部门 | 部门经理 | 孙晓霞 | 申请部门 | 部门经理 | 林子伟 |
| | | | 出　纳 | 钱　丽 | | 经办人 | 孙　强 |

中国银行 BANK OF CHINA

## 国内支付业务付款回单

2019 年 01 月 02 日　　交易流水号：122100516-298

| | | | | | |
|---|---|---|---|---|---|
| 付款人 | 全称 | 中国琴岛家居用品有限公司 | 收款人 | 全称 | 昆山宏泰干燥剂制品有限公司 |
| | 账号 | 603089162282 | | 账号 | 5841562894112 |
| | 开户银行 | 中国银行青岛市南支行 | | 开户银行 | 工行昆山支行 |

| 付款金额 | 人民币（大写） | 壹仟柒佰肆拾元整 | 千 | 百 | 十 | 万 | 千 | 百 | 十 | 元 | 角 | 分 |
|---|---|---|---|---|---|---|---|---|---|---|---|---|
| | | | | | | ¥ | 1 | 7 | 4 | 0 | 0 | 0 |

| | | | |
|---|---|---|---|
| 凭证种类 | 网上银行 | 回单编号 | 2019010241261203 |
| 结算方式 | 转账 | 验证码 | 100E5A65M98C684N8H9C |
| | 中国银行青岛市南支行 电子回单专用章 | 交易机构：02120<br>打印时间：2019-01-02 | |

3200183140　　**江苏增值税专用发票**　　№ 02157188

全国统一发票监制章 江苏 国家税务总局监制

发票联

机器编号：125489658712　　开票日期：2019 年 01 月 02 日

| | | | |
|---|---|---|---|
| 购买方 | 名称：中国琴岛家居用品有限公司<br>纳税人识别号：37020286AC17W62A39<br>地址、电话：山东省青岛市市南区香港东路 366 号 0532-88666680<br>开户行及账号：中国银行青岛市南支行 603089162282 | 密码区 | 2629++-9223/88>2>8-5/746/<br>02294+92922+>3>26/68148>2<br>64278>81629+-9228-569+-59<br>74+-9257529+-92>2746/>2+- |

| 货物或应税劳务、服务名称 | 规格型号 | 单位 | 数量 | 单价 | 金额 | 税率 | 税额 |
|---|---|---|---|---|---|---|---|
| 防潮珠干燥剂 | | 包 | 15 000 | 0.10 | 1 500.00 | 16% | 240.00 |
| 合　计 | | | | | ¥1 500.00 | | ¥240.00 |
| 价税合计（大写） | ⊗人民币壹仟柒佰肆拾元整　（小写）¥1 740.00 | | | | | | |

| | | | |
|---|---|---|---|
| 销售方 | 名称：昆山宏泰干燥剂制品有限公司<br>纳税人识别号：320569AG1479C81722<br>地址、电话：江苏昆山市开发区南阳南路 212 号 0512-57988002<br>开户行及账号：工行昆山支行 5841562894112 | 备注 | 昆山宏泰干燥剂制品有限公司 320569AG1479C81722 发票专用章 |

收款人：李乐　　复核：王昆　　开票人：赵子轩　　销货单位：

第三联：发票联　购买方记账凭证

发票号码：02157188

材料类别：辅助材料　　**收　料　单**　　收料单编号：SFL19010302

供应单位：昆山宏泰干燥剂制品有限公司 2019 年 01 月 02 日　　收料仓库：原材料库

| 编码 | 名称 | 规格 | 单位 | 数量 | | 实际成本 | | | | |
|---|---|---|---|---|---|---|---|---|---|---|
| | | | | 应收 | 实收 | 买价 | | 运杂费等 | 合计 | |
| | | | | | | 单价 | 金额 | | | ②会计记账联 |
| | 防潮珠干燥剂 | | 包 | 15 000 | 15 000 | | | | | |
| | | | | | | | | | | |
| 合计 | | | | | | | | | | |

审批：王新源　　质检：孙少华　　仓管：杜胜禹

**【业务 14】 1 月 2 日购入东伟辅助材料**

**付 款 申 请 单**

2019 年 01 月 02 日

| 收款单位 | 青岛东伟不干胶制品有限公司 | | 申请金额 | ¥2 320.00 | 原账面余额 | | ¥0.00 |
|---|---|---|---|---|---|---|---|
| 申请用途 | 支付货款 | | | | 结算方式 | | 电汇 |
| 总经理 | 李厚松 | 财务部门 | 部门经理 | 孙晓霞 | 申请部门 | 部门经理 | 林子伟 |
| | | | 出　纳 | 钱　丽 | | 经办人 | 孙　强 |

中国银行 BANK OF CHINA

## 国内支付业务付款回单

2019 年 01 月 02 日　　交易流水号：122100516-316

| | | | | | | | | | | | | | |
|---|---|---|---|---|---|---|---|---|---|---|---|---|---|
| 付款人 | 全 称 | 中国琴岛家居用品有限公司 | 收款人 | 全 称 | 青岛东伟不干胶制品有限公司 | | | | | | | | |
| | 账 号 | 603089162282 | | 账 号 | 6482000565688 | | | | | | | | |
| | 开户银行 | 中国银行青岛市南支行 | | 开户银行 | 农行城阳区支行 | | | | | | | | |
| 付 款 金额 | 人民币（大写） | 贰仟叁佰贰拾元整 | | 千 | 百 | 十 | 万 | 千 | 百 | 十 | 元 | 角 | 分 |
| | | | | | | | ￥ | 2 | 3 | 2 | 0 | 0 | 0 |
| 凭证种类 | | 网上银行 | | 回单编号 | 2019010241261235 | | | | | | | | |
| 结算方式 | | 转账 | | 验证码 | 125E5A65M98C684N88VF | | | | | | | | |
| | | | | 交易机构：02120<br>打印时间：2019-01-02 | | | | | | | | | |

（印章：中国银行青岛市南支行 电子回单专用章）

3702193140　　**青岛增值税专用发票**　　№. 06722202

（印章：全国统一发票监制章 青岛 国家税务总局监制）发票联

机器编号：987521456325　　开票日期：2019 年 01 月 02 日

| | | | | | | | |
|---|---|---|---|---|---|---|---|
| 购买方 | 名　　称：中国琴岛家居用品有限公司<br>纳税人识别号：37020286AC17W62A39<br>地址、　电话：山东省青岛市市南区香港东路 366 号 0532-88666680<br>开户行及账号：中国银行青岛市南支行　603089162282 | | | 密码区 | 23629+-924/9+--3746158<38<br>74/629+-92*+58746/629+-92<br>64+3--3746/629+-92/-43-65<br>85<63-2*+72-340/65/7+-2+2 | | |
| 货物或应税劳务、服务名称 | 规格型号 | 单位 | 数量 | 单价 | 金额 | 税率 | 税额 |
| 透明不干胶贴 | | 张 | 20 000 | 0.10 | 2 000.00 | 16% | 320.00 |
| 合　　计 | | | | | ￥2 000.00 | | ￥320.00 |
| 价税合计（大写） | ⊗人民币贰仟叁佰贰拾元整 | | | | （小写）￥2 320.00 | | |
| 销售方 | 名　　称：青岛东伟不干胶制品有限公司<br>纳税人识别号：370202AM693264C296<br>地址、　电话：青岛城阳区正阳路 89 号　0532-86694007<br>开户行及账号：农行城阳区支行　6482000565688 | | | | 备注 | | |

收款人：孙 彬　　复核：王 武　　开票人：单爱明　　销货单位：（章）

（印章：青岛东伟不干胶制品有限公司 370202AM693264C296 发票专用章）

第三联：发票联　购买方记账凭证

发票号码：06722202

材料类别：辅助材料　　　　**收　料　单**　　　　收料单编号：SFL19010303

供应单位：青岛东伟不干胶制品有限公司　2019 年 01 月 02 日　　　　收料仓库：原材料库

| 编码 | 名称 | 规格 | 单位 | 数量 | | 实际成本 | | | |
|---|---|---|---|---|---|---|---|---|---|
| | | | | 应收 | 实收 | 买价 | | 运杂费等 | 合计 |
| | | | | | | 单价 | 金额 | | |
| | 透明不干胶贴 | | 张 | 20 000 | 20 000 | | | | |
| | | | | | | | | | |
| 合计 | | | | | | | | | |

②会计记账联

审批：王新源　　　　质检：孙少华　　　　仓管：杜胜禹

**【业务 15】 1 月 2 日赊购德瑞原材料**

4400182130　　**广东增值税专用发票**　　№. 02277265

全国统一发票监制章 广东 国家税务局监制

发票联

机器编号：587496214853　　　　开票日期：2019 年 01 月 02 日

购买方　名　称：中国琴岛家居用品有限公司
纳税人识别号：37020286AC17W62A39
地址、电话：山东省青岛市市南区香港东路 366 号 0532-88666680
开户行及账号：中国银行青岛市南支行 603089162282

密码区：
6829-398*+18-569+-592+746
/629+-9284/52-/88>2>81858
<978490-45/06-488--92*327
46/62+7233746/629+-92/99+

| 货物或应税劳务、服务名称 | 规格型号 | 单位 | 数量 | 单价 | 金额 | 税率 | 税额 |
|---|---|---|---|---|---|---|---|
| 带过滤网不锈钢盖 | 304 | 只 | 10 000 | 5.20 | 52 000.00 | 16% | 8 320.00 |
| 合　计 | | | | | ¥52 000.00 | | ¥8 320.00 |
| 价税合计（大写） | ⊗人民币陆万零叁佰贰拾元整 | | | | （小写）¥60 320.00 | | |

销售方　名　称：广州德瑞不锈钢制品有限公司
纳税人识别号：440108CE651W027986
地址、电话：广州市海珠区新港中路 47 号 020-38829666
开户行及账号：中行海珠区支行 6528468752166

备注：广州德瑞不锈钢制品有限公司 440108CE651W027986 发票专用章

第三联：发票联　购买方记账凭证

收款人：李　笑　　复核：王　悦　　开票人：赵艳红　　销货单位：

发票号码：　02277265

材料类别：原材料类　　　　**收　料　单**　　　　收料单编号：SL19011204

供应单位：广州德瑞不锈钢制品有限公司　2019 年 01 月 02 日　　　　收料仓库：原材料库

| 编码 | 名称 | 规格 | 单位 | 数量 | | 实际成本 | | | |
|---|---|---|---|---|---|---|---|---|---|
| | | | | 应收 | 实收 | 买价 | | 运杂费等 | 合计 |
| | | | | | | 单价 | 金额 | | |
| | 带过滤网不锈钢盖 | 304 | 只 | 10 000 | 10 000 | | | | |
| | | | | | | | | | |
| 合计 | | | | | | | | | |

②会计记账联

审批：王新源　　　　质检：孙少华　　　　仓管：杜胜禹

【业务 16】　1 月 2 日赊购秀树原材料

3200183140　　**江苏增值税专用发票**　　№. 00436676

（全国统一发票监制章　江苏　国家税务总局监制）发票联

机器编号：158479632547　　　　开票日期：2019 年 01 月 02 日

| | | | |
|---|---|---|---|
| 购买方 | 名　　称：中国琴岛家居用品有限公司<br>纳税人识别号：37020286AC17W62A39<br>地址、电话：山东省青岛市市南区香港东路 366 号 0532-88666680<br>开户行及账号：中国银行青岛市南支行 603089162282 | 密码区 | 6829-398*+18-569+-592+746<br>/629+-9284/52-/88>2>81858<br><978490-45/06-488--92*327<br>46/62+7233746/629+-92/99+ |

| 货物或应税劳务、服务名称 | 规格型号 | 单位 | 数量 | 单价 | 金额 | 税率 | 税额 |
|---|---|---|---|---|---|---|---|
| 水晶玻璃醒酒器瓶 | | 只 | 2 000 | 62.50 | 125 000.00 | 16% | 20 000.00 |
| 水晶槽 | | 个 | 2 000 | 4.30 | 8 600.00 | 16% | 1 376.00 |
| 合　计 | | | | | ￥133 600.00 | | ￥21 376.00 |
| 价税合计（大写） | ⊗人民币壹拾伍万肆仟玖佰柒拾陆元整　（小写）￥154 976.00 | | | | | | |

| | | | |
|---|---|---|---|
| 销售方 | 名　　称：无锡秀树玻璃制品有限公司<br>纳税人识别号：3206HY65895756D288<br>地址、电话：无锡市滨湖区建筑西路 69 号 0510-82788619<br>开户行及账号：建行无锡滨湖支行 8721656896156 | 备注 | （无锡秀树玻璃制品有限公司 3206HY65895756D288 发票专用章） |

收款人：单明晴　　复核：王 斌　　开票人：董 晓　　销售方：（章）

第三联：发票联　购买方记账凭证

发票号码：00436676

材料类别：原材料类　　**收　料　单**　　收料单编号：SL19011205

供应单位：无锡秀树玻璃制品有限公司　　2019 年 01 月 02 日　　收料仓库：原材料库

| 编码 | 名称 | 规格 | 单位 | 数量 | | 实际成本 | | | |
|---|---|---|---|---|---|---|---|---|---|
| | | | | 应收 | 实收 | 买价 | | 运杂费等 | 合计 |
| | | | | | | 单价 | 金额 | | |
| | 水晶玻璃醒酒器瓶 | | 只 | 2 000 | 2 000 | | | | |
| | 水晶槽 | | 个 | 2 000 | 2 000 | | | | |
| 合计 | | | | | | | | | |

②会计记账联

审批：王新源　　质检：孙少华　　仓管：杜胜禹

**【业务 17】 1 月 3 日采购部申请定额备用金 40 000 元**

**定额备用金申请单**

| 借款人 | 采购部（洪涵） | | 所属部门 | 采购部 | 借款日期 | 2019 年 01 月 03 日 |
|---|---|---|---|---|---|---|
| 借款用途 | 出差 | 出差人 | | | 预计天数 | |
| | | 目的地 | | | 交通工具 | |
| | | 原因 | | | | 现金付讫 |
| | 其他用途 | 采购部申请 2019 年的定额备用金。 | | | | |
| 借款金额 | （大写）肆 万 零 仟 零 佰 零 拾 零 元 零 角 零 分 | | | | | ¥ 40 000.00 |
| 前期借款未清金额 | | （大写） 无 | | | | ¥ 0.00 |
| 总经理 | 李厚松 | 财务部门 | 部门经理 | 孙晓霞 | 申请部门 | 部门经理 林子伟 |
| | | | 出 纳 | 钱 丽 | | 经办人 洪 涵 |

**【业务 18】　1 月 3 日收到利群前期货款**

中国银行 BANK OF CHINA

**进 账 单**（回　单）

2019 年 01 月 03 日　　交易流水号：222800616-107

| | | | | | |
|---|---|---|---|---|---|
| 付款人 | 全　称 | 青岛利群商贸股份有限公司 | 收款人 | 全　称 | 中国琴岛家居用品有限公司 |
| | 账　号 | 3703334645787 | | 账　号 | 603089162282 |
| | 开户银行 | 工商银行台东分行 | | 开户银行 | 中国银行青岛市南支行 |
| 付款金额 | 人民币（大写） | 柒拾捌万捌仟捌佰元整 | | 小写 | ¥788800.00 |
| 凭证种类 | | 电汇凭证 | 凭证号码 | | |
| 结算方式 | | 电子汇划汇入 | 回单编号 | | 2019010322816007 |
| | | | 交易机构：02120 | | |
| | | | 打印时间：2019-01-03 | | |

| 千 | 百 | 十 | 万 | 千 | 百 | 十 | 元 | 角 | 分 |
|---|---|---|---|---|---|---|---|---|---|
| | ¥ | 7 | 8 | 8 | 8 | 0 | 0 | 0 | 0 |

中国银行青岛市南支行 电子回单专用章

**【业务 19】　1 月 3 日华盛应付票据到期付款，保证金退回**

中国银行 BANK OF CHINA

**国内支付业务付款回单**

2019 年 01 月 03 日　　交易流水号：422100782-105

| | | | | | |
|---|---|---|---|---|---|
| 付款人 | 全　称 | 中国琴岛家居用品有限公司 | 收款人 | 全　称 | 佛山华盛玻璃制品有限公司 |
| | 账　号 | 603089162282 | | 账　号 | 6548795428189 |
| | 开户银行 | 中国银行青岛市南支行 | | 开户银行 | 中建行三水区支行 |
| 付款金额 | 人民币（大写） | 伍拾玖万叁仟玖佰贰拾元整 | | 小写 | ¥593920.00 |
| 凭证种类 | | 银行承兑汇票 | 回单编号 | | 2019010361371806 |
| 结算方式 | | 转账 | 验证码 | | 5E8A95D900C6002R21VN |
| | | | 交易机构：02120 | | |
| | | | 打印时间：2019-01-03 | | |

| 千 | 百 | 十 | 万 | 千 | 百 | 十 | 元 | 角 | 分 |
|---|---|---|---|---|---|---|---|---|---|
| | ¥ | 5 | 9 | 3 | 9 | 2 | 0 | 0 | 0 |

中国银行青岛市南支行 电子回单专用章

**中国银行 BANK OF CHINA**

## 国内支付业务付款回单

2019 年 01 月 03 日　　　交易流水号：: 521100792-218

| | | | | | |
|---|---|---|---|---|---|
| 付款人 | 全　称 | 中国琴岛家居用品有限公司 | 收款人 | 全　称 | 中国琴岛家居用品有限公司 |
| | 账　号 | 603089167289 | | 账　号 | 603089162282 |
| | 开户银行 | 中国银行青岛市南支行 | | 开户银行 | 中国银行青岛市南支行 |
| 付款金额 | 人民币（大写） | 贰拾玖万陆仟玖佰陆拾元整 | | 千 百 十 万 千 百 十 元 角 分 | ￥ 2 9 6 9 6 0 0 0 |
| 凭证种类 | | 退回保证金 | | 回单编号 | 2019010361371807 |
| 结算方式 | | 转账 | | 验证码 | 6E7A00D922C6032R22VN |
| | | | | 交易机构：02120 | |
| | | | | 打印时间：2019-01-03 | |

（印章：中国银行青岛市南支行 电子回单专用章）

**【业务 20】 1 月 3 日赊购超凡印务原材料**

1100183140　　**北京增值税专用发票**　　№ 22007786

（印章：全国统一发票监制章 北京 国家税务总局监制）

北京 发票联

机器编号：885769821256　　　开票日期：2019 年 01 月 03 日

| | | |
|---|---|---|
| 购买方 | 名　　　称：中国琴岛家居用品有限公司<br>纳税人识别号：37020286AC17W62A39<br>地址、　电话：山东省青岛市市南区香港东路 366 号 0532-88666680<br>开户行及账号：中国银行青岛市南支行 603089162282 | 密码区：>264+-5<5746/629+-92/>+23<br>-50/73-58/572-5+84278>814<br>8>264+-5<562-/88>2>6/629+<br>-929+-5148>264+-5<135>742 |

| 货物或应税劳务、服务名称 | 规格型号 | 单位 | 数量 | 单价 | 金额 | 税率 | 税额 |
|---|---|---|---|---|---|---|---|
| 烤花花纸 | | 张 | 20 000 | 2.10 | 42 000.00 | 16% | 6 720.00 |
| 合　计 | | | | | ￥42 000.00 | | ￥6 720.00 |
| 价税合计（大写） | ⊗人民币肆万捌仟柒佰贰拾元整 | | | | （小写）￥48 720.00 | | |

| | | |
|---|---|---|
| 销售方 | 名　　　称：北京超凡印务有限公司<br>纳税人识别号：911102HG479625A432<br>地址、　电话：北京朝阳区红庙路 4 号 010-66000018<br>开户行及账号：建行北京分行朝阳支行 6847863216956 | 备注 |

（印章：北京超凡印务有限公司 911102HG479625A432 发票专用章）

收款人：李 萍　　复核：孙少华　　开票人：王 良　　销货单位：

第三联：发票联 购买方记账凭证

发票号码：22007786

材料类别：原材料类　　　　**收　料　单**　　　　收料单编号：SL19011206

供应单位：北京超凡印务有限公司　　　　2019 年 01 月 03 日　　　　收料仓库：原材料库

| 编码 | 名称 | 规格 | 单位 | 数量 | | 实际成本 | | | |
|---|---|---|---|---|---|---|---|---|---|
| | | | | 应收 | 实收 | 买价 | | 运杂费等 | 合计 |
| | | | | | | 单价 | 金额 | | |
| | 烤花花纸 | | 张 | 20 000 | 20 000 | | | | |
| | | | | | | | | | |
| 合计 | | | | | | | | | |

②会计记账联

审批：王新源　　　　质检：孙少华　　　　仓管：杜胜禹

**【业务 21】 1 月 3 日赊购艺家印务原材料**

3702193140　　**青岛增值税专用发票**　　№. 67958759

全国统一发票监制章 青岛 国家税务局监制

发票联

机器编号：124678954711　　　　开票日期：2019 年 01 月 03 日

| | | | |
|---|---|---|---|
| 购买方 | 名　　称：中国琴岛家居用品有限公司<br>纳税人识别号：37020286AC17W62A39<br>地址、电话：山东省青岛市市南区香港东路 366 号 0532-88666680<br>开户行及账号：中国银行青岛市南支行 603089162282 | 密码区 | 69+64+-5--3*+55655+->2974<br>9+-92220-8-56*+26/623-5+2<br>3-74+-92575+>3>26/62978>8<br>148>29+-92+-5<750264746/7 |

| 货物或应税劳务、服务名称 | 规格型号 | 单位 | 数量 | 单价 | 金额 | 税率 | 税额 |
|---|---|---|---|---|---|---|---|
| 纸制品·精致礼盒 | | 个 | 4 000 | 15.30 | 61 200.00 | 16% | 9 792.00 |
| 合　　计 | | | | | ￥61 200.00 | | ￥9 792.00 |
| 价税合计（大写） | ⊗人民币柒万零玖佰玖拾贰元整 | | | | | （小写）￥70 992.00 | |

| | | | |
|---|---|---|---|
| 销售方 | 名　　称：青岛艺家印刷包装制品有限公司<br>纳税人识别号：370202DE5872S36586<br>地址、电话：市北区辽阳西路 326 号 0532-82215897<br>开户行及账号：招行青岛辽阳西路支行 97824152661281 | 备注 | 青岛艺家印刷包装制品有限公司 370202DE5872S36586 发票专用章 |

收款人：刘 星　　复核：李 志　　开票人：王超然　　销货单位

第三联：发票联　购买方记账凭证

发票号码：67958759

材料类别：原材料类　　**收　料　单**　　收料单编号：SL19011207

供应单位：青岛艺家印刷包装制品有限公司　2019 年 01 月 03 日　收料仓库：原材料库

| 编码 | 名称 | 规格 | 单位 | 数量 | | 实际成本 | | | |
|---|---|---|---|---|---|---|---|---|---|
| | | | | 应收 | 实收 | 买价 | | 运杂费等 | 合计 |
| | | | | | | 单价 | 金额 | | |
| | 精致礼盒 | | 个 | 4 000 | 4 000 | | | | |
| | | | | | | | | | |
| 合计 | | | | | | | | | |

②会计记账联

审批：王新源　　质检：孙少华　　仓管：杜胜禹

**【业务 22】 1 月 3 日组装车间领原材料**

领料部门：组装车间　　**领　料　单**　　编号：LZ19010401

用　　途：组装醒酒器　　2019 年 01 月 03 日　　发料仓库：原材料库

| 编码 | 材料名称及规格 | 计量单位 | 数量 | | 成本 | | 备注 |
|---|---|---|---|---|---|---|---|
| | | | 请领 | 实领 | 单位成本 | 金额 | |
| | 带过滤网不锈钢盖 | 只 | 3 000 | 3 000 | | | |
| | 密封圈 | 个 | 3 000 | 3 000 | | | |
| | 水晶槽 | 个 | 3 000 | 3 000 | | | |
| | 精致礼盒 | 个 | 3 000 | 3 000 | | | |
| | 合　计 | | | | | | |

领料单位负责人：吴　越　　领料人：王小平　　发料人：杜胜禹

【业务 23】 1 月 3 日组装车间领辅助材料

领料部门：组装车间　　**领　料　单**　　编号：LZF19010201

用　　途：组装醒酒器　　2019 年 01 月 03 日　　发料仓库：原材料库

| 编码 | 材料名称及规格 | 计量单位 | 数量 | | 成本 | | 备注 |
|---|---|---|---|---|---|---|---|
| | | | 请领 | 实领 | 单位成本 | 金额 | |
| | 胶带 | 卷 | 267 | 267 | | | |
| | 气泡膜 | 卷 | 100 | 100 | | | |
| | 塑料袋 | 只 | 20 000 | 20 000 | | | |
| | | | | | | | |
| | 合　计 | | | | | | |

领料单位负责人：吴　越　　领料人：王小平　　发料人：杜胜禹

【业务 24】 1 月 3 日组装车间领辅助材料

领料部门：组装车间　　**领　料　单**　　编号：LZF19010202

用　　途：组装醒酒器　　2019 年 01 月 03 日　　发料仓库：原材料库

| 编码 | 材料名称及规格 | 计量单位 | 数量 | | 成本 | | 备注 |
|---|---|---|---|---|---|---|---|
| | | | 请领 | 实领 | 单位成本 | 金额 | |
| | 防潮珠干燥剂 | 包 | 20 000 | 20 000 | | | |
| | 透明不干胶贴 | 张 | 20 000 | 20 000 | | | |
| | | | | | | | |
| | | | | | | | |
| | 合　计 | | | | | | |

领料单位负责人：吴　越　　领料人：王小平　　发料人：杜胜禹

【业务 25】 1 月 4 日赊销产品至青岛利群

3702193140　　**青岛增值税专用发票**　　№. 77220101

（印章：全国统一发票监制章 青岛 国家税务局监制）

发票联

机器编号：378899515987　　　　开票日期：2019 年 01 月 04 日

| | | | |
|---|---|---|---|
| 购买方 | 名　　称：青岛利群商贸股份有限公司<br>纳税人识别号：370202UR874695P251<br>地址、　电话：青岛市台东三路 77 号 0532-83636868<br>开户行及账户：工商银行台东分行 3703334645787 | 密码区 | *8152-/52-/5755-3*+53-50/<br>/6+-90-485+/52-/>79-3*+9-<br>5+-5>8158<38490-4/0-483-6<br>5+-5<158<384/9+--3*+53--3 |

| 货物或应税劳务、服务名称 | 规格型号 | 单位 | 数量 | 单价 | 金额 | 税率 | 税额 |
|---|---|---|---|---|---|---|---|
| 日用玻璃制品·烤花水晶玻璃醒酒器 | A-1 | 只 | 5 000 | 170.00 | 850 000.00 | 16% | 136 000.00 |
| 合　计 | | | | | ￥850 000.00 | | ￥136 000.00 |
| 价税合计（大写） | ⊗人民币玖拾捌万陆仟元整 | | | （小写）￥986 000.00 | | | |

| | | |
|---|---|---|
| 销售方 | 名　　称：中国琴岛家居用品有限公司<br>纳税人识别号：37020286AC17W62A39<br>地址、　电话：山东省青岛市市南区香港东路 366 号 0532-88666680<br>开户行及账号：中国银行青岛市南支行 603089162282 | 备注 |

（印章：中国琴岛家居用品有限公司 37020286AC17W62A39 发票专用章）

收款人：钱 丽　　复核：孙晓霞　　开票人：于慧军　　销货单位：

第一联：记账联　销货方记账凭证

## 销 售 单

制单日期：2019 年 01 月 04 日　　　　单据编号：SJ19010501

购货单位：青岛利群商贸股份有限公司　　地址和电话：青岛市台东三路 77 号 0532-83636868

纳税人识别号：370202UR874695P251　　开户行及账号：工商银行台东分行 3703334645787

| 编码 | 产品名称 | 规格 | 单位 | 单价 | 数量 | 金额 | 备注 |
|---|---|---|---|---|---|---|---|
| | 烤花水晶玻璃醒酒器 | A-1 | 只 | 197.20 | 5 000 | 986 000.00 | 含税价 |
| | | | | | | | |
| 合计 | 人民币（大写）玖拾捌万陆仟元整 | | | | | ￥986 000.00 | |

总经理：李厚松　　销售部经理：王 星　　财务部经理：孙晓霞　　会计：于慧军　　销售员：宋 达

【业务 26】 1 月 4 日提取现金

## 提取现金申请单

2019 年 01 月 04 日

| 收款单位 | 中国琴岛家居用品有限公司 | | 申请金额 | ¥45 000.00 | 原账面余额 | ¥14 600.00 |
|---|---|---|---|---|---|---|
| 申请用途 | 提取备用金,备销售部借定额备用金 | | | | | |
| 总经理 | 李厚松 | 财务部经理 | 孙晓霞 | 申请人（出 纳） | 钱 丽 | |

中国建设银行

现金支票存根

00532612
12778601

附加信息

出票日期：2019 年 01 月 04 日

| | |
|---|---|
| 收款人： | 中国琴岛家居用品有限公司 |
| 金 额： | ¥45 000.00 |
| 用 途： | 提取备用金 |

单位主管：　　　　会计：

【业务 27】 1 月 4 日销售部申请定额备用金 50 000 元

## 定额备用金申请单

| | | | | | | |
|---|---|---|---|---|---|---|
| 借款人 | 销售部（宋达） | 所属部门 | 销售部 | 借款日期 | 2019 年 01 月 04 日 | |
| 借款用途 | 出差 | 出差人 | | 预计天数 | | |
| | | 目的地 | | 交通工具 | | |
| | | 原因 | | | 现金付讫 | |
| | 其他用途 | 销售部申请 2019 年的定额备用金 | | | | |
| 借款金额 | （大写）伍 万 零 仟 零 佰 零 拾 零 元 零 角 零 分 | | | | ￥50 000.00 | |
| 前期借款未清金额 | （大写） 无 | | | | ￥0.00 | |
| 总经理 | 李厚松 | 财务部门 | 部门经理 | 孙晓霞 | 申请部门 | 部门经理：王 星 |
| | | | 出 纳 | 钱 丽 | | 经办人：宋 达 |

【业务 28】 1 月 4 日支付长恒前期货款

## 付 款 申 请 单

2019 年 01 月 04 日

| | | | | | | | |
|---|---|---|---|---|---|---|---|
| 收款单位 | 天津长恒包装制品有限公司 | | 申请金额 | ￥73 080.00 | | 原账面余额 | ￥146 160.00 |
| 申请用途 | 支付前期货款 | | | | | 结算方式 | 电汇 |
| 总经理 | 李厚松 | 财务部门 | 部门经理 | 孙晓霞 | 申请部门 | 部门经理 | 林子伟 |
| | | | 出 纳 | 钱 丽 | | 经办人 | 刘 楠 |

## 中国银行 BANK OF CHINA　国内支付业务付款回单

2019 年 01 月 04 日　　交易流水号：122100516-367

| | | | | | |
|---|---|---|---|---|---|
| 付款人 | 全 称 | 中国琴岛家居用品有限公司 | 收款人 | 全 称 | 天津长恒包装制品有限公司 |
| | 账 号 | 603089162282 | | 账 号 | 7866365125489 |
| | 开户银行 | 中国银行青岛市南支行 | | 开户银行 | 工行武清支行 |

| 付款金额 | 人民币（大写） | 千 | 百 | 十 | 万 | 千 | 百 | 十 | 元 | 角 | 分 |
|---|---|---|---|---|---|---|---|---|---|---|---|
| | 柒万叁仟零捌拾元整 | | | ¥ | 7 | 3 | 0 | 8 | 0 | 0 | 0 |

| | | | |
|---|---|---|---|
| 凭证种类 | 网上银行 | 回单编号 | 2019010461381267 |
| 结算方式 | 转账 | 验证码 | 225D5A70E18C228N90VF |
| | | 交易机构：02120 | |
| | | 打印时间：2019-01-04 | |

中国银行青岛市南支行
电子回单
专用章

【业务 29】 1 月 4 日存入 50%的保证金，备开具华盛银行承兑汇票

## 付 款 申 请 单

2019 年 01 月 04 日

| 收款单位 | 中国琴岛家居用品有限公司 | 申请金额 | ¥371 200.00 | 原账面余额 | ¥0.00 | | |
|---|---|---|---|---|---|---|---|
| 申请用途 | 支付 50%保证金至中行保证金账户，备开具给佛山华盛公司的银行承兑汇票。 | | | 结算方式 | 转账支票 | | |
| 总经理 | 李厚松 | 财务部门 | 部门经理 | 孙晓霞 | 申请部门 | 部门经理 | 林子伟 |
| | | | 出 纳 | 钱 丽 | | 经办人 | 洪 涵 |

中国银行

转账支票存根

10369325
22621801

附加信息

出票日期：2019 年 01 月 04 日

| | |
|---|---|
| 收款人： | 中国琴岛家居用品有限公司 |
| 金　额： | ¥371 200.00 |
| 用　途： | 银行承兑汇票保证金 |

单位主管：　　　　会计：

中国银行 BANK OF CHINA

## 进 账 单 （回　单）

2019 年 01 月 04 日

| | | | | | | | | | | | | | | |
|---|---|---|---|---|---|---|---|---|---|---|---|---|---|---|
| 付款人 | 全称 | 中国琴岛家居用品有限公司 | 收款人 | 全称 | 中国琴岛家居用品有限公司 | | | | | | | | | |
| | 账号 | 603089162282 | | 账号 | 603089167289 | | | | | | | | | |
| | 开户银行 | 中国银行青岛市南支行 | | 开户银行 | 中国银行青岛市南支行 | | | | | | | | | |
| 付款金额 | 人民币（大写） | 叁拾柒万壹仟贰佰元整 | | 千 | 百 | 十 | 万 | 千 | 百 | 十 | 元 | 角 | 分 | |
| | | | | | ¥ | 3 | 7 | 1 | 2 | 0 | 0 | 0 | 0 | |
| 票据种类 | 转账支票 | 票据张数 | 1 | | | | | | | | | | | |
| 票据号码 | 转账 022621801 | | | | | | | | | | | | | |

复核　　　记账

中国银行
青岛市南支行
2019.01.04
办讫章

开户银行签章

【业务 30】 1 月 4 日支付开具华盛银行承兑汇票手续费

3702193140　　**青岛增值税专用发票**　　№. 00048879

全国统一发票监制章 青岛 国家税务总局监制

发票联

机器编号：789245632148　　开票日期：2019 年 01 月 04 日

| | | | |
|---|---|---|---|
| 购买方 | 名　　称：中国琴岛家居用品有限公司<br>纳税人识别号：37020286AC17W62A39<br>地址、电话：山东省青岛市市南区香港东路 366 号 0532-88666680<br>开户行及账号：中国银行青岛市南支行 603089162282 | 密码区 | 629+-9223/88>2>8-56542>>2<br>746/>2+->2678>81629+-9228<br>-569+/6813>/746/02294+929<br>22+29+-9248>2642-5974+-92 |

| 货物或应税劳务、服务名称 | 规格型号 | 单位 | 数量 | 单价 | 金额 | 税率 | 税额 |
|---|---|---|---|---|---|---|---|
| 直接收费金融服务 | | | 1 | 371.00 | 371.00 | 6% | 22.26 |
| 合　计 | | | | | ￥371.00 | | ￥22.26 |
| 价税合计（大写） | ⊗人民币叁佰玖拾叁元贰角陆分 | | | | （小写）￥393.26 | | |

| | | | |
|---|---|---|---|
| 销售方 | 名　　称：中国银行青岛市南支行<br>纳税人识别号：370202SN78C612N698<br>地址、电话：山东省青岛市市南区中山路 68 号 0532-82866961<br>开户行及账号：中国银行山东省分行 370287866633 | 备注 | 中国银行青岛市南支行 370202SN78C612N698 发票专用章 |

收款人：孔晓丽　　复核：王 达　　开票人：安 宁　　销货单位：

第三联：发票联 购买方记账凭证

**【业务31】 1月4日用银行承兑汇票购买华盛原材料**

## 银行承兑汇票 2 2112744215

出票日期（大写） 贰零壹玖年零壹月零肆日 785668569

| | | | | | |
|---|---|---|---|---|---|
| 付款人 | 全 称 | 中国琴岛家居用品有限公司 | 收款人 | 全 称 | 佛山华盛玻璃制品有限公司 |
| | 账 号 | 603089162282 | | 账号 | 6548795428189 |
| | 开户银行 | 中国银行青岛市南支行 | | 开户银行 | 中建行三水区支行 |

| 出票金额 | 千 | 百 | 十 | 万 | 千 | 百 | 十 | 元 | 角 | 分 |
|---|---|---|---|---|---|---|---|---|---|---|
| 人民币（大写）柒拾肆万贰仟肆佰元整 | | ¥ | 7 | 4 | 2 | 4 | 0 | 0 | 0 | 0 |

| | | | | |
|---|---|---|---|---|
| 汇票到期日（大写） | 贰零壹玖年陆月零肆日 | 付款人 | 行号 | 1068176598 |
| 承兑协议编号 | 2019第CN60854号 | | 地址 | 山东省青岛市市南区中山路68号 |

| | | |
|---|---|---|
| 本汇票请你行承兑，到期无条件付款<br>中国琴岛家居用品有限公司 财务专用章<br>松李印厚<br>出票人签章<br>2019年01月04日 | 本汇票已经承兑，到期日由本行付款。<br>中国银行青岛市南支行 汇票专用章<br>明孙印秋<br>承兑行签章<br>承兑日期2019年01月04日<br>备注： | 97267<br>姜少旭<br>复核 记账 |

4400183140　**广东增值税专用发票**　№. 80009587

（全国统一发票监制章　广东　国家税务总局监制）

发票联

机器编号：748965214785　　　　开票日期：2019 年 01 月 04 日

| | | | |
|---|---|---|---|
| 购买方 | 名　　称：中国琴岛家居用品有限公司<br>纳税人识别号：37020286AC17W62A39<br>地址、　电话：山东省青岛市市南区香港东路 366 号 0532-88666680<br>开户行及账号：中国银行青岛市南支行 603089162282 | 密码区 | 9+-92>2746/62846/629+-926<br>92*922--3-98/32788>22-/88<br>>2>8148>2+->294+92922-629<br>++-9223/88>2>8-5/746/0257 |

| 货物或应税劳务、服务名称 | 规格型号 | 单位 | 数量 | 单价 | 金额 | 税率 | 税额 |
|---|---|---|---|---|---|---|---|
| 水晶玻璃醒酒器瓶 | | 只 | 10 000 | 60.00 | 600 000.00 | 16% | 96 000.00 |
| 水晶槽 | | 个 | 10 000 | 4.00 | 40 000.00 | 16% | 6 400.00 |
| 合　计 | | | | | ￥640 000.00 | | ￥102 400.00 |
| 价税合计（大写） | ⊗人民币柒拾肆万贰仟肆佰元整 | | | | （小写）￥742 400.00 | | |

| | | | |
|---|---|---|---|
| 销售方 | 名　　称：佛山华盛玻璃制品有限公司<br>纳税人识别号：4406D1748EJ0281693<br>地址、　电话：佛山市三水区兴唐路 67 号 0757-88722199<br>开户行及账号：建行三水区支行 6548795428189 | 备注 | （佛山华盛玻璃制品有限公司 4406D1748EJ0281693 发票专用章） |

收款人：李佳琪　　复核：林 叶　　开票人：曲少武　　销货单位：

第三联：发票联　购买方记账凭证

发票号码：80009587

材料类别：原材料类　　**收　料　单**　　收料单编号：SL19011208

供应单位：佛山华盛玻璃制品有限公司　　2019 年 01 月 04 日　　收料仓库：原材料库

| 编码 | 名称 | 规格 | 单位 | 数量 | | 实际成本 | | | |
|---|---|---|---|---|---|---|---|---|---|
| | | | | 应收 | 实收 | 买价 | | 运杂费等 | 合计 |
| | | | | | | 单价 | 金额 | | |
| | 水晶玻璃醒酒器瓶 | | 只 | 10 000 | 10 000 | | | | |
| | 水晶槽 | | 个 | 10 000 | 10 000 | | | | |
| 合计 | | | | | | | | | |

审批：王新源　　质检：孙少华　　仓管：杜胜禹

②会计记账联

【业务 32】 1 月 5 日支付欣华前期货款

## 付款申请单

2019 年 01 月 05 日

| 收款单位 | 山东潍坊欣华玻璃制品有限公司 | | 申请金额 | ￥147 030.00 | 原账面余额 | ￥294 060.00 |
|---|---|---|---|---|---|---|
| 申请用途 | 支付前期货款 | | | | 结算方式 | 电汇 |
| 总经理 | 李厚松 | 财务部门 | 部门经理 | 孙晓霞 | 申请部门 | 部门经理 | 林子伟 |
| | | | 出 纳 | 钱 丽 | | 经办人 | 洪　涵 |

中国银行 BANK OF CHINA

## 国内支付业务付款回单

2019 年 01 月 05 日　　交易流水号：122100516-537

| 付款人 | | 收款人 | |
|---|---|---|---|
| 全 称 | 中国琴岛家居用品有限公司 | 全 称 | 山东潍坊欣华玻璃制品有限公司 |
| 账 号 | 603089162282 | 账 号 | 6848215468653 |
| 开户银行 | 中国银行青岛市南支行 | 开户银行 | 中行潍坊开发区支行 |

| 付款金额 | 人民币（大写） | 千 | 百 | 十 | 万 | 千 | 百 | 十 | 元 | 角 | 分 |
|---|---|---|---|---|---|---|---|---|---|---|---|
| | 壹拾肆万柒仟零叁拾元整 | | ￥ | 1 | 4 | 7 | 0 | 3 | 0 | 0 | 0 |

| | | | |
|---|---|---|---|
| 凭证种类 | 网上银行 | 回单编号 | 20190105695481276 |
| 结算方式 | 转账 | 验证码 | 225D5A70E18C228N90VF |
| | | 交易机构：02120<br>打印时间：2019-01-05 | |

中国银行青岛市南支行 电子回单专用章

【业务 33】 1 月 5 日支付祥泰前期货款

## 付 款 申 请 单

2019 年 01 月 05 日

| | | | | | | | |
|---|---|---|---|---|---|---|---|
| 收款单位 | 山东高密祥泰纸箱制品有限公司 | | 申请金额 | ¥113 854.00 | 原账面余额 | | ¥113 854.00 |
| 申请用途 | 支付前期货款 | | | | 结算方式 | | 电汇 |
| 总经理 | 李厚松 | 财务部门 | 部门经理 | 孙晓霞 | 申请部门 | 部门经理 | 林子伟 |
| | | | 出 纳 | 钱 丽 | | 经办人 | 刘 楠 |

中国银行 BANK OF CHINA

## 国内支付业务付款回单

2019 年 01 月 05 日　　交易流水号：122100516-537

| | | | | | |
|---|---|---|---|---|---|
| 付款人 | 全 称 | 中国琴岛家居用品有限公司 | 收款人 | 全 称 | 山东高密祥泰纸箱制品有限公司 |
| | 账 号 | 603089162282 | | 账 号 | 6512847569186 |
| | 开户银行 | 中国银行青岛市南支行 | | 开户银行 | 中行高密支行人民大街东段分理处 |

| | | | 千 | 百 | 十 | 万 | 千 | 百 | 十 | 元 | 角 | 分 |
|---|---|---|---|---|---|---|---|---|---|---|---|---|
| 付款金额 | 人民币（大写） | 壹拾壹万叁仟捌佰伍拾肆元整 | | ¥ | 1 | 1 | 3 | 8 | 5 | 4 | 0 | 0 |

| | | | |
|---|---|---|---|
| 凭证种类 | 网上银行 | 回单编号 | 20190105696561283 |
| 结算方式 | 转账 | 验证码 | 815E5E70F18C233F90AE |
| 中国银行青岛市南支行 电子回单专用章 | | 交易机构：02120<br>打印时间：2019-01-05 | |

**【业务 34】** 1 月 5 日赊购信阳创新原材料

4100183140 **河南增值税专用发票** №. 88990039

全国统一发票监制章 河南 国家税务总局监制

发票联

机器编号：175896248613

开票日期：2019 年 01 月 05 日

| | | | |
|---|---|---|---|
| 购买方 | 名　　称：中国琴岛家居用品有限公司<br>纳税人识别号：37020286AC17W62A39<br>地址、电话：山东省青岛市市南区香港东路 366 号 0532-88666680<br>开户行及账号：中国银行青岛市南支行 603089162282 | 密码区 | 49264+-9712746/629+-92-98<br>/32-/99746/2746/62629+-92<br>746/629+-92629+-9220-492+<br>84/52-/88>9+-9278>8148>5/ |

| 货物或应税劳务、服务名称 | 规格型号 | 单位 | 数量 | 单价 | 金额 | 税率 | 税额 |
|---|---|---|---|---|---|---|---|
| 带过滤网不锈钢盖 | 304 | 只 | 10 000 | 5.10 | 51 000.00 | 16% | 8 160.00 |
| 合　计 | | | | | ￥51 000.00 | | ￥8 160.00 |
| 价税合计（大写） | ⊗人民币伍万玖仟壹佰陆拾元整 | | | | （小写）￥59 160.00 | | |

| | | | |
|---|---|---|---|
| 销售方 | 名　　称：河南信阳创新不锈钢制品有限公司<br>纳税人识别号：411501BG0547ST2016<br>地址、电话：信阳市浉河区新华东路 9 号 0376-6200872<br>开户行及账号：工行信阳浉河支行 8615278965231 | 备注 | 河南信阳创新不锈钢制品有限公司 411501BG0547ST2016 发票专用章 |

收款人：邵明伟　　复核：王 月　　开票人：刘广源　　销货单位：

第三联：发票联 购买方记账凭证

发票号码：88990039

材料类别：原材料类　　**收 料 单**　　收料单编号：SL19011209

供应单位：河南信阳创新不锈钢制品有限公司 2019 年 01 月 05 日　　收料仓库：原材料库

| 编码 | 名称 | 规格 | 单位 | 数量 | | 实际成本 | | | |
|---|---|---|---|---|---|---|---|---|---|
| | | | | 应收 | 实收 | 买价 | | 运杂费等 | 合计 |
| | | | | | | 单价 | 金额 | | |
| | 带过滤网不锈钢盖 | 304 | 只 | 10 000 | 10 000 | | | | |
| | | | | | | | | | |
| 合计 | | | | | | | | | |

审批：王新源　　质检：孙少华　　仓管：杜胜禹

②会计记账联

**【业务 35】** 1 月 5 日赊购长恒原材料

1200183140　　**天津增值税专用发票**　　№. 00044679

全国统一发票监制章　天津　国家税务局监制

发票联

机器编号：874596321485　　　　开票日期：2019 年 01 月 05 日

| | | | |
|---|---|---|---|
| 购买方 | 名　　称：中国琴岛家居用品有限公司<br>纳税人识别号：37020286AC17W62A39<br>地址、　电话：山东省青岛市市南区香港东路 366 号 0532-88666680<br>开户行及账号：中国银行青岛市南支行 603089162282 | 密码区 | 4+-5<3>278>8148>264-56*+2<br>6/623-5+23-74+-92575+>3>2<br>6/62978>81/88>2>6/629+-14<br>8>2+->264+-5<3>24278>814* |

| 货物或应税劳务、服务名称 | 规格型号 | 单位 | 数量 | 单价 | 金额 | 税率 | 税额 |
|---|---|---|---|---|---|---|---|
| 纸制品·精致礼盒 | | 个 | 7 000 | 15.00 | 105 000.00 | 16% | 16 800.00 |
| 合　计 | | | | | ￥105 000.00 | | ￥16 800.00 |
| 价税合计（大写） | ⊗人民币壹拾贰万壹仟捌佰元整 | | | | （小写）￥121 800.00 | | |

| | | | |
|---|---|---|---|
| 销售方 | 名　　称：天津长恒包装制品有限公司<br>纳税人识别号：91120116MA03F87611<br>地址、　电话：天津武清开发区泉汇路 3 号 022-59668888<br>开户行及账号：工行武清支行 7866365125489 | 备注 | 天津长恒包装制品有限公司 91120116MA03F87611 发票专用章 |

收款人：孔少敏　　复核：耿田田　　开票人：苏明丽　　销货单位：

第三联：发票联　购买方记账凭证

发票号码：00044679

材料类别：原材料类　　**收　料　单**　　收料单编号：SL19011210

供应单位：天津长恒包装制品有限公司　　2019 年 01 月 05 日　　收料仓库：原材料库

| 编码 | 名称 | 规格 | 单位 | 数量 | | 实际成本 | | | |
|---|---|---|---|---|---|---|---|---|---|
| | | | | 应收 | 实收 | 买价 | | 运杂费等 | 合计 |
| | | | | | | 单价 | 金额 | | |
| | 精致礼盒 | | 个 | 7 000 | 7 000 | | | | |
| | | | | | | | | | |
| 合计 | | | | | | | | | |

审批：王新源　　质检：孙少华　　仓管：杜胜禹

②会计记账联

**【业务36】 1月5日销售期初中林股票**

## 会议纪要

**会议地点：**公司会议室

**参会人员：**李厚松、孙诚、任亮、孙晓霞、于慧军、林子伟、王星

**会议决议：**公司拟以每股不低于31.00元的价格出售中林股份10 000股。

中国琴岛家居用品有限公司

2019年01月03日

## 成交过户交割凭单　　　卖

| | |
|---|---|
| 成交日期：2019.01.05 | |
| 股东账户：A009687 | |
| 操作方向：卖出 | 资金账号：523226682768 |
| 成交证券：600139 | 证券名称：中林股份 |
| 成交价格：33.00 | 手续费　：901.00 |
| 成交数量：10 000股 | 成交金额：329 099.00 |
| 上次余额：10 000 | 申报时间：10:39 |
| 本次成交：10 000股 | 成交时间：10:43 |
| 本次余额：0股 | |

经办单位：　　　　客户签章：

3702193140　**青岛增值税专用发票**　№.0166810

（全国统一发票监制章 青岛 国家税务局监制）

发票联

机器编号：789245632148　　开票日期：2019年01月05日

| | | | | | | | |
|---|---|---|---|---|---|---|---|
| 购买方 | 名　　称：中国琴岛家居用品有限公司<br>纳税人识别号：37020286AC17W62A39<br>地址、　电话：山东省青岛市市南区香港东路366号 0532-88666680<br>开户行及账号：中国银行青岛市南支行 603089162282 | | | 密码区 | 15856+/21147>/46/094+92+-<br>9213/815>26882>8-56542>12<br>746/52-468>2+->2696>81629<br>+722+29+-9008478>4+-88-16 | | |
| 货物或应税劳务、服务名称 | 规格型号 | 单位 | 数量 | 单价 | 金额 | 税率 | 税额 |
| 直接收费金融服务 | | | 1 | 850.00 | 850.00 | 6% | 51.00 |
| 合　计 | | | | | ¥850.00 | | ¥51.00 |
| 价税合计（大写） | ⊗人民币玖佰零壹元整 | | | | （小写）¥901.00 | | |
| 销售方 | 名　　称：东海证券股份有限公司<br>纳税人识别号：37020267909425X<br>地址、　电话：青岛市市南区香港中路77号 0532-55552699<br>开户行及账号：中国建设银行山东省分行 370268724788 | | | 备注 | | | |

收款人：石原　　复核：于秀　　开票人：张圣　　销货单位：（章）

（东海证券股份有限公司 37020267909425X 发票专用章）

第三联：发票联　购买方记账凭证

【业务37】 1月5日支付昌盛前期货款

**付款申请单**

2019年01月05日

| | | | | | | | |
|---|---|---|---|---|---|---|---|
| 收款单位 | 山东淄博昌盛玻璃制品有限公司 | | 申请金额 | ¥249 574.00 | 原账面余额 | | ¥633 534.00 |
| 申请用途 | 支付前期货款 | | | | 结算方式 | | 电汇 |
| 总经理 | 李厚松 | 财务部门 | 部门经理 | 孙晓霞 | 申请部门 | 部门经理 | 林子伟 |
| | | | 出　纳 | 钱　丽 | | 经办人 | 洪　涵 |

中国银行 BANK OF CHINA

**国内支付业务付款回单**

2019 年 01 月 05 日　　　交易流水号：122100516-128

| | | | | | |
|---|---|---|---|---|---|
| 付款人 | 全　称 | 中国琴岛家居用品有限公司 | 收款人 | 全　称 | 山东淄博昌盛玻璃制品有限公司 |
| | 账　号 | 603089162282 | | 账　号 | 9806562879476 |
| | 开户银行 | 中国银行青岛市南支行 | | 开户银行 | 工行淄博分行 |
| 付款金额 | 人民币（大写） | 贰拾肆万玖仟伍佰柒拾肆元整 | 千百十万千百十元角分 | | ¥ 2 4 9 5 7 4 0 0 |
| 凭证种类 | | 网上银行 | 回单编号 | | 2019010588260658 |
| 结算方式 | | 转账 | 验证码 | | 180AC95F6G8C6752019D |
| | | | 交易机构：02120<br>打印时间：2019-01-05 | | |

中国银行青岛市南支行　电子回单专用章

【业务 38】 1 月 5 日购买劳保手套

**付款申请单**

2019 年 01 月 05 日

| | | | | | | | |
|---|---|---|---|---|---|---|---|
| 收款单位 | 青岛长泰劳保用品有限公司 | | 申请金额 | ¥4 640.00 | | 原账面余额 | ¥0.00 |
| 申请用途 | 购买 3M 舒适型劳保手套 | | | | | 结算方式 | 转账支票 |
| 总经理 | 李厚松 | 财务部门 | 部门经理 | 孙晓霞 | 申请部门 | 部门经理 | 王新源 |
| | | | 出　纳 | 钱　丽 | | 经办人 | 杜胜禹 |

中国银行

转账支票存根

10369325
22621802

附加信息

出票日期：2019 年 01 月 05 日

| | |
|---|---|
| 收款人： | 青岛长泰劳保用品有限公司 |
| 金　额： | ¥4,640.00 |
| 用　途： | 购买劳保手套 |

单位主管：　　　　　会计：

3702193140　　**青岛增值税专用发票**　　№. 15574896

（全国统一发票监制章　青岛　国家税务总局监制）

发票联

机器编号：741582369541　　　　开票日期：2019 年 01 月 05 日

| | | | |
|---|---|---|---|
| 购买方 | 名　　　称：中国琴岛家居用品有限公司<br>纳税人识别号：37020286AC17W62A39<br>地址、　电话：山东省青岛市市南区香港东路 366 号 0532-88666680<br>开户行及账号：中国银行青岛市南支行 603089162282 | 密码区 | 75593629+629+-37-958<3874<br>/629+-92/-43-65224/9+--37<br>46/6292*+58746/46164+3-86<br>5/7+-2+29--43-6522-43-652 |

| 货物或应税劳务、服务名称 | 规格型号 | 单位 | 数量 | 单价 | 金额 | 税率 | 税额 |
|---|---|---|---|---|---|---|---|
| 劳保手套 | 3M 舒适型 | 副 | 200 | 20.00 | 4 000.00 | 16% | 640.00 |
| 合　　计 | | | | | ¥4 000.00 | | ¥640.00 |
| 价税合计（大写） | ⊗人民币肆仟陆佰肆拾元整 | | | | （小写）¥4 640.00 | | |

| | | | |
|---|---|---|---|
| 销售方 | 名　　　称：青岛长泰劳保用品有限公司<br>纳税人识别号：91370268DP692Q776C<br>地址、　电话：青岛市城阳区正阳路 66 号 0532-88756868<br>开户行及账号：中国农业银行惜福镇支行 8452715821669 | 备注 | （青岛长泰劳保用品有限公司 91370268DP692Q776C 发票专用章） |

收款人：王　宏　　　复核：李　彬　　　开票人：张晓丽　　　销货单位：（章）

第三联：发票联　购买方记账凭证

发票号码：　15574896

材料类别：低值易耗品　　**周转材料入库单**　　收料单编号：RZC190101

供应单位：青岛长泰劳保用品有限公司　2019年01月05日　　收料仓库：原材料库

| 编码 | 名称 | 规格 | 单位 | 数量 | | 实际成本 | | | |
|---|---|---|---|---|---|---|---|---|---|
| | | | | 应收 | 实收 | 买价 | | 运杂费等 | 合计 |
| | | | | | | 单价 | 金额 | | |
| | 劳保手套 | 3M | 副 | 200 | 200 | | | | |
| | | | | | | | | | |
| 合　计 | | | | | | | | | |

②会计记账联

审批：王新源　　质检：孙少华　　仓管：杜胜禹

**【业务39】 1月5日领用劳保手套**

领料部门：厂办公室　　**周转材料领用单**　　编号：LZC190101

用　　途：劳动保护　　2019年01月05日　　发料仓库：原材料库

| 编码 | 材料名称及规格 | 计量单位 | 数量 | | 成本 | | 备注 |
|---|---|---|---|---|---|---|---|
| | | | 请领 | 实领 | 单位成本 | 金额 | |
| | 劳保手套 | 副 | 200 | 200 | | | |
| | 合　计 | | | | | | |

领料单位负责人：王　成　　领料人：孙　凯　　发料人：杜胜禹

## 劳保手套发放表

2019 年 01 月 05 日

| 使用部门 | 分配数量（副） | 单价 | 分配额（元） |
|---|---|---|---|
| 烤花车间 | 80 | 20.00 | 1 600.00 |
| 组装车间 | 100 | | 2 000.00 |
| 其他管理部门 | 20 | | 400.00 |
| **合　计** | **200** | | **4 000.00** |

审核：孙晓霞　　　　制单：于慧军

**【业务 40】 1 月 6 日赊购欣华原材料**

3700183140　**山东省增值税专用发票**　No. 00871657

全国统一发票监制章 山东 国家税务局监制

发票联

机器编号：753951486279　　　　开票日期：2019 年 01 月 06 日

| 购买方 | | 密码区 | |
|---|---|---|---|
| 名　　称：中国琴岛家居用品有限公司<br>纳税人识别号：37020286AC17W62A39<br>地址、电话：山东省青岛市市南区香港东路 366 号 0532-88666680<br>开户行及账号：中国银行青岛市南支行 603089162282 | | | >264+-5<3>278>81629+-9228<br>-569+-592+746/629+--5--3*<br>+55655+->9+-92746/629+/62<br>9+-148>492+84/523/88>2>25 |

| 货物或应税劳务、服务名称 | 规格型号 | 单位 | 数量 | 单价 | 金额 | 税率 | 税额 |
|---|---|---|---|---|---|---|---|
| 水晶玻璃醒酒器瓶 | | 只 | 3 000 | 61.00 | 183 000.00 | 16% | 29 280.00 |
| 水晶槽 | | 个 | 3 000 | 4.00 | 12 000.00 | 16% | 1 920.00 |
| 合　　计 | | | | | ￥195 000.00 | | ￥31 200.00 |
| 价税合计（大写） | ⊗人民币贰拾贰万陆仟贰佰元整 | | | | （小写）￥226 200.00 | | |

| 销售方 | | 备注 |
|---|---|---|
| 名　　称：山东潍坊欣华玻璃制品有限公司<br>纳税人识别号：3707847DA4635F1927<br>地址、电话：潍坊北宫东街 32 号 0536-8861999<br>开户行及账号：中行潍坊开发区支行 6848215468653 | | 山东潍坊欣华玻璃制品有限公司 3707847DA4635F1927 发票专用章 |

收款人：钱广源　　复核：车 晨　　开票人：王 义　　销货单位：

第三联：发票联　购买方记账凭证

## 付款申请单

2019 年 01 月 06 日

| | | | | | | | |
|---|---|---|---|---|---|---|---|
| 收款单位 | 潍坊迅达运输有限公司 | | 申请金额 | ￥990.00 | | 原账面余额 | ￥0.00 |
| 申请用途 | 支付采购运费 | | | | | 结算方式 | 电汇 |
| 总经理 | 李厚松 | 财务部门 | 部门经理 | 孙晓霞 | 申请部门 | 部门经理 | 林子伟 |
| | | | 出纳 | 钱丽 | | 经办人 | 洪涵 |

中国银行 BANK OF CHINA

## 国内支付业务付款回单

2019 年 01 月 06 日　　交易流水号：122100516-621

| | | | | | |
|---|---|---|---|---|---|
| 付款人 | 全称 | 中国琴岛家居用品有限公司 | 收款人 | 全称 | 潍坊迅达运输有限公司 |
| | 账号 | 603089162282 | | 账号 | 6732156976622 |
| | 开户银行 | 中国银行青岛市南支行 | | 开户银行 | 中行潍坊分行 |

| 付款金额 | 人民币（大写） | 玖佰玖拾元整 | 千 | 百 | 十 | 万 | 千 | 百 | 十 | 元 | 角 | 分 |
|---|---|---|---|---|---|---|---|---|---|---|---|---|
| | | | | | | | ￥ | 9 | 9 | 0 | 0 | 0 |

| | | | |
|---|---|---|---|
| 凭证种类 | 网上银行 | 回单编号 | 20190106716561391 |
| 结算方式 | 转账 | 验证码 | 796E7E62F11C289F02AE |
| | | 交易机构：02120<br>打印时间：2019-01-06 | |

中国银行青岛市南支行 电子回单专用章

3700183140　**山东省增值税专用发票**　№. 11836622

全国统一发票监制章 山东 国家税务总局监制

发票联

机器编号：845215563254　　开票日期：2019 年 01 月 06 日

| | | | |
|---|---|---|---|
| 购买方 | 名　　称：中国琴岛家居用品有限公司<br>纳税人识别号：37020286AC17W62A39<br>地址、　电话：山东省青岛市市南区香港东路 366 号 0532-88666680<br>开户行及账号：中国银行青岛市南支行 603089162282 | 密码区 | 56*+26/623-5+23-74+-88>2><br>8148>2+->294+9+-92629+-92<br>20-492+84/52-/88>99278>81<br>4864-56*+26/623-5+23-74+2 |

| 货物或应税劳务、服务名称 | 规格型号 | 单位 | 数量 | 单价 | 金额 | 税率 | 税额 |
|---|---|---|---|---|---|---|---|
| 陆路运费·运费 | | | 1 | 900.00 | 900.00 | 10% | 90.00 |
| 合　计 | | | | | ￥900.00 | | ￥90.00 |
| 价税合计（大写） | ⊗人民币玖佰玖拾元整 | | | | （小写）￥990.00 | | |

| | | | |
|---|---|---|---|
| 销售方 | 名　　称：潍坊迅达运输有限公司<br>纳税人识别号：37076578RW569A6679<br>地址、　电话：潍坊市奎文区四平路 106 号 0536-8935916<br>开户行及账号：中行潍坊分行 6732156976622 | 备注 | 潍坊迅达运输有限公司 37076578RW569A6679 发票专用章 |

收款人：孙少红　　复核：于 婷　　开票人：陈 丽　　销货单位：

第三联：发票联　购买方记账凭证

## 运 费 分 配 表

2019 年 01 月 06 日

| 使用部门 | 分配数量 | 单价 | 分配额（元） |
|---|---|---|---|
| 水晶玻璃醒酒器瓶 | 3 000 | 0.20 | 600.00 |
| 水晶槽 | 3 000 | 0.10 | 300.00 |
| **合　计** | | | **900.00** |

审核：孙晓霞　　制单：于慧军

发票号码：00871657

材料类别：原材料类　　　　**收　料　单**　　　　收料单编号：SL19011211

供应单位：山东潍坊欣华玻璃制品有限公司　2019 年 01 月 06 日　　　　收料仓库：原材料库

| 编码 | 名称 | 规格 | 单位 | 数量 | | 实际成本 | | | |
|---|---|---|---|---|---|---|---|---|---|
| | | | | 应收 | 实收 | 买价 | | 运杂费等 | 合计 |
| | | | | | | 单价 | 金额 | | |
| | 水晶玻璃醒酒器瓶 | | 只 | 3 000 | 3 000 | | | | |
| | 水晶槽 | | 个 | 3 000 | 3 000 | | | | |
| 合计 | | | | | | | | | |

审批：王新源　　　　质检：孙少华　　　　仓管：杜胜禹

②会计记账联

【业务 41】 1 月 6 日赊购祥泰原材料

3700183140　　**山东增值税专用发票**　　№. 79588465

全国统一发票监制章 山东 国家税务总局监制

发票联

机器编号：147852369456　　　　开票日期：2019 年 01 月 06 日

| 购买方 | 名　　称：中国琴岛家居用品有限公司<br>纳税人识别号：37020286AC17W62A39<br>地址、电话：山东省青岛市市南区香港东路 366 号 0532-88666680<br>开户行及账号：中国银行青岛市南支行 603089162282 | 密码区 | /62923/88>2>+-5<3>278>812<br>3-74+-92575+>3>26/68148>2<br>64-56*+26/-8-56*+26/623-5<br>+23-74+-92575+55655+->29 |
|---|---|---|---|

| 货物或应税劳务、服务名称 | 规格型号 | 单位 | 数量 | 单价 | 金额 | 税率 | 税额 |
|---|---|---|---|---|---|---|---|
| 纸制品・精致礼盒 | | 个 | 5 000 | 15.10 | 75 500.00 | 16% | 12 080.00 |
| 合　计 | | | | | ¥75 500.00 | | ¥12 080.00 |
| 价税合计（大写） | ⊗人民币捌万柒仟伍佰捌拾元整 | | | | （小写）¥87 580.00 | | |

| 销售方 | 名　　称：山东高密祥泰纸箱制品有限公司<br>纳税人识别号：9135678GF5881L9882<br>地址、电话：山东省高密市人民大街 136 号电话:0536-2000919<br>开户行及账号：工行武清支行 7866365125489 | 备注 | 山东高密祥泰纸箱制品有限公司 9135678GF5881L9882 发票专用章 |
|---|---|---|---|

收款人：赵 明　　复核：王彩霞　　开票人：黄 悦　　销货单位：

第三联：发票联 购买方记账凭证

发票号码：79588465

材料类别：原材料类　　　　**收　料　单**　　　　收料单编号：SL19011212

供应单位：山东高密祥泰纸箱制品有限公司 2019 年 01 月 06 日　　　　收料仓库：原材料库

| 编码 | 名称 | 规格 | 单位 | 数量 | | 实际成本 | | | |
|---|---|---|---|---|---|---|---|---|---|
| | | | | 应收 | 实收 | 买价 | | 运杂费等 | 合计 |
| | | | | | | 单价 | 金额 | | |
| | 精致礼盒 | | 个 | 5 000 | 5 000 | | | | |
| | | | | | | | | | |
| 合计 | | | | | | | | | |

②会计记账联

审批：王新源　　　　质检：孙少华　　　　仓管：杜胜禹

【业务 42】 1 月 6 日购买办公用品 A4 纸

**付款申请单**

2019 年 01 月 06 日

| | | | | | | | |
|---|---|---|---|---|---|---|---|
| 收款单位 | 利群集团青岛利群商厦有限公司 | | 申请金额 | ￥3 480.00 | 原账面余额 | | ￥0.00 |
| 申请用途 | 购买办公用品：A4 打印纸 | | | | 结算方式 | | 转账支票 |
| 总经理 | 李厚松 | 财务部门 | 部门经理 | 孙晓霞 | 申请部门 | 部门经理 | 孙 诚 |
| | | | 出 纳 | 钱 丽 | | 经办人 | 刘 娜 |

| 中国银行<br>转账支票存根<br>10369325<br>22621803 |
|---|
| 附加信息 |
| 出票日期：2019 年 01 月 06 日 |
| 收款人：利群集团青岛利群商厦有限公司 |
| 金　额：￥3 480.00 |
| 用　途：购买 A4 打印纸 |
| 单位主管：　　　　会计： |

3702193140　　**青岛增值税专用发票**　　№. 00047889

全国统一发票监制章 青岛 国家税务总局监制

发票联

机器编号：741582369541　　开票日期：2019 年 01 月 06 日

| 购买方 | 名　　称：中国琴岛家居用品有限公司<br>纳税人识别号：37020286AC17W62A39<br>地址、电话：山东省青岛市市南区香港东路 366 号 0532-88666680<br>开户行及账号：中国银行青岛市南支行 603089162282 | 密码区 | 749264+-97/9978>8148>492+<br>84/52-/8-92-98/3620-2-712<br>746/9+-927/6262-924629+62<br>9+46/2748>9+-9276/629+-92 |
|---|---|---|---|

| 货物或应税劳务、服务名称 | 规格型号 | 单位 | 数量 | 单价 | 金额 | 税率 | 税额 |
|---|---|---|---|---|---|---|---|
| 打印纸 | A4 | 包 | 150 | 20.00 | 3 000.00 | 16% | 480.00 |
| 合　计 | | | | | ￥3 000.00 | | ￥480.00 |
| 价税合计（大写） | ⊗人民币叁仟肆佰捌拾元整　　（小写）￥3 480.00 | | | | | | |

| 销售方 | 名　　称：利群集团青岛利群商厦有限公司<br>纳税人识别号：37020376QD02917L87<br>地址、电话：青岛市市北区台东三路 77 号 0532-83638879<br>开户行及账号：中国银行台东三路支行 8598658661926 | 备注 |
|---|---|---|

利群集团青岛利群商厦有限公司 37020376QD02917L87 发票专用章

收款人：赵春晓　　复核：夏　敏　　开票人：张　帅　　销货单位：

第三联：发票联　购买方记账凭证

## 打印纸分配表

2019 年 01 月 06 日

| 使用部门 | 分配数量（包） | 单价 | 分配额（元） |
|---|---|---|---|
| 烤花车间 | 30 | 20.00 | 600.00 |
| 组装车间 | 30 | | 600.00 |
| 销售部门 | 20 | | 400.00 |
| 其他管理部门 | 70 | | 1 400.00 |
| **合　计** | **150** | | **3 000.00** |

财务经理：孙晓霞　　审核：于慧军　　制单：钱 丽

**【业务 43】 1 月 6 日组装车间领用原材料**

## 领　料　单

领料部门：组装车间　　编号：LZ19010402

用　　途：组装醒酒器　　2019 年 01 月 06 日　　发料仓库：原材料库

| 编码 | 材料名称及规格 | 计量单位 | 数量 | | 成本 | | 备注 |
|---|---|---|---|---|---|---|---|
| | | | 请领 | 实领 | 单位成本 | 金额 | |
| | 带过滤网不锈钢盖 | 只 | 6 000 | 6 000 | | | |
| | 密封圈 | 个 | 6 000 | 6 000 | | | |
| | 水晶槽 | 个 | 6 000 | 6 000 | | | |
| | 精致礼盒 | 个 | 6 000 | 6 000 | | | |
| | 合　计 | | | | | | |

领料单位负责人：吴 越　　领料人：王小平　　发料人：杜胜禹

【业务 44】 1 月 7 日收到万象商贸前期货款（发生现金折扣）

中国银行 BANK OF CHINA

**进 账 单**（回 单）

2019 年 01 月 07 日

| | | | | | | | | | | | | | | | |
|---|---|---|---|---|---|---|---|---|---|---|---|---|---|---|---|
| 付款人 | 全 称 | 青岛万象商贸股份有限公司 | | 收款人 | 全 称 | 中国琴岛家居用品有限公司 | | | | | | | | | |
| | 账 号 | 3754213212455 | | | 账 号 | 603089162282 | | | | | | | | | |
| | 开户银行 | 华夏银行香港路支行 | | | 开户银行 | 中国银行青岛市南支行 | | | | | | | | | |
| 付款金额 | 人民币（大写） | 叁拾壹万玖仟贰佰元整 | | | 千 | 百 | 十 | 万 | 千 | 百 | 十 | 元 | 角 | 分 | |
| | | | | | | ¥ | 3 | 1 | 9 | 2 | 0 | 0 | 0 | 0 | |
| 票据种类 | | 转账支票 | 票据张数 | 1 | 中国银行 青岛市南支行 2019.01.07 办讫章 | | | | | | | | | | |
| 票据号码 | | 03286632 | | | | | | | | | | | | | |
| 复核　记账 | | | | | 开户银行签章 | | | | | | | | | | |

# 购销合同

销货方：中国琴岛家居用品有限公司　　合同号：SD18176

购买方：青岛万象商贸股份有限公司　　签订日期：2018 年 12 月 20 日

根据《中华人民共和国合同法》的有关规定，为明确合同双方的权利义务，经过双方友好协商，现达成以下条款：

| 产品名称 | 产品型号 | 数量 | 单价 | 金额 | 税率 | 税额 | 含税价 |
|---|---|---|---|---|---|---|---|
| 烤花水晶玻璃醒酒器 | A-1 | 1 600 | 175.00 | 280 000.00 | 16% | 44 800.00 | 324 800.00 |
| 货款合计（大写） | 人民币叁拾贰万肆仟捌佰元整 | | | | | | ￥324 800.00 |

质量验收标准：符合国家同类产品质量标准。

交货日期：2019 年 01 月 02 日。

交货地点：购买方仓库，运杂费由销货方承担。

结算方式：现金折扣 2/10，1/20，n/30（现金折扣金额不含增值税）。

违约条款：除不可抗拒事件，任何一方不得违反本合同条款。销货方每延误一天交货需按合同总额的 5‰向甲方支付违约金；购买方不得拖欠货款，如逾期支付，每延误一天需按合同总额的 5‰向销货方支付违约金。违约金最多不超过合同总金额的 10%。

争议的解决：凡因执行本合同所发生的争议，或与本合同有关的一切争议，双方应通过友好协商解决。如果协商不能解决，依照《中华人民共和国合同法》，由双方认可的仲裁部门解决或向人民法院起诉。

本合同一式贰份，双方各持壹份，具有同等法律效力。

本合同自双方签字盖章之日生效，传真件具有同等法律效力。

销货方（盖章）：

税号：37020286AC17W62A39

开户行：中国银行青岛市南支行

账号：603089162282

地址：山东省青岛市市南区香港东路 366 号

法定代表（盖章）：李厚松

联系电话：0532-88666680

购买方（盖章）：

税号：370202QD116388P653

开户行：华夏银行香港路支行

账号：3754213212455

地址：青岛市市南区香港西路 99 号

法定代表（盖章）：宋小斌

联系电话：0532-88665012

**【业务 45】　1 月 7 日烤花车间领料**

领料部门：烤花车间　　**领　料　单**　　编号：LK19010603

用　　途：醒酒器烤花　　2019 年 01 月 07 日　　发料仓库：原材料库

| 编码 | 材料名称及规格 | 计量单位 | 数量 | | 成本 | | 备注 |
|---|---|---|---|---|---|---|---|
| | | | 请领 | 实领 | 单位成本 | 金额 | |
| | 水晶玻璃醒酒器光瓶 | 只 | 12 000 | 12 000 | | | |
| | 合　计 | | | | | | |

领料单位负责人：孟子轩　　领料人：董玉　　发料人：杜胜禹

**【业务 46】　1 月 7 日烤花车间领料**

领料部门：烤花车间　　**领　料　单**　　编号：LK19010604

用　　途：醒酒器烤花　　2019 年 01 月 07 日　　发料仓库：原材料库

| 编码 | 材料名称及规格 | 计量单位 | 数量 | | 成本 | | 备注 |
|---|---|---|---|---|---|---|---|
| | | | 请领 | 实领 | 单位成本 | 金额 | |
| | 烤花花纸 | 张 | 12 000 | 12 000 | | | |
| | 合　计 | | | | | | |

领料单位负责人：孟子轩　　领料人：董玉　　发料人：杜胜禹

**【业务 47】　1 月 8 日支付审计费**

**付 款 申 请 单**

2019 年 01 月 08 日

| | | | | | | | |
|---|---|---|---|---|---|---|---|
| 收款单位 | 青岛立君会计师事务所 | | 申请金额 | ¥5 300.00 | 原账面余额 | | ¥0.00 |
| 申请用途 | 支付审计费 | | | | 结算方式 | | 转账支票 |
| 总经理 | 李厚松 | 财务部门 | 部门经理 | 孙晓霞 | 申请部门 | 部门经理 | 孙晓霞 |
| | | | 出　纳 | 钱　丽 | | 经办人 | 于慧军 |

中国银行

转账支票存根

10369325
22621804

附加信息

出票日期：2019 年 01 月 08 日

| | |
|---|---|
| 收款人： | 青岛立君会计师事务所 |
| 金　额： | ￥5 300.00 |
| 用　途： | 支付审计费 |

单位主管：　　　　会计：

---

3702193140　**青岛增值税专用发票**　№. 20078865

全国统一发票监制章 青岛 国家税务总局监制

发票联

机器编号：851586969567　　开票日期：2019 年 01 月 08 日

| | | | |
|---|---|---|---|
| 购买方 | 名　　称：中国琴岛家居用品有限公司<br>纳税人识别号：37020286AC17W62A39<br>地址、电话：山东省青岛市市南区香港东路 366 号 0532-88666680<br>开户行及账号：中国银行青岛市南支行 603089162282 | 密码区 | 72-98/32-/99746/274674926<br>4+-9712746/629+-9/62629+-<br>927+-92629+-+-9278>8148>8<br>46/6294/52-/88>9220-492+9 |

| 货物或应税劳务、服务名称 | 规格型号 | 单位 | 数量 | 单价 | 金额 | 税率 | 税额 |
|---|---|---|---|---|---|---|---|
| 审计费 | | | | | 5 000.00 | 6% | 300.00 |
| 合　计 | | | | | ￥5 000.00 | | ￥300.00 |
| 价税合计（大写） | ⊗人民币伍仟叁佰元整 | | | | （小写）￥5 300.00 | | |

| | | | |
|---|---|---|---|
| 销售方 | 名　　称：青岛立君会计师事务所<br>纳税人识别号：91370269M3C22B976D<br>地址、电话：青岛市市南区台湾路 76 号 0532-82769633<br>开户行及账号：中国招商银行台湾路支行 7668692136213 | 备注 | 青岛立君会计师事务所 91370269M3C22B976D 发票专用章 |

收款人：孙志　　复核：董少园　　开票人：马艳秋　　销货单位：

第三联：发票联　购买方记账凭证

**【业务 48】 1 月 8 日购买海浪股票 20 000 股，作为交易性金融资产**

## 会议纪要

**会议地点：** 公司会议室

**参会人员：** 李厚松、孙诚、任亮、孙晓霞、于慧军、林子伟、王星

**会议决议：** 公司拟以每股不高于20元的价格购入海浪股份 20 000 股，划分为交易性金融资产。

中国琴岛家居用品有限公司
2019 年 01 月 05 日

（印章：中国琴岛家居用品有限公司）

## 成交过户交割凭单　　　买

| | |
|---|---|
| 成交日期：2019.01.08 | |
| 股东账户：A009687 | |
| 操作方向：买入 | 资金账号：523226682768 |
| 成交证券：600888 | 证券名称：海浪股份 |
| 成交价格：19.00 | 手 续 费：1 038.80 |
| 成交数量：20 000 股 | 成交金额：381 038.80 |
| 上次余额：0 | 申报时间：10:32 |
| 本次成交：20 000 股 | 成交时间：10:34 |
| 本次余额：20 000 股 | |

经办单位：（印章：东海证券股份有限公司 交易专用章）　　客户签章：（印章：中国琴岛家居用品有限公司）

3702193140　　青岛增值税专用发票　　№. 01668176

（全国统一发票监制章　青岛　国家税务局监制）

发票联

机器编号：789245632148　　　　开票日期：2019 年 01 月 08 日

| | | | | | | | |
|---|---|---|---|---|---|---|---|
| 购买方 | 名　　称：中国琴岛家居用品有限公司<br>纳税人识别号：37020286AC17W62A39<br>地址、电话：山东省青岛市市南区香港东路 366 号 0532-88666680<br>开户行及账号：中国银行青岛市南支行 603089162282 | | | | 密码区 | 69+/6813>/46/02294+929629<br>+-9223/88>2642-5972>8-565<br>42>12746/>2+->2678>81629+<br>722+29+-9248>4+-92-936+47 | |
| 货物或应税劳务、服务名称 | 规格型号 | 单位 | 数量 | 单价 | 金额 | 税率 | 税额 |
| 直接收费金融服务 | | | 1 | 980.00 | 980.00 | 6% | 58.80 |
| 合　计 | | | | | ￥980.00 | | ￥58.80 |
| 价税合计（大写） | ⊗人民币壹仟零叁拾捌元捌角整 | | | | （小写）￥1 038.80 | | |
| 销售方 | 名　　称：东海证券股份有限公司<br>纳税人识别号：37020267909425X<br>地址、电话：青岛市市南区香港中路 77 号 0532-55552699<br>开户行及账号：中国建设银行山东省分行 370268724788 | | | | 备注 | 东海证券股份有限公司 37020267909425X 发票专用章 | |

收款人：石　原　　复核：于　秀　　开票人：张　圣　　销货单位：

第三联：发票联　购买方记账凭证

【业务 49】 1 月 9 日为车间设备购买财产保险

## 付 款 申 请 单

2019 年 01 月 09 日

| | | | | | | |
|---|---|---|---|---|---|---|
| 收款单位 | 中国平安财产保险有限公司青岛分公司 | | 申请金额 | ￥6 996.00 | 原账面余额 | ￥0.00 |
| 申请用途 | 支付烤花车间和组装车间设备的保险费 | | | | 结算方式 | 转账支票 |
| 总经理 | 李厚松 | 财务部门 | 部门经理 | 孙晓霞 | 申请部门 | 部门经理 | 吴　越 |
| | | | 出　纳 | 钱　丽 | | 经办人 | 王小平 |

中国银行

转账支票存根

10369325
22621805

附加信息

出票日期：2019 年 01 月 09 日

| | |
|---|---|
| 收款人： | 中国平安财产保险有限公司青岛分公司 |
| 金 额： | ¥6 996.00 |
| 用 途： | 设备的财产保险费 |

单位主管：　　　　　　会计：

3700193140　**青岛增值税专用发票**　№. 65741187

（全国统一发票监制章 青岛 国家税务局监制）

发票联

机器编号：228663968676

开票日期：2019 年 01 月 09 日

| | | | |
|---|---|---|---|
| 购买方 | 名　　　称：中国琴岛家居用品有限公司<br>纳税人识别号：37020286AC17W62A39<br>地址、　电话：山东省青岛市市南区香港东路 366 号 0532-88666680<br>开户行及账号：中国银行青岛市南支行 603089162282 | 密码区 | 8492+8466+-9220978>264+-5<br><3>278>8/32-278>81448>268<br>/99+23-50/8746//52-/88>2><br>281612-99-398*+3>68*755-3 |

| 货物或应税劳务、服务名称 | 规格型号 | 单位 | 数量 | 单价 | 金额 | 税率 | 税额 |
|---|---|---|---|---|---|---|---|
| 财产保险费—烤花车间设备 | | 份 | 1 | 4 500.00 | 4 500.00 | 6% | 270.00 |
| 财产保险费—组装车间设备 | | 份 | 1 | 2 100.00 | 2 100.00 | 6% | 126.00 |
| 合　计 | | | | | ¥6 600.00 | | ¥396.00 |
| 价税合计（大写） | ⊗人民币陆仟玖佰玖拾陆元整 | | | | （小写）¥6 996.00 | | |

| | | | |
|---|---|---|---|
| 销售方 | 名　　　称：中国平安财产保险有限公司青岛分公司<br>纳税人识别号：91370200264577049G<br>地址、　电话：青岛市崂山区苗岭路 28 号 0532-80907592<br>开户行及账号：工行青岛市山东路支行 3803020119200030179 | 备注 | （中国平安财产保险有限公司青岛分公司 91370200264577049G 发票专用章） |

收款人：王玉敏　　复核：赵义轩　　开票人：耿宗晓　　销货单位：

第三联：发票联　购买方记账凭证

**【业务 50】 1 月 10 日赊销产品至青岛万象**

## 销 售 单

制单日期：2019 年 01 月 10 日　　　　单据编号：SJ19010502

购货单位：青岛万象商贸股份有限公司　　地址和电话：青岛市市南区香港西路 99 号 0532-88665012

纳税人识别号：370202QD116388P653　　开户行及账号：华夏银行香港路支行 3754213212455

| 编码 | 产品名称 | 规格 | 单位 | 单价 | 数量 | 金额 | 备注 |
|---|---|---|---|---|---|---|---|
| | 烤花水晶玻璃醒酒器 | A-1 | 只 | 203.00 | 2 000 | 406 000.00 | 含税价 |
| | | | | | | | |
| 合计 | 人民币（大写）肆拾万零陆仟元整 | | | | | ￥406 000.00 | |

总经理：李厚松　销售部经理：王 星　财务部经理：孙晓霞　会计：于慧军　销售员：赵丽萍

3702193140　**青岛增值税专用发票**　№. 77220102

全国统一发票监制章 青岛 国家税务局监制

发票联

机器编号：378899515987　　开票日期：2019 年 01 月 10 日

| 购买方 | 名　　称：青岛万象商贸股份有限公司<br>纳税人识别号：370202QD116388P653<br>地址、电话：青岛市香港西路 99 号 0532-88665012<br>开户行及账户：华夏银行香港路支行 3754213212455 | 密码区 | 9712-98/32-/9955-368*7+23<br>-50/8746/629+-9220-492+84<br>/52-/88>2>29-398*+3>278>8<br>148>264+-5<3>278>8148>264 |
|---|---|---|---|

| 货物或应税劳务、服务名称 | 规格型号 | 单位 | 数量 | 单价 | 金额 | 税率 | 税额 |
|---|---|---|---|---|---|---|---|
| 日用玻璃制品·烤花水晶玻璃醒酒器 | A-1 | 只 | 2 000 | 175.00 | 350 000.00 | 16% | 56 000.00 |
| 合　　计 | | | | | ￥350 000.00 | | ￥56 000.00 |
| 价税合计（大写） | ⊗人民币肆拾万零陆仟元整 | | | | （小写）￥406 000.00 | | |

| 销售方 | 名　　称：中国琴岛家居用品有限公司<br>纳税人识别号：37020286AC17W62A39<br>地址、电话：山东省青岛市市南区香港东路 366 号 0532-88666680<br>开户行及账号：中国银行青岛市南支行 603089162282 | 备注 | 中国琴岛家居用品有限公司 37020286AC17W62A39 发票专用章 |
|---|---|---|---|

收款人：钱 丽　复核：孙晓霞　开票人：于慧军　销货单位：

第一联：记账联　销货方记账凭证

【业务 51】 1 月 10 日建行发放上月工资

## 付款申请单

2019 年 01 月 10 日

| | | | | | | | |
|---|---|---|---|---|---|---|---|
| 收款单位 | 中国琴岛家居用品有限公司 | | 申请金额 | ¥333 736.32 | | 原账面余额 | |
| 申请用途 | 支付 2018 年 12 月份工资 | | | | | 结算方式 | 现金支票 |
| 总经理 | 李厚松 | 财务部门 | 部门经理 | 孙晓霞 | 申请部门 | 部门经理 | 孙晓霞 |
| | | | 出　纳 | 钱　丽 | | 经办人 | 钱　丽 |

中国建设银行

现金支票存根

00532612
12778602

附加信息

出票日期：2019 年 01 月 10 日

| |
|---|
| 收款人：中国琴岛家居用品有限公司 |
| 金　额：¥333 736.32 |
| 用　途：支付 2018 年 12 月份工资 |

单位主管：　　　　会计：

# 中国琴岛家居用品有限公司 2018 年 12 月份工资发放明细表

| 职员编号 | 职员名称 | 职务 | 所属部门 | 职员属性 | 账号 | 基本工资 | 岗位工资 | 计件工资 | 缺勤扣款 | 应付工资 | 个人承担社会保险费（10.3%） | 个人承担住房公积金（10%） | 计税工资 | 个人所得税 | 实发工资 | 签字 |
|---|---|---|---|---|---|---|---|---|---|---|---|---|---|---|---|---|
| 01001 | 李厚松 | 总经理 | 总经理办公室 | 总经理 | 639001 | 4 000.00 | 7 000.00 | | | 11 000.00 | 1 133.00 | 1 100.00 | 8 767.00 | 498.40 | 8 268.60 | 李厚松 |
| 01002 | 孙　诚 | 办公室主任 | 总经理办公室 | 部门经理 | 639002 | 3 500.00 | 4 500.00 | | | 8 000.00 | 824.00 | 800.00 | 6 376.00 | 182.60 | 6 193.40 | 孙诚 |
| 01003 | 刘　娜 | 办公室秘书 | 总经理办公室 | 行政人员 | 639003 | 3 000.00 | 2 000.00 | | | 5 000.00 | 515.00 | 500.00 | 3 985.00 | 14.55 | 3 970.45 | 刘娜 |
| 02001 | 任　亮 | 人事部经理 | 人事部 | 部门经理 | 639004 | 3 500.00 | 4 500.00 | | | 8 000.00 | 824.00 | 800.00 | 6 376.00 | 182.60 | 6 193.40 | 任亮 |
| 02002 | 李　琨 | 职员 | 人事部 | 行政人员 | 639005 | 3 000.00 | 2 000.00 | | | 5 000.00 | 515.00 | 500.00 | 3 985.00 | 14.55 | 3 970.45 | 李琨 |
| 02003 | 赵　晨 | 职员 | 人事部 | 行政人员 | 639006 | 3 000.00 | 2 000.00 | | | 5 000.00 | 515.00 | 500.00 | 3 985.00 | 14.55 | 3 970.45 | 赵晨 |
| 03001 | 孙晓霞 | 财务主管 | 财务部 | 部门经理 | 639007 | 3 500.00 | 4 500.00 | | | 8 000.00 | 824.00 | 800.00 | 6 376.00 | 182.60 | 6 193.40 | 孙晓霞 |
| 03002 | 于慧军 | 会计 | 财务部 | 财务人员 | 639008 | 3 000.00 | 3 000.00 | | | 6 000.00 | 618.00 | 600.00 | 4 782.00 | 38.46 | 4 743.54 | 于慧军 |
| 03003 | 钱　丽 | 出纳 | 财务部 | 财务人员 | 639009 | 3 000.00 | 3 000.00 | | | 6 000.00 | 618.00 | 600.00 | 4 782.00 | 38.46 | 4 743.54 | 钱丽 |
| 04001 | 林子伟 | 采购部经理 | 采购部 | 部门经理 | 639010 | 3 500.00 | 4 500.00 | | | 8 000.00 | 824.00 | 800.00 | 6 376.00 | 182.60 | 6 193.40 | 林子伟 |
| 04002 | 洪　涵 | 采购人员 | 采购部 | 采购人员 | 639011 | 3 000.00 | 2 900.00 | | | 5 900.00 | 607.70 | 590.00 | 4 702.30 | 36.07 | 4 666.23 | 洪涵 |
| 04003 | 刘　楠 | 采购人员 | 采购部 | 采购人员 | 639012 | 3 000.00 | 2 900.00 | | | 5 900.00 | 607.70 | 590.00 | 4 702.30 | 36.07 | 4 666.23 | 刘楠 |
| 04004 | 谢　田 | 采购人员 | 采购部 | 采购人员 | 639013 | 3 000.00 | 2 900.00 | | | 5 900.00 | 607.70 | 590.00 | 4 702.30 | 36.07 | 4 666.23 | 谢田 |
| 04005 | 孙　强 | 采购人员 | 采购部 | 采购人员 | 639014 | 3 000.00 | 2 900.00 | | | 5 900.00 | 607.70 | 590.00 | 4 702.30 | 36.07 | 4 666.23 | 孙强 |
| 05001 | 王　星 | 销售部经理 | 销售部 | 部门经理 | 639015 | 3 500.00 | 4 500.00 | | | 8 000.00 | 824.00 | 800.00 | 6 376.00 | 182.60 | 6 193.40 | 王星 |
| 05002 | 宋　达 | 销售人员 | 销售部 | 销售人员 | 639016 | 3 000.00 | 3 000.00 | | | 6 000.00 | 618.00 | 600.00 | 4 782.00 | 38.46 | 4 743.54 | 宋达 |
| 05003 | 赵丽萍 | 销售人员 | 销售部 | 销售人员 | 639017 | 3 000.00 | 3 000.00 | | | 6 000.00 | 618.00 | 600.00 | 4 782.00 | 38.46 | 4 743.54 | 赵丽萍 |
| 05004 | 徐建业 | 销售人员 | 销售部 | 销售人员 | 639018 | 3 000.00 | 3 000.00 | | | 6 000.00 | 618.00 | 600.00 | 4 782.00 | 38.46 | 4 743.54 | 徐建业 |
| 05005 | 王黎明 | 销售人员 | 销售部 | 销售人员 | 639019 | 3 000.00 | 3 000.00 | | | 6 000.00 | 618.00 | 600.00 | 4 782.00 | 38.46 | 4 743.54 | 王黎明 |
| 05006 | 孙明光 | 销售人员 | 销售部 | 销售人员 | 639020 | 3 000.00 | 3 000.00 | | | 6 000.00 | 618.00 | 600.00 | 4 782.00 | 38.46 | 4 743.54 | 孙明光 |
| 05007 | 丁　芮 | 销售人员 | 销售部 | 销售人员 | 639021 | 3 000.00 | 3 000.00 | | | 6 000.00 | 618.00 | 600.00 | 4 782.00 | 38.46 | 4 743.54 | 丁芮 |
| 06001 | 郝　艺 | 设计部经理 | 设计部 | 部门经理 | 639022 | 3 500.00 | 4 500.00 | | | 8 000.00 | 824.00 | 800.00 | 6 376.00 | 182.60 | 6 193.40 | 郝艺 |
| 06002 | 张建文 | 设计人员 | 设计部 | 设计人员 | 639023 | 3 000.00 | 3 200.00 | | | 6 200.00 | 638.60 | 620.00 | 4 941.40 | 43.24 | 4 898.16 | 张建文 |
| 06003 | 刘春诚 | 设计人员 | 设计部 | 设计人员 | 639024 | 3 000.00 | 3 200.00 | | | 6 200.00 | 638.60 | 620.00 | 4 941.40 | 43.24 | 4 898.16 | 刘春诚 |
| 07001 | 辛　颖 | 研发部经理 | 研发部 | 部门经理 | 639025 | 3 500.00 | 4 500.00 | | | 8 000.00 | 824.00 | 800.00 | 6 376.00 | 182.60 | 6 193.40 | 辛颖 |
| 07002 | 王文杰 | 研发人员 | 研发部 | 研发人员 | 639026 | 3 000.00 | 3 200.00 | | | 6 200.00 | 638.60 | 620.00 | 4 941.40 | 43.24 | 4 898.16 | 王文杰 |
| 07003 | 于　鹏 | 研发人员 | 研发部 | 研发人员 | 639027 | 3 000.00 | 3 200.00 | | | 6 200.00 | 638.60 | 620.00 | 4 941.40 | 43.24 | 4 898.16 | 于鹏 |

续表

| 职员编号 | 职员名称 | 职务 | 所属部门 | 职员属性 | 账号 | 基本工资 | 岗位工资 | 计件工资 | 缺勤扣款 | 应付工资 | 个人承担社会保险费（10.3%） | 个人承担住房公积金（10%） | 计税工资 | 个人所得税 | 实发工资 | 签字 |
|---|---|---|---|---|---|---|---|---|---|---|---|---|---|---|---|---|
| 08001 | 王　成 | 厂办经理 | 厂办公室 | 部门经理 | 639028 | 3 500.00 | 4 500.00 | | | 8 000.00 | 824.00 | 800.00 | 6 376.00 | 182.60 | 6 193.40 | 王成 |
| 08002 | 孙　凯 | 厂办秘书 | 厂办公室 | 行政人员 | 639029 | 3 000.00 | 2 000.00 | | | 5 000.00 | 515.00 | 500.00 | 3 985.00 | 14.55 | 3 970.45 | 孙凯 |
| 08003 | 赵　丽 | 文员 | 厂办公室 | 行政人员 | 639030 | 3 000.00 | 2 000.00 | | | 5 000.00 | 515.00 | 500.00 | 3 985.00 | 14.55 | 3 970.45 | 赵丽 |
| 08004 | 杨　坤 | 文员 | 厂办公室 | 行政人员 | 639031 | 3 000.00 | 2 000.00 | | | 5 000.00 | 515.00 | 500.00 | 3 985.00 | 14.55 | 3 970.45 | 杨坤 |
| 09001 | 孟子轩 | 烤花车间主任 | 烤花车间 | 生产管理人员 | 639032 | 3 000.00 | 3 500.00 | | | 6 500.00 | 669.50 | 650.00 | 5 180.50 | 63.05 | 5 117.45 | 孟子轩 |
| 09002 | 董　玉 | 生产工人 | 烤花车间 | 半成品生产工人 | 639033 | 2 000.00 | 1 000.00 | 1 700.00 | | 4 700.00 | 309.00 | 300.00 | 4 091.00 | 17.73 | 4 073.27 | 董玉 |
| 09003 | 刘　平 | 生产工人 | 烤花车间 | 半成品生产工人 | 639034 | 2 000.00 | 1 000.00 | 1 690.00 | | 4 690.00 | 309.00 | 300.00 | 4 081.00 | 17.43 | 4 063.57 | 刘平 |
| 09004 | 赵东华 | 生产工人 | 烤花车间 | 半成品生产工人 | 639035 | 2 000.00 | 1 000.00 | 1 660.00 | | 4 660.00 | 309.00 | 300.00 | 4 051.00 | 16.53 | 4 034.47 | 赵东华 |
| 09005 | 邵　刚 | 生产工人 | 烤花车间 | 半成品生产工人 | 639036 | 2 000.00 | 1 000.00 | 1 680.00 | | 4 680.00 | 309.00 | 300.00 | 4 071.00 | 17.13 | 4 053.87 | 邵刚 |
| 09006 | 巩东广 | 生产工人 | 烤花车间 | 半成品生产工人 | 639037 | 2 000.00 | 1 000.00 | 1 650.00 | | 4 650.00 | 309.00 | 300.00 | 4 041.00 | 16.23 | 4 024.77 | 巩东广 |
| 09007 | 王　帆 | 生产工人 | 烤花车间 | 半成品生产工人 | 639038 | 2 000.00 | 1 000.00 | 1 680.00 | | 4 680.00 | 309.00 | 300.00 | 4 071.00 | 17.13 | 4 053.87 | 王帆 |
| 09008 | 王　新 | 生产工人 | 烤花车间 | 半成品生产工人 | 639039 | 2 000.00 | 1 000.00 | 1 600.00 | | 4 600.00 | 309.00 | 300.00 | 3 991.00 | 14.73 | 3 976.27 | 王新 |
| 09009 | 孙建平 | 生产工人 | 烤花车间 | 半成品生产工人 | 639040 | 2 000.00 | 1 000.00 | 1 580.00 | | 4 580.00 | 309.00 | 300.00 | 3 971.00 | 14.13 | 3 956.87 | 孙建平 |
| 09010 | 金　英 | 生产工人 | 烤花车间 | 半成品生产工人 | 639041 | 2 000.00 | 1 000.00 | 1 700.00 | | 4 700.00 | 309.00 | 300.00 | 4 091.00 | 17.73 | 4 073.27 | 金英 |
| 09011 | 姜　军 | 生产工人 | 烤花车间 | 半成品生产工人 | 639042 | 2 000.00 | 1 000.00 | 1 690.00 | | 4 690.00 | 309.00 | 300.00 | 4 081.00 | 17.43 | 4 063.57 | 姜军 |
| 09012 | 洪　雷 | 生产工人 | 烤花车间 | 半成品生产工人 | 639043 | 2 000.00 | 1 000.00 | 1 700.00 | | 4 700.00 | 309.00 | 300.00 | 4 091.00 | 17.73 | 4 073.27 | 洪雷 |
| 09013 | 尚英豪 | 生产工人 | 烤花车间 | 半成品生产工人 | 639044 | 2 000.00 | 1 000.00 | 1 680.00 | | 4 680.00 | 309.00 | 300.00 | 4 071.00 | 17.13 | 4 053.87 | 尚英豪 |
| 09014 | 李　跃 | 生产工人 | 烤花车间 | 半成品生产工人 | 639045 | 2 000.00 | 1 000.00 | 1 670.00 | | 4 670.00 | 309.00 | 300.00 | 4 061.00 | 16.83 | 4 044.17 | 李跃 |
| 09015 | 仵少华 | 生产工人 | 烤花车间 | 半成品生产工人 | 639046 | 2 000.00 | 1 000.00 | 1 630.00 | | 4 630.00 | 309.00 | 300.00 | 4 021.00 | 15.63 | 4 005.37 | 仵少华 |
| 09016 | 董　武 | 生产工人 | 烤花车间 | 半成品生产工人 | 639047 | 2 000.00 | 1 000.00 | 1 690.00 | | 4 690.00 | 309.00 | 300.00 | 4 081.00 | 17.43 | 4 063.57 | 董武 |

续表

| 职员编号 | 职员名称 | 职务 | 所属部门 | 职员属性 | 账号 | 基本工资 | 岗位工资 | 计件工资 | 缺勤扣款 | 应付工资 | 个人承担社会保险费（10.3%） | 个人承担住房公积金（10%） | 计税工资 | 个人所得税 | 实发工资 | 签字 |
|---|---|---|---|---|---|---|---|---|---|---|---|---|---|---|---|---|
| 10001 | 吴　越 | 组装车间主任 | 组装车间 | 生产管理人员 | 639048 | 3 000.00 | 3 500.00 | | | 6 500.00 | 669.50 | 650.00 | 5 180.50 | 63.05 | 5 117.45 | 吴越 |
| 10002 | 王小平 | 生产工人 | 组装车间 | 产成品生产工人 | 639049 | 2 000.00 | 1 000.00 | 1 596.00 | | 4 596.00 | 309.00 | 300.00 | 3 987.00 | 14.61 | 3 972.39 | 王小平 |
| 10003 | 陶　明 | 生产工人 | 组装车间 | 产成品生产工人 | 639050 | 2 000.00 | 1 000.00 | 1 632.00 | | 4 632.00 | 309.00 | 300.00 | 4 023.00 | 15.69 | 4 007.31 | 陶明 |
| 10004 | 邓　帅 | 生产工人 | 组装车间 | 产成品生产工人 | 639051 | 2 000.00 | 1 000.00 | 1 560.00 | | 4 560.00 | 309.00 | 300.00 | 3 951.00 | 13.53 | 3 937.47 | 邓帅 |
| 10005 | 李　强 | 生产工人 | 组装车间 | 产成品生产工人 | 639052 | 2 000.00 | 1 000.00 | 1 572.00 | | 4 572.00 | 309.00 | 300.00 | 3 963.00 | 13.89 | 3 949.11 | 李强 |
| 10006 | 张兰清 | 生产工人 | 组装车间 | 产成品生产工人 | 639053 | 2 000.00 | 1 000.00 | 1 620.00 | | 4 620.00 | 309.00 | 300.00 | 4 011.00 | 15.33 | 3 995.67 | 张兰清 |
| 10007 | 黄少伟 | 生产工人 | 组装车间 | 产成品生产工人 | 639054 | 2 000.00 | 1 000.00 | 1 584.00 | | 4 584.00 | 309.00 | 300.00 | 3 975.00 | 14.25 | 3 960.75 | 黄少伟 |
| 10008 | 肖　强 | 生产工人 | 组装车间 | 产成品生产工人 | 639055 | 2 000.00 | 1 000.00 | 1 560.00 | | 4 560.00 | 309.00 | 300.00 | 3 951.00 | 13.53 | 3 937.47 | 肖强 |
| 10009 | 方　坤 | 生产工人 | 组装车间 | 产成品生产工人 | 639056 | 2 000.00 | 1 000.00 | 1 656.00 | | 4 656.00 | 309.00 | 300.00 | 4 047.00 | 16.41 | 4 030.59 | 方坤 |
| 10010 | 孟常帝 | 生产工人 | 组装车间 | 产成品生产工人 | 639057 | 2 000.00 | 1 000.00 | 1 644.00 | | 4 644.00 | 309.00 | 300.00 | 4 035.00 | 16.05 | 4 018.95 | 孟常帝 |
| 10011 | 孔　力 | 生产工人 | 组装车间 | 产成品生产工人 | 639058 | 2 000.00 | 1 000.00 | 1 584.00 | | 4 584.00 | 309.00 | 300.00 | 3 975.00 | 14.25 | 3 960.75 | 孔力 |
| 10012 | 周　华 | 生产工人 | 组装车间 | 产成品生产工人 | 639059 | 2 000.00 | 1 000.00 | 1 560.00 | | 4 560.00 | 309.00 | 300.00 | 3 951.00 | 13.53 | 3 937.47 | 周华 |
| 10013 | 刘建安 | 生产工人 | 组装车间 | 产成品生产工人 | 639060 | 2 000.00 | 1 000.00 | 1 584.00 | | 4 584.00 | 309.00 | 300.00 | 3 975.00 | 14.25 | 3 960.75 | 刘建安 |
| 10014 | 王峰遥 | 生产工人 | 组装车间 | 产成品生产工人 | 639061 | 2 000.00 | 1 000.00 | 1 656.00 | | 4 656.00 | 309.00 | 300.00 | 4 047.00 | 16.41 | 4 030.59 | 王峰遥 |
| 10015 | 张成功 | 生产工人 | 组装车间 | 产成品生产工人 | 639062 | 2 000.00 | 1 000.00 | 1 632.00 | | 4 632.00 | 309.00 | 300.00 | 4 023.00 | 15.69 | 4 007.31 | 张成功 |
| 10016 | 周建国 | 生产工人 | 组装车间 | 产成品生产工人 | 639063 | 2 000.00 | 1 000.00 | 1 560.00 | | 4 560.00 | 309.00 | 300.00 | 3 951.00 | 13.53 | 3 937.47 | 周建国 |
| 11001 | 李　林 | 质检部主任 | 质检部 | 部门经理 | 639064 | 3 500.00 | 4 500.00 | | | 8 000.00 | 824.00 | 800.00 | 6 376.00 | 182.60 | 6 193.40 | 李林 |
| 11002 | 孙少华 | 质检员 | 质检部 | 质检人员 | 639065 | 3 000.00 | 2 500.00 | | | 5 500.00 | 566.50 | 550.00 | 4 383.50 | 26.51 | 4 357.00 | 孙少华 |
| 11003 | 邓　梅 | 质检员 | 质检部 | 质检人员 | 639066 | 3 000.00 | 2 500.00 | | | 5 500.00 | 566.50 | 550.00 | 4 383.50 | 26.51 | 4 357.00 | 邓梅 |
| 120101 | 王新源 | 原材料库主任 | 原材料库 | 部门经理 | 639067 | 3 500.00 | 4 500.00 | | | 8 000.00 | 824.00 | 800.00 | 6 376.00 | 182.60 | 6 193.40 | 王新源 |
| 12102 | 杜胜禹 | 仓管人员 | 原材料库 | 仓管人员 | 639068 | 3 000.00 | 2 000.00 | | | 5 000.00 | 515.00 | 500.00 | 3 985.00 | 14.55 | 3 970.45 | 杜胜禹 |
| 120201 | 田　伟 | 半成品库主任 | 半成品库 | 部门经理 | 639069 | 3 500.00 | 4 500.00 | | | 8 000.00 | 824.00 | 800.00 | 6 376.00 | 182.60 | 6 193.40 | 田伟 |
| 120202 | 李秋玉 | 仓管人员 | 半成品库 | 仓管人员 | 639070 | 3 000.00 | 2 000.00 | | | 5 000.00 | 515.00 | 500.00 | 3 985.00 | 14.55 | 3 970.45 | 李秋玉 |
| 120301 | 方　德 | 产成品库主任 | 产成品库 | 部门经理 | 639071 | 3 500.00 | 4 500.00 | | | 8 000.00 | 824.00 | 800.00 | 6 376.00 | 182.60 | 6 193.40 | 方德 |
| 120302 | 孟圆圆 | 仓管人员 | 产成品库 | 仓管人员 | 639072 | 3 000.00 | 2 000.00 | | | 5 000.00 | 515.00 | 500.00 | 3 985.00 | 14.55 | 3 970.45 | 孟圆圆 |
| 合计 | | | | | | | | | | 411 400.00 | 37 327.20 | 36 240.00 | | 4 096.48 | 333 736.32 | |

财务经理：孙晓霞　　　审核：于慧军　　　制单：钱 丽

**【业务 52】 1 月 11 日孟子轩报销结算差旅费**

# 差 旅 费 报 销 单

2019 年 01 月 11 日　　　　附件共 5 张

| 姓名 | | 孟子轩 | | 所属部门 | 烤花车间 | 出差天数 | 自 01 月 07 日 01 月 10 日，共 4 天 | |
|---|---|---|---|---|---|---|---|---|
| 出发 | | 到达 | | 抵达地点 | 交通费 | 住宿费 | 补贴 | 其他 |
| 月 | 日 | 月 | 日 | | | | | |
| 01 | 07 | 01 | 07 | 天津 | 404.00 | 1 113.00 | 800.00 | |
| 01 | 10 | 01 | 10 | 青岛 | 266.00 | | 转账收讫 | |
| | | | | | | | | |
| 小　计： | | | | | ￥670.00 | ￥1 113.00 | ￥800.00 | ￥0.00 |
| 合 计： | （大写）零 万 贰 仟 伍 佰 捌 拾 叁 元 零 角 零 分 | | | | | | ￥2 583.00 | |
| 内部订单 | | | | | 成本中心（部门/职员） | | 烤花车间 | |
| 原借款：￥4 000.00 元 | | | | | | 应补（退）款 ￥1 417.00 元 | | |

总经理：李厚松　财务经理：孙晓霞　部门经理：孟子轩　出纳：钱 丽　报销人：孟子轩

F539765
青岛北 站 G1248 天津 站
Qingdaobei　Tianjin
2019 年 01 月 07 日 08:12 开　09 车 03A 号
￥266.00 元　网
限乘当日当次车
6176521967****5359 孟子轩
买票请到 12306 发货请到 95306
中国铁路祝您旅途愉快
18885426123695G842145
和谐号

F558796

天津 站 G1206 → 青岛北 站

Tianjin Qingdaobei

2019 年 01 月 10 日 14:43 开　07 车 06C 号

¥266.00 元　网

限乘当日当次车

6176521967****5359　孟子轩

买票请到 12306　发货请到 95306

中国铁路祝您旅途愉快

18885426123695C846989　和谐号

天津出租汽车专用车票

发票号: 12587542

发票代码: 21685419

服务监督电 23549000

书写无效

| | |
|---|---|
| 车号: | 津 A-TG8745 |
| 证号: | SG87877 |
| 日期: | 2019-01-10 |
| 上车: | 14:00 |
| 下车: | 14:23 |
| 单价: | 1.70 |
| 里程: | 24.0 |
| 等候: | 00:10:00 |
| 金额: | 70.00 |

天津出租汽车专用车票

发票号: 12264602

发票代码: 21726126

服务监督电 23549000

书写无效

| | |
|---|---|
| 车号: | 津 A-TG815 |
| 证号: | SG83654 |
| 日期: | 2019-01-07 |
| 上车: | 15:40 |
| 下车: | 16:16 |
| 单价: | 1.70 |
| 里程: | 23.0 |
| 等候: | 00:12:00 |
| 金额: | 68.00 |

1200183140　　天津增值税专用发票　　№ 00836278

发票联

机器编号：874582135621　　开票日期：2019 年 01 月 10 日

| | | | | | | | | |
|---|---|---|---|---|---|---|---|---|
| 购买方 | 名　称：中国琴岛家居用品有限公司<br>纳税人识别号：37020286AC17W62A39<br>地址、电话：山东省青岛市市南区香港东路 366 号 0532-88666680<br>开户行及账号：中国银行青岛市南支行 603089162282 | | | | 密码区 | 116+294+94+-642-5974+-928<br>-56542>7562>276/>2+4->229<br>22+29+-9538>259+8-569+/68<br>13+-9223/88>22>81629+-922 | | |
| 货物或应税劳务、服务名称 | 规格型号 | 单位 | 数量 | 单价 | 金额 | 税率 | 税额 | |
| 住宿费 | | 天 | 3 | 350.00 | 1 050.00 | 6% | 63.00 | |
| 合　计 | | | | | ￥1 050.00 | | ￥63.00 | |
| 价税合计（大写） | ⊗人民币壹仟壹佰壹拾叁元整 | | | | （小写）￥1 113.00 | | | |
| 销售方 | 名　称：天津武清区如意大酒店<br>纳税人识别号：91130872DE06F27136<br>地址、电话：天津武清开发区泉兴路 86 号 022-58666600<br>开户行及账号：工行武清支行 7865428541269 | | | | 备注 | | | |

收款人：王睿　　复核：耿少武　　开票人：李帅　　销货单位：（章）

第三联：发票联　购买方记账凭证

【业务 53】 1 月 11 日招商银行支付社会保险费

山东省社会保险费专用收款票据

流水号：510445687242300000　　2019 年 01 月 11 日　　NO:606005264842(青)

缴款人：中国琴岛家居用品有限公司　　经济类型：有限责任公司　　校验码：

| 收费项目 | 起始年月 | 终止年月 | 人数 | 单位缴纳 | 个人缴纳 | 滞纳金 | 利息 | 合计 |
|---|---|---|---|---|---|---|---|---|
| 基本养老保险 | 2018-12 | 2018-12 | 72 | 65,232.00 | 28,992.00 | | | |
| 基本医疗保险 | 2018-12 | 2018-12 | 72 | 32,616.00 | 7,248.00 | | | |
| 失业保险 | 2018-12 | 2018-12 | 72 | 2,536.80 | 1,087.20 | | | |
| 工伤保险 | 2018-12 | 2018-12 | 72 | 3,624.00 | | | | |
| 生育保险 | 2018-12 | 2018-12 | 72 | 1,449.60 | | | | |
| | | | | | | | | |
| 小计 | | | | 105,458.40 | 37,327.20 | | | |
| 金额合计（大写）人民币壹拾肆万贰仟柒佰捌拾伍元陆角整 | | | | | （小写）￥142,785.60 | | | |

收款单位（章）：　　财务复人：　　业务复核人：622736　　经办人：16942865

第三联收据

【业务 54】 1 月 11 日招商银行支付住房公积金

# 付款回单

招商银行 CHINA MERCHANTS BANK

日　　期：2019 年 01 月 11 日
业务种类：　93186 住房公积金
付款账号：532906058723
开 户 行：　青岛分行营业部
户　　名：华夏家居用品有限公司
银行流水号：　K8564800131089D
金　　额：CNY 72,480.00
收款账号：372321101669865471157
收款人开户行：中国工商银行
收 款 人：青岛市住房公积金管理中心
多方协议号：625840002444858575621969966
摘　　要：公司缴纳 36,240.00、个人缴纳 36,240.00

经办：*CLIET
第 1 次打印
回单编号：3652006190111
回单验证码：P8FDDD652884F598

招商银行股份有限公司 20190111 电子回单专用章

提示：1. 电子回单验证码相同表示同一笔业务回单，请勿重复记账使用。
　　　2. 已在银行柜台领用业务回单的单位，请注意核对，请勿重复记账使用。
打印时间：2019-01-11 10：38：36

【业务 55】 1 月 12 日刘娜报销结算餐费

# 日常费用报销单

2019 年 01 月 12 日　　　　附件共 1 张

| 姓 名 | 刘 娜 | 所属部门 | 总经理办公室 | 金 额 | | | | | | |
|---|---|---|---|---|---|---|---|---|---|---|
| 报销项目 | | 费用说明 | | 万 | 千 | 百 | 十 | 元 | 角 | 分 |
| 餐费 | | 接待公司客人用餐 | | | 2 | 0 | 0 | 0 | 0 | 0 |
| | | 转 讫 | | | | | | | | |
| | | | | | | | | | | |
| 合 计： | （大写） 零 万 贰 仟 零 佰 零 拾 零 元 零 角 零 分 | | | ￥2 000.00 元 | | | | | | |
| 内部订单 | | 成本中心（部门/职员） | | 总经理办公室 | | | | | | |
| 原借款：￥2 000.00 元 | | | | 应补（退）款 ￥0.00 元 | | | | | | |

总经理：李厚松　　财务经理：孙晓霞　　部门经理：孙 诚　　出纳：钱 丽　　报销人：刘 娜

3702193140　**青岛增值税专用发票**　№. 02296678

青岛　发票联

机器编号：456897123596　　开票日期：2019 年 01 月 07 日

| | | | |
|---|---|---|---|
| 购买方 | 名　　称：中国琴岛家居用品有限公司<br>纳税人识别号：37020286AC17W62A3965<br>地址、电话：山东省青岛市市南区香港东路 366 号 0532-88666680<br>开户行及账号：中国银行青岛市南支行 603089162282 | 密码区 | 59264+3--3746/62+29+-92/-<br>43-77472+8745+9158<329+-9<br>2*658+69-+725963746/629+-<br>92/-874/6-35<63-2629+-924 |

| 货物或应税劳务、服务名称 | 规格型号 | 单位 | 数量 | 单价 | 金额 | 税率 | 税额 |
|---|---|---|---|---|---|---|---|
| 生活服务·餐饮服务 | | | 1 | 1 886.79 | 1 886.79 | 6% | 113.21 |
| 合　计 | | | | | ￥1 886.79 | | ￥113.21 |
| 价税合计（大写） | ⊗人民币贰仟元整 | | | | （小写）￥2 000.00 | | |

| | | | |
|---|---|---|---|
| 销售方 | 名　　称：青岛市老船夫大酒店<br>纳税人识别号：9137020235CF019857<br>地址、电话：青岛市市北区合肥路 79 号 0532-86778276<br>开户行及账号：工商银行合肥路支行 3725896824458 | 备注 | 青岛市老船夫大酒店 9137020235CF019857 发票专用章 |

收款人：王 红　　复核：李 程　　开票人：孙爱霞　　销货单位：

第三联：发票联　购买方记账凭证

【业务 56】 1 月 12 日收到职工违反安全生产罚款

【901】

# 处 罚 通 知

2019 年 01 月 12 日，烤花车间生产工人赵东华，未按烤花炉设备操作手册进行操作，造成重大安全隐患，为了规范员工生产行为，提高员工安全责任意识，根据公司《员工奖惩管理制度》，现决定对工人赵东华及烤花车间主任孟子轩进行处罚。

处罚金额如下：

赵东华：100 元

孟子轩：　80 元

望各位同事引以为戒，特此通知。

中国琴岛家居用品有限公司

2019 01 12

**收　款　收 据**　　NO. 22870101

2019 年 01 月 12 日

今收到：赵东华　　收款方式：现金

交　来（大写）：零拾零万零仟壹佰零拾零元零角零分　　¥ 100.00

事　由：造成重大安全隐患罚款　　现金收讫

收款单位（盖章）　中国零岛家居用品有限公司　财务专用章

复核：孙晓霞　　会计：于慧军　　记账：钱 丽　　出纳：钱 丽

第三联交财

**收　款　收 据**　　NO. 22870102

2019 年 01 月 12 日

现金收讫

今收到：孟子轩　　收款方式：现金

交　来（大写）：零拾零万零仟零佰捌拾零元零角零分　　¥ 80.00

事　由：部门员工造成重大安全隐患罚款

收款单位（盖章）　中国零岛家居用品有限公司　财务专用章

复核：孙晓霞　　会计：于慧军　　记账：钱 丽　　出纳：钱 丽

第三联交财

【业务 57】 1 月 12 日北京大商银行承兑汇票到期，正常收款

中国银行 BANK OF CHINA

**进 账 单**（回 单）

2019 年 01 月 12 日

| | | | | | |
|---|---|---|---|---|---|
| 付款人 | 全 称 | 北京大商集团股份有限公司 | 收款人 | 全 称 | 中国琴岛家居用品有限公司 |
| | 账 号 | 3366452648499 | | 账 号 | 603089162282 |
| | 开户银行 | 工行朝阳区八里庄南里分行 | | 开户银行 | 中国银行青岛市南支行 |

| 付款金额 | 人民币（大写） | 捌拾陆万柒仟陆佰捌拾元整 | 千 | 百 | 十 | 万 | 千 | 百 | 十 | 元 | 角 | 分 |
|---|---|---|---|---|---|---|---|---|---|---|---|---|
| | | | | ¥ | 8 | 6 | 7 | 6 | 8 | 0 | 0 | 0 |

| | | | |
|---|---|---|---|
| 票据种类 | 银行承兑汇票 | 票据张数 | 1 |
| 票据号码 | 02836993 | | |
| 复核　记账 | | | 中国银行 青岛市南支行 2019.01.12 转讫章 开户银行签章 |

【业务 58】 1 月 12 日提取现金

**提取现金申请单**

2019 年 01 月 12 日

| | | | | | |
|---|---|---|---|---|---|
| 收款单位 | 中国琴岛家居用品有限公司 | 申请金额 | ¥50 000.00 | 原账面余额 | ¥11 197.00 |
| 申请用途 | 提取备用金 | | | | |
| 总经理 | 李厚松 | 财务部经理 | 孙晓霞 | 申请人（出 纳） | 钱 丽 |

中国建设银行

现金支票存根

00532612
12778602

附加信息

出票日期：2019 年 01 月 12 日

| | |
|---|---|
| 收款人：中国琴岛家居用品有限公司 | |
| 金　额：￥50 000.00 | |
| 用　途：提取备用金 | |

单位主管：　　　　会计：

**【业务 59】** 1 月 12 外购水杯发放给部门经理及以上级别员工作为福利

<u>**付 款 申 请 单**</u>

2019 年 01 月 12 日

<table>
<tr><td>收款单位</td><td colspan="2">青岛凯德新都心购物中心</td><td>申请金额</td><td>￥2 598.40</td><td colspan="2">原账面余额</td><td>￥0.00</td></tr>
<tr><td>申请用途</td><td colspan="4">购买乐扣不锈钢水杯，发放给部门经理及以上职工作为福利。</td><td colspan="2">结算方式</td><td>转账支票</td></tr>
<tr><td rowspan="2">总经理</td><td rowspan="2">李厚松</td><td rowspan="2">财务部门</td><td>部门经理</td><td>孙晓霞</td><td rowspan="2">申请部门</td><td>部门经理</td><td>孙诚</td></tr>
<tr><td>出　纳</td><td>钱　丽</td><td>经办人</td><td>刘娜</td></tr>
</table>

中国银行

转账支票存根

10369325
22621806

附加信息

出票日期：2019 年 01 月 12 日

| | |
|---|---|
| 收款人： | 青岛凯德新都心购物中心 |
| 金　额： | ¥2 598.40 |
| 用　途： | 购乐扣水杯发放福利 |

单位主管：　　　　会计：

3700183140　**青岛增值税专用发票**　№. 16305189

（全国统一发票监制章 青岛 国家税务局监制）

发　票　联

机器编号：
698451868518

开票日期：2019 年 01 月 12 日

| | | | | | | | |
|---|---|---|---|---|---|---|---|
| 购买方 | 名　　称：中国琴岛家居用品有限公司<br>纳税人识别号：37020286AC17W62A39<br>地址、电话：山东省青岛市市南区香港东路 366 号 0532-88666680<br>开户行及账号：中国银行青岛市南支行 603089162282 | | | | 密码区 | 8>264+-5<3>278>81629+-922<br>0-492+849712-98/32-/9955-<br>368*7+23-50/8746//52-/88><br>2>29-398*+3>278>81448>268 | |
| 货物或应税劳务、服务名称 | 规格型号 | 单位 | 数量 | 单价 | 金额 | 税率 | 税额 |
| 不锈钢水杯 | 390ml | 只 | 14 | 160.00 | 2 240.00 | 16% | 358.40 |
| 合　计 | | | | | ¥2 240.00 | | ¥358.40 |
| 价税合计（大写） | ⊗人民币贰仟伍佰玖拾捌元肆角整　（小写）¥2 598.40 | | | | | | |
| 销售方 | 名　　称：青岛凯德新都心购物中心<br>纳税人识别号：9137020896D72A3922<br>地址、电话：青岛市市北区黑龙江南路 18 号 0532-80930118<br>开户行及账号：工行黑龙江路支行 3768698636132 | | | | 备注 | | |

收款人：刘 超　　复核：马 彬　　开票人：亓 天　　销货单位：（青岛凯德新都心购物中心 9137020896D72A3922 发票专用章）

第三联：发票联　购买方记账凭证

## 非货币性福利分配表

2019 年 01 月 12 日　　　　单位：元

| 序号 | 使用部门 | 分配数量（只） | 单价 | 分配额 | 科目 | 小计 |
|---|---|---|---|---|---|---|
| 1 | 总经理办公室 | 1 | 185.60 | 185.60 | 管理费用 | 2 041.60 |
| 2 | 人事部 | 1 | | 185.60 | | |
| 3 | 财务部 | 1 | | 185.60 | | |
| 4 | 采购部 | 1 | | 185.60 | | |
| 5 | 设计部 | 1 | | 185.60 | | |
| 6 | 研发部 | 1 | | 185.60 | | |
| 7 | 厂办公室 | 1 | | 185.60 | | |
| 8 | 质检部 | 1 | | 185.60 | | |
| 9 | 原材料库 | 1 | | 185.60 | | |
| 10 | 半成品库 | 1 | | 185.60 | | |
| 11 | 产成品库 | 1 | | 185.60 | | |
| 12 | 销售部 | 1 | | 185.60 | 销售费用 | 185.60 |
| 13 | 烤花车间 | 1 | | 185.60 | 制造费用-烤花车间 | 185.60 |
| 14 | 组装车间 | 1 | | 185.60 | 制造费用-组装车间 | 185.60 |
| | 合　计 | 14 | | 2 598.40 | | 2 598.40 |

财务经理：孙晓霞　　　审核：于慧军　　　制单：钱 丽

**【业务 60】 1 月 13 日烤花车间领料**

## 领　料　单

领料部门：烤花车间　　　编号：LK19010605

用　　途：醒酒器烤花　　　2019 年 01 月 13 日　　　发料仓库：原材料库

| 编码 | 材料名称及规格 | 计量单位 | 数量 | | 成本 | | 备注 |
|---|---|---|---|---|---|---|---|
| | | | 请领 | 实领 | 单位成本 | 金额 | |
| | 水晶玻璃醒酒器光瓶 | 只 | 5 000 | 5 000 | | | |
| | 合　计 | | | | | | |

领料单位负责人：孟子轩　　　领料人：董玉　　　发料人：杜胜禹

**【业务 61】 1 月 13 日烤花车间领料**

领料部门：烤花车间　　**领　料　单**　　编号：LK19010606

用　　途：醒酒器烤花　　2019 年 01 月 13 日　　发料仓库：原材料库

| 编码 | 材料名称及规格 | 计量单位 | 数量 | | 成本 | | 备注 |
|---|---|---|---|---|---|---|---|
| | | | 请领 | 实领 | 单位成本 | 金额 | |
| | 烤花花纸 | 张 | 5 000 | 5 000 | | | |
| | 合　计 | | | | | | |

领料单位负责人：孟子轩　　领料人：董玉　　发料人：杜胜禹

**【业务 62】 1 月 13 日组装车间领原材料**

领料部门：组装车间　　**领　料　单**　　编号：LZ19010403

用　　途：组装醒酒器　　2019 年 01 月 13 日　　发料仓库：原材料库

| 编码 | 材料名称及规格 | 计量单位 | 数量 | | 成本 | | 备注 |
|---|---|---|---|---|---|---|---|
| | | | 请领 | 实领 | 单位成本 | 金额 | |
| | 带过滤网不锈钢盖 | 只 | 6 000 | 6 000 | | | |
| | 密封圈 | 个 | 6 000 | 6 000 | | | |
| | 水晶槽 | 个 | 6 000 | 6 000 | | | |
| | 精致礼盒 | 个 | 6 000 | 6 000 | | | |
| | 合　计 | | | | | | |

领料单位负责人：吴　越　　领料人：王小平　　发料人：杜胜禹

【业务 63】 1 月 14 日支付广告费

## 付款申请单

2019 年 01 月 14 日

| | | | | | | | |
|---|---|---|---|---|---|---|---|
| 收款单位 | 北京博瑞达广告有限公司 | | 申请金额 | ￥21 200.00 | | 原账面余额 | ￥0.00 |
| 申请用途 | 支付广告费 | | | | | 结算方式 | 电汇 |
| 总经理 | 李厚松 | 财务部门 | 部门经理 | 孙晓霞 | 申请部门 | 部门经理 | 王 星 |
| | | | 出 纳 | 钱 丽 | | 经办人 | 宋 达 |

中国银行 BANK OF CHINA

## 国内支付业务付款回单

2019 年 01 月 14 日　　交易流水号：122103712-397

| | | | | | |
|---|---|---|---|---|---|
| 付款人 | 全 称 | 中国琴岛家居用品有限公司 | 收款人 | 全 称 | 北京博瑞达广告有限公司 |
| | 账 号 | 603089162282 | | 账 号 | 6879685763125 |
| | 开户银行 | 中国银行青岛市南支行 | | 开户银行 | 中行北京分行朝阳支行 |

| 付款金额 | 人民币（大写） | 千 | 百 | 十 | 万 | 千 | 百 | 十 | 元 | 角 | 分 |
|---|---|---|---|---|---|---|---|---|---|---|---|
| | 贰万壹仟贰佰元整 | | | ￥ | 2 | 1 | 2 | 0 | 0 | 0 | 0 |

| | | | |
|---|---|---|---|
| 凭证种类 | 网上银行 | 回单编号 | 201901143623168 |
| 结算方式 | 转账 | 验证码 | 315C115D932C781F13RF |
| | | 交易机构：02120<br>打印时间：2019-01-14 | |

中国银行青岛市南支行 电子回单专用章

1100183140　　**北京增值税专用发票**　　No. 88221969

北京　发票联

机器编号：127896546532　　　　开票日期：2019 年 01 月 14 日

| | | | |
|---|---|---|---|
| 购买方 | 名　　称：中国琴岛家居用品有限公司<br>纳税人识别号：37020286AC17W62A39<br>地址、电话：山东省青岛市市南区香港东路 366 号 0532-88666680<br>开户行及账号：中国银行青岛市南支行 603089162282 | 密码区 | 8148>2>746/629+-92/0/73-5<br>8/572-5+84278>64+-5<56265<br>2-/88>2>64+-5</629+-9>+23<br>-529+-514135>7428>264+-5< |

| 货物或应税劳务、服务名称 | 规格型号 | 单位 | 数量 | 单价 | 金额 | 税率 | 税额 |
|---|---|---|---|---|---|---|---|
| 广告费 | | | 1 | 20 000.00 | 20 000.00 | 6% | 1 200.00 |
| 合　计 | | | | | ￥20 000.00 | | ￥1 200.00 |
| 价税合计（大写） | ⊗人民币贰万壹仟贰佰元整 | | | | （小写）￥21 200.00 | | |

| | | | |
|---|---|---|---|
| 销售方 | 名　　称：北京博瑞达广告有限公司<br>纳税人识别号：6582A587X66875U875<br>地址、电话：北京朝阳区红庙路 32 号 010-66387966<br>开户行及账号：中行北京分行朝阳支行 6879685763125 | 备注 | 北京博瑞达广告有限公司 6582A587X66875U875 发票专用章 |

收款人：李昆　　复核：宋晓丽　　开票人：王敏　　销货单位：（章）

第三联：发票联　购买方记账凭证

**【业务 64】 1 月 15 日任亮报销结算培训费**

**日 常 费 用 报 销 单**

2019 年 01 月 15 日　　　　附件共 1 张

| 姓名 | 任亮 | 所属部门 | 人事部 | 金额 | | | | | | |
|---|---|---|---|---|---|---|---|---|---|---|
| 报销项目 | | 费用说明 | | 万 | 千 | 百 | 十 | 元 | 角 | 分 |
| **培训费** | | **员工培训费** | | | 3 | 0 | 0 | 0 | 0 | 0 |
| | | | | | | | | | | |
| | | **转　讫** | | | | | | | | |
| 合计： | （大写）零万叁仟零佰零拾零元零角零分 | | | ￥3 000.00 元 | | | | | | |
| 内部订单 | | 成本中心（部门/职员） | | | | | | | | |
| 原借款：￥3 000.00 元 | | | 应补（退）款￥0.00 元 | | | | | | | |

总经理：李厚松　财务经理：孙晓霞　部门经理：任亮　出纳：钱丽　报销人：任亮

3702193140　　**青岛增值税专用发票**　　№. 06222982

全国统一发票监制章　青岛　国家税务局监制

发票联

机器编号：587496583216　　　　开票日期：2019 年 01 月 15 日

| | | | |
|---|---|---|---|
| 购买方 | 名　　称：中国琴岛家居用品有限公司<br>纳税人识别号：37020286AC17W62A39<br>地址、电话：山东省青岛市市南区香港东路 366 号 0532-88666680<br>开户行及账号：中国银行青岛市南支行 603089162282 | 密码区 | 2629+-92158<3874/*+23629+<br>-924/9+--377+-2629+-92/+2<br>2-6585<63-2*+72-340465874<br>6/65/64+3--3746/68-92/-43 |

| 货物或应税劳务、服务名称 | 规格型号 | 单位 | 数量 | 单价 | 金额 | 税率 | 税额 |
|---|---|---|---|---|---|---|---|
| 培训费 | | | 1 | 2 830.19 | 2 830.19 | 6% | 169.81 |
| 合　计 | | | | | ￥2 830.19 | | ￥169.81 |
| 价税合计（大写） | ⊗人民币叁仟元整 | | | | （小写）￥3 000.00 | | |

| | | | |
|---|---|---|---|
| 销售方 | 名　　称：青岛市德勤培训有限公司<br>纳税人识别号：91370202P458X85789<br>地址、电话：青岛市市南区香港东路 22 号 0532-884575215<br>开户行及账号：中国银行香港路支行 3784569215669 | 备注 | 青岛市德勤培训有限公司 91370202P458X85789 发票专用章 |

收款人：李 乐　　复核：王家宁　　开票人：李一凡　　销货单位（章）

第三联：发票联　购买方记账凭证

【业务 65】 1 月 15 日支付职工生活困难补助

**职工生活困难补助申请单**

现金付讫

2019 年 01 月 15 日

| 姓名 | 于 鹏 | 部门 | 研发部 | 收款签字（代收据） | | 于 鹏 | |
|---|---|---|---|---|---|---|---|
| 补助原因 | 妻子重病，高额医药费造成个人压力非常大，生活困难。 | | | | 补助性质 | 临时性补助 | |
| | | | | | 申请金额 | ￥5 000.00 | |
| 总经理 | 李厚松 | 财务部门 | 部门经理 | 孙晓霞 | 申请部门 | 部门经理 | 孙 诚 |
| | | | 出 纳 | 钱 丽 | | 经办人 | 刘 娜 |

【业务 66】 1 月 15 日购买办公用品硒鼓

# 付款申请单

2019 年 01 月 15 日

<table>
<tr><td>收款单位</td><td colspan="2">青岛京东昌益得贸易有限公司</td><td>申请金额</td><td>¥1 252.80</td><td colspan="2">原账面余额</td><td>¥0.00</td></tr>
<tr><td>申请用途</td><td colspan="4">购买办公用品：硒鼓</td><td colspan="2">结算方式</td><td>转账支票</td></tr>
<tr><td rowspan="2">总经理</td><td rowspan="2">李厚松</td><td rowspan="2">财务部门</td><td>部门经理</td><td>孙晓霞</td><td rowspan="2">申请部门</td><td>部门经理</td><td>孙 诚</td></tr>
<tr><td>出 纳</td><td>钱 丽</td><td>经办人</td><td>刘 娜</td></tr>
</table>

中国银行

转账支票存根

10369325
22621807

附加信息

出票日期：2019 年 01 月 15 日

| | |
|---|---|
| 收款人： | 青岛京东昌益得贸易有限公司 |
| 金 额： | ¥1 252.80 |
| 用 途： | 购买硒鼓 |

单位主管：　　　　会计：

3702183104 **青岛增值税专用发票** №. 11045571

全国统一发票监制章 青岛 国家税务局监制

发票联

机器编号：112268947766

开票日期：2019 年 01 月 15 日

| 购买方 | |
|---|---|
| 名称 | 中国琴岛家居用品有限公司 |
| 纳税人识别号 | 37020286AC17W62A39 |
| 地址、电话 | 山东省青岛市市南区香港东路 366 号 0532-88666680 |
| 开户行及账号 | 中国银行青岛市南支行 603089162282 |

密码区：76542>3>/746/02294+92922+29+-92>2746/>2+->26/68148>264278>81629+-9228-569+-5974+-92575629++-9223/88>

| 货物或应税劳务、服务名称 | 规格型号 | 单位 | 数量 | 单价 | 金额 | 税率 | 税额 |
|---|---|---|---|---|---|---|---|
| 硒鼓 | M701A | 个 | 6 | 180.00 | 1 080.00 | 16% | 172.80 |
| 合计 | | | | | ￥1 080.00 | | ￥172.80 |

价税合计（大写）⊗人民币壹仟贰佰伍拾贰元捌角整 （小写）￥1 252.80

| 销售方 | |
|---|---|
| 名称 | 青岛京东昌益得贸易有限公司 |
| 纳税人识别号 | 91370281MA3C2BW83D |
| 地址、电话 | 青岛市市北区宁安路 23 号 0532-85688276 |
| 开户行及账号 | 工行市北区宁安支行 6622715968598 |

备注：青岛京东昌益得贸易有限公司 91370281MA3C2BW83D 发票专用章

收款人：吕良敏 复核：张旭东 开票人：王东盛 销货单位：（章）

第三联：发票联 购买方记账凭证

**硒 鼓 费 用 分 配 表**

2019 年 01 月 15 日

| 使用部门 | 分配数量（个） | 单价 | 分配额（元） |
|---|---|---|---|
| 烤花车间 | 1 | 180.00 | 180.00 |
| 组装车间 | 1 | | 180.00 |
| 销售部门 | 2 | | 360.00 |
| 其他管理部门 | 2 | | 360.00 |
| **合　计** | **6** | | **1 080.00** |

财务经理：孙晓霞 审核：于慧军 制单：钱 丽

**【业务 67】 1 月 15 日销售产品至北京大商，收到银行承兑汇票**

3702193140　**青岛增值税专用发票**　№. 77220103

全国统一发票监制章 青岛 国家税务总局监制

发票联

机器编号：378899515987　　开票日期：2019 年 01 月 15 日

| | | | |
|---|---|---|---|
| 购买方 | 名　　称：北京大商集团股份有限公司<br>纳税人识别号：37030376EA73F23785<br>地址、电话：北京朝阳区八里庄南里 12 号 010-93385886<br>开户行及账户：工行朝阳区八里庄分行 3366452648499 | 密码区 | 47589746/629+-92712746/629+-92-98746/629+-92/32-/9955-368*7+746/629+-9223-50/8746/629+-746/629+-9292 |

| 货物或应税劳务、服务名称 | 规格型号 | 单位 | 数量 | 单价 | 金额 | 税率 | 税额 |
|---|---|---|---|---|---|---|---|
| 日用玻璃制品·烤花水晶玻璃醒酒器 | A-1 | 只 | 4 000 | 170.00 | 680 000.00 | 16% | 108 800.00 |
| 合　计 | | | | | ￥680 000.00 | | ￥108 800.00 |
| 价税合计（大写） | ⊗人民币柒拾捌万捌仟捌佰元整　（小写）￥788 800.00 | | | | | | |

| | | | |
|---|---|---|---|
| 销售方 | 名　　称：中国琴岛家居用品有限公司<br>纳税人识别号：37020286AC17W62A39<br>地址、电话：山东省青岛市市南区香港东路 366 号 0532-88666680<br>开户行及账号：中国银行青岛市南支行 603089162282 | 备注 | 中国琴岛家居用品有限公司 37020286AC17W62A39 发票专用章 |

收款人：钱 丽　　复核：孙晓霞　　开票人：于慧军　　销货单位：（章）

第一联：记账联　销货方记账凭证

## 销 售 单

制单日期：2019 年 01 月 15 日　　单据编号：SJ19010503

购货单位：北京大商集团股份有限公司　　地址和电话：北京朝阳区八里庄南里 12 号 010-93385886

纳税人识别号：37030376EA73F23785　　开户行及账号：工行朝阳区八里庄南里分行 3366452648499

| 编码 | 产品名称 | 规格 | 单位 | 单价 | 数量 | 金额 | 备注 |
|---|---|---|---|---|---|---|---|
| | 烤花水晶玻璃醒酒器 | A-1 | 只 | 197.20 | 4 000 | 788 800.00 | 含税价 |
| | | | | | | | |
| 合计 | 人民币（大写）柒拾捌万捌仟捌佰元整 | | | | | ￥788 800.00 | |

总经理：李厚松　销售部经理：王 星　财务部经理：孙晓霞　会计：于慧军　销售员：徐建业

# 银行承兑汇票　2　0872896741

出票日期　贰零壹玖年零壹月壹拾伍日　229857669
（大写）

| | | | | | |
|---|---|---|---|---|---|
| 付款人 | 全称 | 北京大商集团股份有限公司 | 收款人 | 全称 | 中国琴岛家居用品有限公司 |
| | 账号 | 3366452648499 | | 账号 | 603089162282 |
| | 开户银行 | 工行朝阳区八里庄南里分行 | | 开户银行 | 中国银行青岛市南支行 |
| 出票金额 | | 人民币（大写）柒拾捌万捌仟捌佰元整 | | | 千 百 十 万 千 百 十 元 角 分：¥ 7 8 8 8 0 0 0 0 |
| 汇票到期日（大写） | | 贰零壹玖年肆月壹拾伍日 | 付款人 | 行号 | 1085479636 |
| 承兑协议编号 | | 2019 第 CN95667 号 | | 地址 | 北京市朝阳区东三环北路 2 号 |
| 本汇票请你行承兑，到期无条件付款（北京大商集团股份有限公司 财务专用章）（旭李 印东）出票人签章 2019 年 01 月 15 日 | | 本汇票已经承兑，到期日由本行付款。（工行朝阳区八里庄南里分行 汇票专用章）（旺孙 印成）承兑行签章 承兑日期 2019 年 01 月 15 日 备注： | | | 36692 李文轩 复核 记账 |

【业务 68】 1 月 15 日缴纳企业所得税（20181001-20181231）

中国农业银行 AGRICULTURAL BANK OF CHINA　　征收机关实时扣税业务客户回执　　回执凭证

入账日期：20190115
纳税人全称及纳税人识别号：中国琴岛家居用品有限公司 37020286AC17W62A39
付款方账号：686987126681　　付款人开户银行：153690
付款人户名：中国琴岛家居用品有限公司
征收机关代码：13702020000　　征收机关名称：青岛市市南国家税务局
收款国库（银行）名称：工行市南区支行
小写（合计）金额：￥315,000.00　　大写（合计）金额：人民币叁拾壹万伍仟元整

缴款书交易流水号 31296856
税票号码：320160113115037585

| 税费（种）名称 | 所属时期 | 实缴金额 |
|---|---|---|
| 企业所得税 | 20181001-20181231 | ￥315,000.00 |

（中国农业银行青岛市南区支行 2019.01.15 电子回单专用章）

打印日期：20190115 打印机具号：20190100164875889 打印行号：3690

【业务 69】 1 月 15 日缴纳增值税（20181201-20181231）

中国农业银行 AGRICULTURAL BANK OF CHINA　　征收机关实时扣税业务客户回执　　回执凭证

入账日期：20190115
纳税人全称及纳税人识别号：中国琴岛家居用品有限公司 37020286AC17W62A39
付款方账号：686987126681　　付款人开户银行：153690
付款人户名：中国琴岛家居用品有限公司
征收机关代码：13702020000　　征收机关名称：青岛市市南国家税务局
收款国库（银行）名称：工行市南区支行
小写（合计）金额：￥259,860.00　　大写（合计）金额：人民币贰拾伍万玖仟捌佰陆拾元整

缴款书交易流水号 31296906
税票号码：320160113115037687

| 税费（种）名称 | 所属时期 | 实缴金额 |
| --- | --- | --- |
| 增值税 | 20181201-20181231 | ￥259,860.00 |

中国农业银行青岛市南区支行 2019.01.15 电子回单专用章

打印日期：20190115 打印机具号：20190100164875889 打印行号：3690

【业务 70】 1 月 15 日缴纳城市维护建设税（20181201-20181231）

中国农业银行 AGRICULTURAL BANK OF CHINA　　征收机关实时扣税业务客户回执　　回执凭证

入账日期：20190115
纳税人全称及纳税人识别号：中国琴岛家居用品有限公司 37020286AC17W62A39
付款方账号：686987126681　　付款人开户银行：153690
付款人户名：中国琴岛家居用品有限公司
征收机关代码：23702020000　　征收机关名称：青岛市地方税务局市南分局
收款国库（银行）名称：工行市南区支行
小写（合计）金额：￥18,190.20　　大写（合计）金额：人民币壹万捌仟壹佰玖拾元贰角整

缴款书交易流水号 31237003
税票号码：320160115115037703

| 税费（种）名称 | 所属时期 | 实缴金额 |
| --- | --- | --- |
| 城市维护建设税 | 20181201-20181231 | ￥18,190.20 |

中国农业银行青岛市南区支行 2019.01.15 电子回单专用章

打印日期：20190115 打印机具号：20190100164875889 打印行号：3690

【业务 71】 1 月 15 日缴纳教育费附加及地方教育费附加（20181201-20181231）

中国农业银行 AGRICULTURAL BANK OF CHINA　　征收机关实时扣税业务客户回执　　回执凭证

入账日期：20190115
纳税人全称及纳税人识别号：中国琴岛家居用品有限公司 37020286AC17W62A39
付款方账号：686987126681　　付款人开户银行：153690
付款人户名：中国琴岛家居用品有限公司
征收机关代码：23702020000　　征收机关名称：青岛市地方税务局市南分局
收款国库（银行）名称：工行市南区支行
小写（合计）金额：￥12,993.00　　大写（合计）金额：人民币壹万贰仟玖佰玖拾叁元整

缴款书交易流水号 31237012
税票号码：320160115115037719

| 税费（种）名称 | 所属时期 | 实缴金额 |
|---|---|---|
| 教育费附加 | 20181201-20181231 | ￥7,795.80 |
| 地方教育费附加 | 20181201-20181231 | ￥5,197.20 |

中国农业银行青岛市南区支行　2019.01.15　电子回单专用章

打印日期：20190115 打印机具号：20190100164875889 打印行号：3690

【业务 72】 1 月 15 日缴纳水利建设基金（20181201-20181231）

中国农业银行 AGRICULTURAL BANK OF CHINA　　征收机关实时扣税业务客户回执　　回执凭证

入账日期：20190115
纳税人全称及纳税人识别号：中国琴岛家居用品有限公司 37020286AC17W62A39
付款方账号：686987126681　　付款人开户银行：153690
付款人户名：中国琴岛家居用品有限公司
征收机关代码：23702020000　　征收机关名称：青岛市地方税务局市南分局
收款国库（银行）名称：工行市南区支行
小写（合计）金额：￥1,299.30　　大写（合计）金额：人民币壹仟贰佰玖拾玖元叁角整

缴款书交易流水号 31237103
税票号码：320160115115037720

| 税费（种）名称 | 所属时期 | 实缴金额 |
|---|---|---|
| 水利建设专项基金 | 20181201-20181231 | ￥1,299.30 |

中国农业银行青岛市南区支行　2019.01.15　电子回单专用章

打印日期：20190115 打印机具号：20190100164875889 打印行号：3690

【业务 73】 1 月 15 日缴纳个人所得税（20181201-20181231）

中国农业银行 AGRICULTURAL BANK OF CHINA 征收机关实时扣税业务客户回执 回执凭证

入账日期：20190115
纳税人全称及纳税人识别号：中国琴岛家居用品有限公司 37020286AC17W62A39
付款方账号：686987126681 付款人开户银行：153690
付款人户名：中国琴岛家居用品有限公司
征收机关代码：23702020000 征收机关名称：青岛市地方税务局市南分局
收款国库（银行）名称：工行市南区支行
小写（合计）金额：￥4,050.00 大写（合计）金额：人民币肆仟零伍拾元整

缴款书交易流水号 31237110
税票号码：320160115115037736

| 税费（种）名称 | 所属时期 | 实缴金额 |
|---|---|---|
| 个人所得税 | 20181201-20181231 | ￥4,050.00 |

中国农业银行青岛市南区支行 2019.01.15 电子回单专用章

打印日期：20190115 打印机具号：20190100164875889 打印行号：3690

【业务 74】 1 月 15 日缴纳房产税（20181001-20181231）

中国农业银行 AGRICULTURAL BANK OF CHINA 征收机关实时扣税业务客户回执 回执凭证

入账日期：20190115
纳税人全称及纳税人识别号：中国琴岛家居用品有限公司 37020286AC17W62A39
付款方账号：686987126681 付款人开户银行：153690
付款人户名：中国琴岛家居用品有限公司
征收机关代码：23702020000 征收机关名称：青岛市地方税务局市南分局
收款国库（银行）名称：工行市南区支行
小写（合计）金额：￥27,871.20 大写（合计）金额：人民币贰万柒仟捌佰柒拾壹元贰角整

缴款书交易流水号 31237132
税票号码：320160115115037785

| 税费（种）名称 | 所属时期 | 实缴金额 |
|---|---|---|
| 房产税 | 20181001-20181231 | ￥27,871.20 |

中国农业银行青岛市南区支行 2019.01.15 电子回单专用章

打印日期：20190115 打印机具号：20190100164875889 打印行号：3690

【业务 75】 1 月 15 日缴纳城镇土地使用税（20181001-20181231）

中国农业银行 AGRICULTURAL BANK OF CHINA　**征收机关实时扣税业务客户回执**　回执凭证

入账日期：20190115
纳税人全称及纳税人识别号：中国琴岛家居用品有限公司 37020286AC17W62A39
付款方账号：686987126681　　付款人开户银行：153690
付款人户名：中国琴岛家居用品有限公司
征收机关代码：23702020000　　征收机关名称：青岛市地方税务局市南分局
收款国库（银行）名称：工行市南区支行
小写（合计）金额：￥36,500.00　大写（合计）金额：人民币叁万陆仟伍佰元整

缴款书交易流水号 31237139
税票号码：320160115115037792

| 税费（种）名称 | 所属时期 | 实缴金额 |
|---|---|---|
| 城镇土地使用税 | 20181001-20181231 | ￥36,500.00 |

中国农业银行青岛市南区支行
2019.01.15
电子回单专用章

打印日期：20190115 打印机具号：20190100164875889 打印行号：3690

【业务 76】 1 月 15 日缴纳环境保护税（20181001-20181231）

中国农业银行 AGRICULTURAL BANK OF CHINA　**征收机关实时扣税业务客户回执**　回执凭证

入账日期：20190115
纳税人全称及纳税人识别号：中国琴岛家居用品有限公司 37020286AC17W62A39
付款方账号：686987126681　　付款人开户银行：153690
付款人户名：中国琴岛家居用品有限公司
征收机关代码：23702020000　　征收机关名称：青岛市地方税务局市南分局
收款国库（银行）名称：工行市南区支行
小写（合计）金额：￥686.00　大写（合计）金额：人民币陆佰捌拾陆元整

缴款书交易流水号 31237156
税票号码：320160115115037802

| 税费（种）名称 | 所属时期 | 实缴金额 |
|---|---|---|
| 环境保护税（水污染物） | 20181001-20181231 | ￥350.00 |
| 环境保护税（人气污染物） | 20181001-20181231 | ￥336.00 |

中国农业银行青岛市南区支行
2019.01.15
电子回单专用章

打印日期：20190115 打印机具号：20190100164875889 打印行号：3690

【业务 77】 1 月 15 日缴纳车船税

中国农业银行 AGRICULTURAL BANK OF CHINA　**征收机关实时扣税业务客户回执**　回执凭证

入账日期：20190115
纳税人全称及纳税人识别号：中国琴岛家居用品有限公司 37020286AC17W62A39
付款方账号：686987126681　　付款人开户银行：153690
付款人户名：中国琴岛家居用品有限公司
征收机关代码：23702020000　　征收机关名称：青岛市地方税务局市南分局
收款国库（银行）名称：工行市南区支行
小写（合计）金额：￥2,820.00　　大写（合计）金额：人民币贰仟捌佰贰拾元整

缴款书交易流水号 31237243
税票号码：320160115115037868

| 税费（种）名称 | 所属时期 | 实缴金额 |
| --- | --- | --- |
| 车船税 | 20180101-20181231 | ￥2,820.00 |

中国农业银行青岛市南区支行　2019.01.15　电子回单专用章

打印日期：20190115 打印机具号：20190100164875889 打印行号：3690

【业务 78】 1 月 16 日烤花车间购入一台戴尔电脑

**付 款 申 请 单**

2019 年 01 月 16 日

| 收款单位 | 戴尔（中国）有限公司 | | 申请金额 | ￥5 637.60 | | 原账面余额 | ￥0.00 |
| --- | --- | --- | --- | --- | --- | --- | --- |
| 申请用途 | 购买戴尔电脑 | | | | | 结算方式 | 转账支票 |
| 总经理 | 李厚松 | 财务部门 | 部门经理 | 孙晓霞 | 申请部门 | 部门经理 | 孟子轩 |
| | | | 出　纳 | 钱　丽 | | 经办人 | 董　玉 |

# 固定资产购买申请单

<table>
<tr><td colspan="2">申请部门</td><td colspan="2">烤花车间</td><td>申请日期</td><td colspan="3">2019 年 01 月 16 日</td></tr>
<tr><td colspan="2">资产类型</td><td colspan="6">机械设备 □　办公设备 ☑　运输工具 □　其他工具 □</td></tr>
<tr><td colspan="2">资产全称</td><td colspan="6">电脑</td></tr>
<tr><td colspan="2">数　量</td><td>1</td><td>单价</td><td>￥5 637.60 （含税）</td><td>总金额</td><td colspan="2">￥5 637.60（含税）</td></tr>
<tr><td colspan="2">规格型号</td><td colspan="2">Ins15-1605</td><td>外型尺寸</td><td colspan="3"></td></tr>
<tr><td colspan="2">制造商/供货商</td><td colspan="2">戴尔（中国）有限公司</td><td>联系人/电话</td><td colspan="3">0532-83840755</td></tr>
<tr><td colspan="2">购置原因</td><td colspan="6">烤花车间目前电脑不足，业务发展的需要申请购买一台电脑。</td></tr>
<tr><td colspan="2">成本中心<br>（使用职员/部门）</td><td colspan="6">烤花车间</td></tr>
<tr><td colspan="2">备　注</td><td colspan="6">不含税价为￥4 860.00</td></tr>
<tr><td rowspan="2">总经理<br>签批</td><td rowspan="2">李厚松</td><td rowspan="2">财务<br>部门</td><td>部门经理</td><td>孙晓霞</td><td rowspan="2">申请<br>部门</td><td>部门经理</td><td>孟子轩</td></tr>
<tr><td>出　纳</td><td>钱　丽</td><td>申请经办人</td><td>董　玉</td></tr>
</table>

中国银行

转账支票存根

10369325
22621808

附加信息

出票日期：2019 年 01 月 16 日

| | |
|---|---|
| 收款人： | 戴尔（中国）有限公司 |
| 金　额： | ￥5 637.60 |
| 用　途： | 购买电脑，烤花车间使用。 |

单位主管：　　　　会计：

3702193140　**青岛增值税专用发票**　№. 02281177

全国统一发票监制章 青岛 国家税务局监制

发票联

机器编号：787125963287　　开票日期：2019 年 01 月 16 日

| | | | |
|---|---|---|---|
| 购买方 | 名　　称：中国琴岛家居用品有限公司<br>纳税人识别号：37020286AC17W62A39<br>地址、电话：山东省青岛市市南区香港东路 366 号 0532-88666680<br>开户行及账号：中国银行青岛市南支行 603089162282 | 密码区 | 5292/>+23-50/73-58/572-5+<br>8>264+-5<5746/62942929+-5<br>148>264+-5<135>748>2>6/62<br>9+78>8148>264+-5<562-/8-2 |

| 货物或应税劳务、服务名称 | 规格型号 | 单位 | 数量 | 单价 | 金额 | 税率 | 税额 |
|---|---|---|---|---|---|---|---|
| 电子计算机·戴尔电脑 | Ins15-1605 | 台 | 1 | 4 860.00 | 4 860.00 | 16% | 777.60 |
| 合　计 | | | | | ￥4 860.00 | | ￥777.60 |
| 价税合计（大写） | ⊗人民币伍仟陆佰叁拾柒元陆角整 | | | | （小写）￥5 637.60 | | |

| | | | |
|---|---|---|---|
| 销售方 | 名　　称：戴尔（中国）有限公司<br>纳税人识别号：91350238HJ61203N56<br>地址、电话：青岛市北区辽宁路 226 号 0532-83840755<br>开户行及账号：中行辽宁路支行 6872158962139 | 备注 | 戴尔（中国）有限公司 91350238HJ61203N56 发票专用章 |

收款人：李卫丽　　复核：王　静　　开票人：孙　秀　　销货单位：

第三联：发票联　购买方记账凭证

## 固定资产验收单

2019 年 01 月 16 日

| | | | | | | | |
|---|---|---|---|---|---|---|---|
| 合同编号 | 2019F001 | | | 合同金额 | | ¥5 637.60（含税价）<br>¥4 860.00（不含税价） | |
| 资产名称 | 戴尔电脑 | | | 规格型号 | | Ins15-1605 | |
| 生产厂家 | 戴尔（中国）有限公司 | | | 出厂号 | | 20190119 | |
| 验收项目 | | | | | | | |
| 是否与合同相符 | | 是 | | 备注 | | | |
| 使用性能是否达到要求 | | 是 | | 备注 | | | |
| 技术指标是否与合同相符 | | 是 | | 备注 | | | |
| 配件是否与采购要求相符 | | 是 | | 备注 | | | |
| 是否全新完好 | | 是 | | 备注 | | | |
| 技术文档是否齐全 | | 是 | | 备注 | | | |
| 设备在安装调试、试用过程中的情况 | | 正常 | | | | | |
| 验收结果 | | 合格 | | | | | |
| 使用单位签章 | 孟子轩 | 负责人签字 | 李厚松 | 验收人签章 | 使用单位验收人员 | | 刘 平 |
| | | | | | 财产处验收人员 | | 于慧军 |

**【业务 79】 1 月 16 日支付春林本月购货款**

## 付款申请单

2019 年 01 月 16 日

| | | | | | | | |
|---|---|---|---|---|---|---|---|
| 收款单位 | 山东淄博春林纸箱制品有限公司 | | 申请金额 | ¥70 528.00 | 原账面余额 | | ¥70 528.00 |
| 申请用途 | 支付货款 | | | | 结算方式 | | 电汇 |
| 总经理 | 李厚松 | 财务部门 | 部门经理 | 孙晓霞 | 申请部门 | 部门经理 | 林子伟 |
| | | | 出 纳 | 钱 丽 | | 经办人 | 刘 楠 |

中国银行 BANK OF CHINA

## 国内支付业务付款回单

2019 年 01 月 16 日　　　交易流水号：122103767-407

| | | | | | |
|---|---|---|---|---|---|
| 付款人 | 全　称 | 中国琴岛家居用品有限公司 | 收款人 | 全　称 | 山东淄博春林纸箱制品有限公司 |
| | 账　号 | 603089162282 | | 账　号 | 8515246785423 |
| | 开户银行 | 中国银行青岛市南支行 | | 开户银行 | 工行淄博高新区支行 |

| 付款金额 | 人民币（大写） | 千 | 百 | 十 | 万 | 千 | 百 | 十 | 元 | 角 | 分 |
|---|---|---|---|---|---|---|---|---|---|---|---|
| | 柒万零伍佰贰拾捌元整 | | | ¥ | 7 | 0 | 5 | 2 | 8 | 0 | 0 |

| | | | |
|---|---|---|---|
| 凭证种类 | 网上银行 | 回单编号 | 201901163813271 |
| 结算方式 | 转账 | 验证码 | 337L216E012C892V56FA |
| | | 交易机构：02120<br>打印时间：2019-01-16 | |

中国银行青岛市南支行 电子回单专用章

【业务 80】 1 月 16 日支付德瑞前期货款

## 付 款 申 请 单

2019 年 01 月 16 日

| | | | | | | | |
|---|---|---|---|---|---|---|---|
| 收款单位 | 广州德瑞不锈钢制品有限公司 | 申请金额 | ¥66 352.00 | | 原账面余额 | | ¥66 352.00 |
| 申请用途 | 支付货款 | | | | 结算方式 | | 电汇 |
| 总经理 | 李厚松 | 财务部门 | 部门经理 | 孙晓霞 | 申请部门 | 部门经理 | 林子伟 |
| | | | 出　纳 | 钱　丽 | | 经办人 | 刘　楠 |

中国银行 BANK OF CHINA

## 国内支付业务付款回单

2019 年 01 月 16 日　　交易流水号：122103786-391

| | | | | | |
|---|---|---|---|---|---|
| 付款人 | 全 称 | 中国琴岛家居用品有限公司 | 收款人 | 全 称 | 广州德瑞不锈钢制品有限公司 |
| | 账 号 | 603089162282 | | 账 号 | 6528468752166 |
| | 开户银行 | 中国银行青岛市南支行 | | 开户银行 | 中行海珠区支行 |

| 付款金额 | 人民币（大写） | 陆万陆仟叁佰伍拾贰元整 | 千 | 百 | 十 | 万 | 千 | 百 | 十 | 元 | 角 | 分 |
|---|---|---|---|---|---|---|---|---|---|---|---|---|
| | | | | | ¥ | 6 | 6 | 3 | 5 | 2 | 0 | 0 |

| | | | |
|---|---|---|---|
| 凭证种类 | 网上银行 | 回单编号 | 201901163813286 |
| 结算方式 | 转账 | 验证码 | 332L306E032D872V71FA |
| | 中国银行青岛市南支行 电子回单专用章 | 交易机构：02120<br>打印时间：2019-01-16 | |

**【业务 81】 1 月 16 日支付超凡印务本月购货款**

## 付 款 申 请 单

2019 年 01 月 16 日

| | | | | | | | |
|---|---|---|---|---|---|---|---|
| 收款单位 | 北京超凡印务有限公司 | | 申请金额 | ¥48 720.00 | 原账面余额 | | ¥48 720.00 |
| 申请用途 | 支付货款 | | | | 结算方式 | | 电汇 |
| 总经理 | 李厚松 | 财务部门 | 部门经理 | 孙晓霞 | 申请部门 | 部门经理 | 林子伟 |
| | | | 出 纳 | 钱 丽 | | 经办人 | 孙 强 |

中国银行 BANK OF CHINA　　国内支付业务付款回单

2019 年 01 月 16 日　　交易流水号：128193121-404

| | | | | | | | | | | | | | | |
|---|---|---|---|---|---|---|---|---|---|---|---|---|---|---|
| 付款人 | 全　称 | 中国琴岛家居用品有限公司 | 收款人 | 全　称 | 北京超凡印务有限公司 | | | | | | | | | |
| | 账　号 | 603089162282 | | 账　号 | 6847863216956 | | | | | | | | | |
| | 开户银行 | 中国银行青岛市南支行 | | 开户银行 | 建行北京分行朝阳支行 | | | | | | | | | |
| 付款金额 | 人民币（大写） | 肆万捌仟柒佰贰拾元整 | | 千 | 百 | 十 | 万 | 千 | 百 | 十 | 元 | 角 | 分 | |
| | | | | | | ¥ | 4 | 8 | 7 | 2 | 0 | 0 | 0 | |
| 凭证种类 | 网上银行 | | | 回单编号 | 201901163763206 | | | | | | | | | |
| 结算方式 | 转账 | | | 验证码 | 356C215F939E792A16DE | | | | | | | | | |
| 中国银行青岛市南支行 电子回单专用章 | | | | 交易机构：02120<br>打印时间：2019-01-16 | | | | | | | | | | |

【业务 82】 1 月 16 日支付艺家本月购货款

## 付 款 申 请 单

2019 年 01 月 16 日

| | | | | | | | |
|---|---|---|---|---|---|---|---|
| 收款单位 | 青岛艺家印刷包装制品有限公司 | | 申请金额 | ¥70 992.00 | 原账面余额 | | ¥70 992.00 |
| 申请用途 | 支付货款 | | | | 结算方式 | | 电汇 |
| 总经理 | 李厚松 | 财务部门 | 部门经理 | 孙晓霞 | 申请部门 | 部门经理 | 林子伟 |
| | | | 出　纳 | 钱　丽 | | 经办人 | 刘　楠 |

中国银行 BANK OF CHINA

## 国内支付业务付款回单

2019 年 01 月 16 日　　交易流水号：122103721-413

| | | | | | |
|---|---|---|---|---|---|
| 付款人 | 全 称 | 中国琴岛家居用品有限公司 | 收款人 | 全 称 | 青岛艺家印刷包装制品有限公司 |
| | 账 号 | 603089162282 | | 账 号 | 97824152661281 |
| | 开户银行 | 中国银行青岛市南支行 | | 开户银行 | 招行青岛辽阳西路支行 |

| 付款金额 | 人民币（大写） | 柒万零玖佰玖拾贰元整 | 千 | 百 | 十 | 万 | 千 | 百 | 十 | 元 | 角 | 分 |
|---|---|---|---|---|---|---|---|---|---|---|---|---|
| | | | | | ¥ | 7 | 0 | 9 | 9 | 2 | 0 | 0 |

| | | | |
|---|---|---|---|
| 凭证种类 | 网上银行 | 回单编号 | 201901163964308 |
| 结算方式 | 转账 | 验证码 | 357C268F726D801E19AF |
| 中国银行青岛市南支行 电子回单专用章 | | 交易机构：02120<br>打印时间：2019-01-16 | |

【业务 83】 1 月 16 日支付信阳创新前期货款

## 付 款 申 请 单

2019 年 01 月 16 日

| | | | | | | | |
|---|---|---|---|---|---|---|---|
| 收款单位 | 河南信阳创新不锈钢制品有限公司 | | 申请金额 | ¥65 076.00 | 原账面余额 | ¥65 076.00 | |
| 申请用途 | 支付货款 | | | | 结算方式 | 电汇 | |
| 总经理 | 李厚松 | 财务部门 | 部门经理 | 孙晓霞 | 申请部门 | 部门经理 | 林子伟 |
| | | | 出 纳 | 钱 丽 | | 经办人 | 谢 田 |

中国银行 BANK OF CHINA

## 国内支付业务付款回单

2019 年 01 月 16 日　　交易流水号：122123896-417

<table>
<tr><td rowspan="3">付款人</td><td>全 称</td><td>中国琴岛家居用品有限公司</td><td rowspan="3">收款人</td><td>全 称</td><td colspan="10">河南信阳创新不锈钢制品有限公司</td></tr>
<tr><td>账 号</td><td>603089162282</td><td>账 号</td><td colspan="10">8615278965231</td></tr>
<tr><td>开户银行</td><td>中国银行青岛市南支行</td><td>开户银行</td><td colspan="10">工行武清支行</td></tr>
<tr><td rowspan="2">付款金额</td><td rowspan="2">人民币（大写）</td><td rowspan="2" colspan="3">陆万伍仟零柒拾陆元整</td><td>千</td><td>百</td><td>十</td><td>万</td><td>千</td><td>百</td><td>十</td><td>元</td><td>角</td><td>分</td></tr>
<tr><td></td><td></td><td>¥</td><td>6</td><td>5</td><td>0</td><td>7</td><td>6</td><td>0</td><td>0</td></tr>
<tr><td colspan="2">凭证种类</td><td colspan="2">网上银行</td><td>回单编号</td><td colspan="10">201901163964312</td></tr>
<tr><td colspan="2">结算方式</td><td colspan="2">转账</td><td>验证码</td><td colspan="10">347C268F726D816E22CE</td></tr>
<tr><td colspan="4">中国银行青岛市南支行 电子回单专用章</td><td colspan="11">交易机构：02120<br>打印时间：2019-01-16</td></tr>
</table>

【业务 84】 1 月 16 日支付祥泰本月购货款

## 付 款 申 请 单

2019 年 01 月 16 日

<table>
<tr><td>收款单位</td><td colspan="2">山东高密祥泰纸箱制品有限公司</td><td>申请金额</td><td colspan="2">¥87 580.00</td><td colspan="2">原账面余额</td><td>¥87 580.00</td></tr>
<tr><td>申请用途</td><td colspan="5">支付货款</td><td colspan="2">结算方式</td><td>电汇</td></tr>
<tr><td rowspan="2">总经理</td><td rowspan="2">李厚松</td><td rowspan="2">财务部门</td><td>部门经理</td><td>孙晓霞</td><td rowspan="2">申请部门</td><td colspan="2">部门经理</td><td>林子伟</td></tr>
<tr><td>出 纳</td><td>钱 丽</td><td colspan="2">经办人</td><td>刘 楠</td></tr>
</table>

中国银行 BANK OF CHINA

## 国内支付业务付款回单

2019 年 01 月 16 日　　交易流水号：122124921-467

| | | | | | |
|---|---|---|---|---|---|
| 付款人 | 全　称 | 中国琴岛家居用品有限公司 | 收款人 | 全　称 | 山东高密祥泰纸箱制品有限公司 |
| | 账　号 | 603089162282 | | 账　号 | 7866365125489 |
| | 开户银行 | 中国银行青岛市南支行 | | 开户银行 | 工行武清支行 |

| 付款金额 | 人民币（大写） | 千 | 百 | 十 | 万 | 千 | 百 | 十 | 元 | 角 | 分 |
|---|---|---|---|---|---|---|---|---|---|---|---|
| | 捌万柒仟伍佰捌拾元整 | | | ¥ | 8 | 7 | 5 | 8 | 0 | 0 | 0 |

| | | | |
|---|---|---|---|
| 凭证种类 | 网上银行 | 回单编号 | 201901163965317 |
| 结算方式 | 转账 | 验证码 | 362C276F731W21912D2C |
| | | 交易机构：02120<br>打印时间：2019-01-16 | |

中国银行青岛市南支行　电子回单专用章

【业务 85】 1 月 16 日支付南京东鑫本月购货款

## 付款申请单

2019 年 01 月 16 日

| | | | | | | | |
|---|---|---|---|---|---|---|---|
| 收款单位 | 南京东鑫橡胶制品有限公司 | 申请金额 | ¥23 200.00 | | 原账面余额 | ¥23 200.00 | |
| 申请用途 | 支付货款 | | | | 结算方式 | 电汇 | |
| 总经理 | 李厚松 | 财务部门 | 部门经理 | 孙晓霞 | 申请部门 | 部门经理 | 林子伟 |
| | | | 出　纳 | 钱　丽 | | 经办人 | 孙　强 |

中国银行 BANK OF CHINA

## 国内支付业务付款回单

2019 年 01 月 16 日　　交易流水号：122103766-566

<table>
<tr><td rowspan="3">付款人</td><td>全　称</td><td colspan="2">中国琴岛家居用品有限公司</td><td rowspan="3">收款人</td><td>全　称</td><td colspan="10">南京东鑫橡胶制品有限公司</td></tr>
<tr><td>账　号</td><td colspan="2">603089162282</td><td>账　号</td><td colspan="10">8676548545129</td></tr>
<tr><td>开户银行</td><td colspan="2">中国银行青岛市南支行</td><td>开户银行</td><td colspan="10">中行江宁支行</td></tr>
<tr><td rowspan="2">付款金额</td><td rowspan="2">人民币（大写）</td><td colspan="4" rowspan="2">贰万叁仟贰佰元整</td><td>千</td><td>百</td><td>十</td><td>万</td><td>千</td><td>百</td><td>十</td><td>元</td><td>角</td><td>分</td></tr>
<tr><td></td><td></td><td>￥</td><td>2</td><td>3</td><td>2</td><td>0</td><td>0</td><td>0</td><td>0</td></tr>
<tr><td colspan="2">凭证种类</td><td colspan="3">网上银行</td><td>回单编号</td><td colspan="10">201901163965328</td></tr>
<tr><td colspan="2">结算方式</td><td colspan="3">转账</td><td>验证码</td><td colspan="10">569D282E723W22V1268A</td></tr>
<tr><td colspan="5">中国银行青岛市南支行<br>电子回单<br>专用章</td><td colspan="11">交易机构：02120<br>打印时间：2019-01-16</td></tr>
</table>

**【业务 86】 1 月 16 日支付汽车加油费**

## 付 款 申 请 单

2019 年 01 月 16 日

<table>
<tr><td>收款单位</td><td colspan="2">中国石化销售有限公司<br>山东青岛石油分公司</td><td>申请金额</td><td>￥1 087.50</td><td colspan="2">原账面余额</td><td>￥0.00</td></tr>
<tr><td>申请用途</td><td colspan="5">四辆车辆加油费（92#汽油）</td><td>结算方式</td><td>转账支票</td></tr>
<tr><td rowspan="2">总经理</td><td rowspan="2">李厚松</td><td rowspan="2">财务部门</td><td>部门经理</td><td>孙晓霞</td><td rowspan="2">申请部门</td><td>部门经理</td><td>孙 诚</td></tr>
<tr><td>出 纳</td><td>钱 丽</td><td>经办人</td><td>刘 娜</td></tr>
</table>

中国银行

转账支票存根

10369325
22621809

附加信息

出票日期：2019 年 01 月 16 日

| | |
|---|---|
| 收款人： | 青岛中国石化销售有限公司 山东青岛石油分公司 |
| 金　额： | ￥1 087.50 |
| 用　途： | 汽车加油费 |

单位主管：　　　　会计：

3702183104　**青岛增值税专用发票**　No. 28335987

发票联

机器编号：112268947766　　　　开票日期：2019 年 01 月 16 日

| | | |
|---|---|---|
| 购买方 | 名　　称：中国琴岛家居用品有限公司<br>纳税人识别号：37020286AC17W62A39<br>地址、　电话：山东省青岛市市南区香港东路 366 号 0532-88666680<br>开户行及账号：中国银行青岛市南支行 603089162282 | 密码区：15822>3>/765/01896+12115+<br>30+-15>2668/>1+-58>29/115<br>157-8>28>892/9+-26-5+525-<br>56684+-44853355+5+-887821 |

| 货物或应税劳务、服务名称 | 规格型号 | 单位 | 数量 | 单价 | 金额 | 税率 | 税额 |
|---|---|---|---|---|---|---|---|
| 汽油·车用汽油 | 92 号 | 升 | 150 | 6.25 | 937.50 | 16% | 150.00 |
| 合　　计 | | | | | ￥937.50 | | ￥150.00 |
| 价税合计（大写） | ⊗人民币壹仟零捌拾柒元伍角整 | | | | （小写）￥1 087.50 | | |

| | | |
|---|---|---|
| 销售方 | 名　　称：中国石化销售有限公司山东青岛石油分公司<br>纳税人识别号：91370200724001244E<br>地址、　电话：青岛市市北区山东路 157 号 0532-68896791<br>开户行及账号：中国银行山东路支行 6874256985632 | 备注 |

收款人：李美娟　　复核：葛　亮　　开票人：陈　合　　销货单位：

第三联：发票联　购买方记账凭证

（印章：全国统一发票监制章 青岛 国家税务总局监制）

（印章：中国石化销售有限公司山东青岛石油分公司 91370200724001244E 发票专用章）

**加 油 费 用 分 配 表**

2019 年 01 月 16 日

| 加油车辆 | 使用部门 | 分配数量（升） | 单价 | 分配额（元） |
|---|---|---|---|---|
| 瑞风商务车 | 厂办公室 | 45 | 6.25 | 281.25 |
| 奔驰轿车 | 厂办公室 | 40 | | 250.00 |
| 雷克萨斯轿车 | 总经理办公室 | 30 | | 187.50 |
| 别克商务车 | 总经理办公室 | 35 | | 218.75 |
| 合　计 | | **150** | | **937.50** |

财务经理：孙晓霞　　审核：于慧军　　制单：钱 丽

**【业务 87】 1 月 17 日收到上海百联前期货款**

中国银行 BANK OF CHINA

**进 账 单**（回 单）

2019 年 01 月 17 日　　交易流水号：208103719-682

| | | | | | |
|---|---|---|---|---|---|
| 付款人 | 全 称 | 上海百联集团股份有限公司 | 收款人 | 全 称 | 中国琴岛家居用品有限公司 |
| | 账 号 | 9976125231223 | | 账 号 | 603089162282 |
| | 开户银行 | 建设银行上海市长宁区分行 | | 开户银行 | 中国银行青岛市南支行 |

| 付款金额 | 人民币（大写） | 千 | 百 | 十 | 万 | 千 | 百 | 十 | 元 | 角 | 分 |
|---|---|---|---|---|---|---|---|---|---|---|---|
| | 陆拾伍万捌仟肆佰壹拾陆元整 | | ¥ | 6 | 5 | 8 | 4 | 1 | 6 | 0 | 0 |

| | | | |
|---|---|---|---|
| 凭证种类 | 电汇凭证 | 凭证号码 | |
| 结算方式 | 电子汇划汇入 | 回单编号 | 2019011762887953 |
| | | 交易机构：02120 | |
| | | 打印时间：2019-01-17 | |

（印章：中国银行青岛市南支行 电子回单专用章）

【业务 88】 1 月 17 日出售海浪股票 15 000 股

## 会议纪要

**会议地点：** 公司会议室

**参会人员：** 李厚松、孙诚、任亮、孙晓霞、于慧军、林子伟、王星

**会议决议：** 公司拟以每股不低于20.50元的价格出售海浪股份 15 000 股。

中国琴岛家居用品有限公司

2019 年 01 月 15 日

## 成交过户交割凭单　　卖

| | | | |
|---|---|---|---|
| 成交日期: | 2019.01.17 | | |
| 股东账户: | A009687 | | |
| 操作方向: | 卖出 | 资金账号: | 523226682768 |
| 成交证券: | 600888 | 证券名称: | 海浪股份 |
| 成交价格: | 21.00 | 手 续 费: | 858.60 |
| 成交数量: | 15 000 股 | 成交金额: | 314 141.40 |
| 上次余额: | 20 000 | 申报时间: | 14:32 |
| 本次成交: | 15 000 股 | 成交时间: | 14:36 |
| 本次余额: | 5 000 股 | | |

经办单位：东海证券股份有限公司 交易专用章　　客户签章：中国琴岛家居用品有限公司

3702193140　**青岛增值税专用发票**　№. 01168199

全国统一发票监制章 青岛 国家税务局监制

发票联

机器编号：789245632148　　开票日期：2019 年 01 月 17 日

| | | | |
|---|---|---|---|
| 购买方 | 名　　称：中国琴岛家居用品有限公司<br>纳税人识别号：37020286AC17W62A39<br>地址、电话：山东省青岛市市南区香港东路 366 号 0532-88666680<br>开户行及账号：中国银行青岛市南支行 603089162282 | 密码区 | -92-9228-546/629+69+/6813<br>>/722+23/88>26429+-9248>4<br>+02294+929629+-922-5972>8<br>-56542>12746/>2+->2678>81 |

| 货物或应税劳务、服务名称 | 规格型号 | 单位 | 数量 | 单价 | 金额 | 税率 | 税额 |
|---|---|---|---|---|---|---|---|
| 直接收费金融服务 | | | 1 | 810.00 | 810.00 | 6% | 48.60 |
| 合　计 | | | | | ￥810.00 | | ￥48.60 |
| 价税合计（大写） | ⊗人民币捌佰伍拾捌元陆角整 | | | | （小写）￥858.60 | | |

| | | | |
|---|---|---|---|
| 销售方 | 名　　称：东海证券股份有限公司<br>纳税人识别号：37020267909425X<br>地址、电话：青岛市市南区香港中路 77 号 0532-55552699<br>开户行及账号：中国建设银行山东省分行 370268724788 | 备注 | 东海证券股份有限公司 37020267909425X 发票专用章 |

收款人：石 原　　复核：于 秀　　开票人：张 圣　　销货单位：

第三联：发票联　购买方记账凭证

**【业务 89】 1 月 19 日支付展会摊位费**

## 付 款 申 请 单

2019 年 01 月 19 日

| | | | | | | | |
|---|---|---|---|---|---|---|---|
| 收款单位 | 上海国际时尚家居用品展有限公司 | | 申请金额 | ￥9 540.00 | 原账面余额 | | ￥0.00 |
| 申请用途 | 支付摊位展览费 | | | | 结算方式 | | 电汇 |
| 总经理 | 李厚松 | 财务部门 | 部门经理 | 孙晓霞 | 申请部门 | 部门经理 | 王 星 |
| | | | 出 纳 | 钱 丽 | | 经办人 | 宋 达 |

中国银行 BANK OF CHINA

## 国内支付业务付款回单

2019 年 01 月 19 日　　交易流水号：122103712-397

| | | | | | |
|---|---|---|---|---|---|
| 付款人 | 全 称 | 中国琴岛家居用品有限公司 | 收款人 | 全 称 | 上海国际时尚家居展有限公司 |
| | 账 号 | 603089162282 | | 账 号 | 1189657589623 |
| | 开户银行 | 中国银行青岛市南支行 | | 开户银行 | 建设银行上海市延安路支行 |

| 付款金额 | 人民币（大写） | 千 | 百 | 十 | 万 | 千 | 百 | 十 | 元 | 角 | 分 |
|---|---|---|---|---|---|---|---|---|---|---|---|
| | 玖仟伍佰肆拾元整 | | | | ¥ | 9 | 5 | 4 | 0 | 0 | 0 |

| | | | |
|---|---|---|---|
| 凭证种类 | 网上银行 | 回单编号 | 201901193713234 |
| 结算方式 | 转账 | 验证码 | 4656G296A939U2381C97WN |
| | | 交易机构：02120<br>打印时间：2019-01-19 | |

中国银行青岛市南支行　电子回单专用章

3100183140　　**上海增值税专用发票**　　№. 22001682

全国统一发票监制章　上海　国家税务局监制

发票联

机器编号：163578129566　　开票日期：2019 年 01 月 19 日

| | | |
|---|---|---|
| 购买方 | 名　　称：中国琴岛家居用品有限公司<br>纳税人识别号：37020286AC17W62A39<br>地址、电话：山东省青岛市市南区香港东路 366 号 0532-88666680<br>开户行及账号：中国银行青岛市南支行 603089162282 | 密码区：>8148578446+-5<6/7629+869<br>2/>+9685/488>2>6/629+-929<br>+-51423-58/572-5+8427883-<br>50/575<+-64+--5<135>742>2 |

| 货物或应税劳务、服务名称 | 规格型号 | 单位 | 数量 | 单价 | 金额 | 税率 | 税额 |
|---|---|---|---|---|---|---|---|
| 会议展览服务（摊位费） | | 个 | 2 | 4 500.00 | 9 000.00 | 6% | 540.00 |
| 合　计 | | | | | ¥9 000.00 | | ¥540.00 |
| 价税合计（大写） | ⊗人民币玖仟伍佰肆拾元整 | | | | （小写）¥9 540.00 | | |

| | | |
|---|---|---|
| 销售方 | 名　　称：上海国际时尚家居用品展有限公司<br>纳税人识别号：78562C65D367965A66<br>地址、电话：上海市延安中路 100 号 021-62475328<br>开户行及账号：建设银行上海市延安中路支行 1189657589623 | 备注 |

上海国际时尚家居用品展有限公司　78562C65D367965A66　发票专用章

收款人：张 勇　　复核：齐 蕾　　开票人：鲁 轩　　销货单位：

第三联：发票联　购买方记账凭证

**【业务 90】 1 月 19 日组装车间领原材料**

领料部门：组装车间　　**领　料　单**　　编号：LZ19010404

用　　途：组装醒酒器　　2019 年 01 月 19 日　　发料仓库：原材料库

| 编码 | 材料名称及规格 | 计量单位 | 数量 | | 成本 | | 备注 |
|---|---|---|---|---|---|---|---|
| | | | 请领 | 实领 | 单位成本 | 金额 | |
| | 带过滤网不锈钢盖 | 只 | 5 000 | 5 000 | | | |
| | 密封圈 | 个 | 5 000 | 5 000 | | | |
| | 水晶槽 | 个 | 5 000 | 5 000 | | | |
| | 精致礼盒 | 个 | 5 000 | 5 000 | | | |
| | 合　计 | | | | | | |

领料单位负责人：吴　越　　领料人：王小平　　发料人：杜胜禹

**【业务 91】 1 月 19 日赊销至上海百联**

**销　售　单**

制单日期：2019 年 01 月 19 日　　单据编号：SJ19010504

购货单位：上海百联集团股份有限公司　　地址和电话：上海市长宁区仙霞西路 68 号 021-52285426

纳税人识别号：310226DF8745124D98　　开户行及账号：建设银行上海市长宁区分行 9976125231223

| 编码 | 产品名称 | 规格 | 单位 | 单价 | 数量 | 金额 | 备注 |
|---|---|---|---|---|---|---|---|
| | 烤花水晶玻璃醒酒器 | A-1 | 只 | 199.52 | 3 000 | 598 560.00 | 含税价 |
| | | | | | | | |
| 合计 | 人民币（大写）伍拾玖万捌仟伍佰陆拾元整 | | | | | ¥598 560.00 | |

总经理：李厚松　　销售部经理：王　星　　财务部经理：孙晓霞　　会计：于慧军　　销售员：徐建业

3702193140　　**青岛增值税专用发票**　　№. 77220104

全国统一发票监制章 青岛 国家税务总局监制

发票联

机器编号：378899515987　　　　开票日期：2019 年 01 月 19 日

| | | | | | | | | |
|---|---|---|---|---|---|---|---|---|
| 购买方 | 名　　称：上海百联集团股份有限公司<br>纳税人识别号：310226DF8745424D98<br>地址、电话：上海市长宁区仙霞西路 68 号 021-52285426<br>开户行及账户：建设银行上海市长宁分行 9976125231223 | | | | 密码区 | 92+746/629+-9284/52-/88>2<br>>29-398*+18-569+-5>81858<<br>978490-45/06-488--3746/62<br>9+-92/99+ 92*32746/62+723 | | |
| 货物或应税劳务、服务名称 | 规格型号 | 单位 | 数量 | 单价 | 金额 | 税率 | 税额 | |
| 日用玻璃制品·烤花水晶玻璃醒酒器 | A-1 | 只 | 3 000 | 172.00 | 516 000.00 | 16% | 82 560.00 | |
| 合　计 | | | | | ¥516 000.00 | | ¥82 560.00 | |
| 价税合计（大写） | ⊗人民币伍拾玖万捌仟伍佰陆拾元整 | | | | （小写）¥598 560.00 | | | |
| 销售方 | 名　　称：中国琴岛家居用品有限公司<br>纳税人识别号：37020286AC17W62A39<br>地址、电话：山东省青岛市市南区香港东路 366 号 0532-88666680<br>开户行及账号：中国银行青岛市南支行 603089162282 | | | | 备注 | 中国琴岛家居用品有限公司 37020286AC17W62A39 发票专用章 | | |

收款人：钱丽　　复核：孙晓霞　　开票人：于慧军　　销货单位：（章）

第一联：记账联　销货方记账凭证

【业务 92】 1 月 20 日报销研发部于鹏快递费

**日 常 费 用 报 销 单**

2019 年 01 月 20 日　　　　附件共 1 张

| 姓　名 | 于鹏 | 所属部门 | 研发部 | 金　额 | | | | | | |
|---|---|---|---|---|---|---|---|---|---|---|
| 报销项目 | | 费用说明 | | 万 | 千 | 百 | 十 | 元 | 角 | 分 |
| 快递费 | | 寄送研发样品快递费 | | | | 3 | 1 | 8 | 0 | 0 |
| | | 现金付讫 | | | | | | | | |
| | | | | | | | | | | |
| 合　计： | （大写）零万零仟叁佰壹拾捌元零角零分 | | | ¥ 318.00 元 | | | | | | |
| 内部订单 | | 成本中心（部门/职员） | | 研发部 | | | | | | |
| 原借款：¥ 0.00 元 | | | | 应补（退）款 ¥ 318.00 元 | | | | | | |

总经理：李厚松　　财务经理：孙晓霞　　部门经理：辛颖　　出纳：钱丽　　报销人：于鹏

3702193140　**青岛增值税电子普通发票**　№. 20662293

（印章：全国统一发票监制章 青岛 国家税务总局监制）发票联

机器编号：499099825306　　开票日期：2019 年 01 月 20 日

| | | | | | | | |
|---|---|---|---|---|---|---|---|
| 购买方 | 名　　　称：中国琴岛家居用品有限公司<br>纳税人识别号：37020286AC17W62A39<br>地址、　电话：山东省青岛市市南区香港东路 366 号 0532-88666680<br>开户行及账号：中国银行青岛市南支行 603089162282 | | | | 密码区 | 569+/6>278>8162629+-8>2>2<br>74>86428965241/5-5654+-2><br>6/>29+-9224+92922+29+-924<br>8>28-69262871/6522923/885 | |
| 货物或应税劳务、服务名称 | 规格型号 | 单位 | 数量 | 单价 | 金额 | 税率 | 税额 |
| 收派服务费 | | 次 | 1 | 300.00 | 300.00 | 6% | 18.00 |
| 合　　计 | | | | | ￥300.00 | | ￥18.00 |
| 价税合计（大写） | ⊗人民币叁佰壹拾捌元整 | | | | （小写）￥318.00 | | |
| 销售方 | 名　　　称：青岛顺丰速运有限公司<br>纳税人识别号：91370200667893273<br>地址、　电话：青岛市城阳区流亭机场货站 1 号仓库 0532-88705838<br>开户行及账号：工行青岛高科园支行 3803027119200291143 | | | | 备注 | | |

收款人：李　梅　　复核：杨　艳　　开票人：张晓丽　　销货单位：（章）

（印章：青岛顺丰速运有限公司 91370200667893273 发票专用章）

第三联：发票联　购买方记账凭证

【业务 93】 1 月 21 日收到建设银行山东路支行存款利息

**中国建设银行**（山东路支行）计付存款利息清单（收款通知）

2019 年 01 月 21 日

| 单位名称 | 中国琴岛家居用品有限公司 | | | | |
|---|---|---|---|---|---|
| 结算账号 | 622375696991 | | | | |
| 编号 | 计算类型 | 计息起止日期 | 计息积数 | 利率 | 利息金额 |
| 168127 | 普通积数 | 20181221-20190120 | 7 260 000 | 0.30% | 60.50 |
| 金额合计（大写）：人民币陆拾元伍角整 | | | | 小写： | ￥60.50 |

（印章：中国建设银行 山东路支行 2019.01.21 （转讫））

复核：董进　　记账：王明

【业务 94】 1 月 21 日收到中国银行青岛市南支行银行存款利息

**中国银行**（市南支行）计付存款利息清单（收款通知）

2019 年 01 月 21 日

| 单位名称 | 中国琴岛家居用品有限公司 | | | | |
|---|---|---|---|---|---|
| 结算账号 | 603089162282 | | | | |
| 编号 | 计算类型 | 计息起止日期 | 计息积数 | 利率 | 利息金额 |
| 376885 | 普通积数 | 20181221-20190120 | 66 860 700 | 0.30% | 557.17 |
| 金额合计（大写）：人民币伍佰伍拾柒元壹角柒分 | | | | 小写： | ￥557.17 |

中国银行 市南支行 2019.01.21 (转讫)

复核：邵平　　记账：王黎明

【业务 95】 1 月 21 日收到招商银行青岛分行银行存款利息

**招商银行** CHINA MERCHANTS BANK（青岛分行）计付存款利息清单（收款通知）

2019 年 01 月 21 日

| 单位名称 | 中国琴岛家居用品有限公司 | | | | |
|---|---|---|---|---|---|
| 结算账号 | 532906058723 | | | | |
| 编号 | 计算类型 | 计息起止日期 | 计息积数 | 利率 | 利息金额 |
| 115096 | 普通积数 | 20181221-20190120 | 3 820 530 | 0.30% | 31.84 |
| 金额合计（大写）：人民币叁拾壹元捌角肆分 | | | | 小写： | ￥31.84 |

招商银行股份有限公司青岛分行营业部 2019.01.21 转讫章（1）

复核：孔晓丽　　记账：孙锋

【业务 96】 1 月 21 日收到农业银行青岛市南区支行存款利息

中国农业银行 AGRICULTURAL BANK OF CHINA （青岛市南区支行）计付存款利息清单（收款通知）

2019 年 01 月 21 日

| 单位名称 | 中国琴岛家居用品有限公司 | | | | |
| --- | --- | --- | --- | --- | --- |
| 结算账号 | 686987126681 | | | | |
| 编号 | 计算类型 | 计息起止日期 | 计息积数 | 利率 | 利息金额 |
| 226082 | 普通积数 | 20181221-20190120 | 16 320 083 | 0.30% | 136.00 |
| 金额合计（大写）：人民币壹佰叁拾陆元整 | | | | 小写： | ￥136.00 |

中国农业银行青岛市南区支行 2019.01.21 转讫章(3)

复核：鲁海涛　　记账：王彬

【业务 97】 1 月 22 日支付环保罚款

## 青岛市环境保护局行政处罚通知

【1863】

中国琴岛家居用品有限公司：

经检查，你单位存在以下环境污染隐患：

你单位排放水污染物的浓度有重大改变，但未及时申报登记。违反了《水污染防治法》第二十一条第二款的规定。

为督促上述违法现象的整改，提高环境意识，现给予￥2,000.00 的罚款，并限于 2019 年 1 月 25 日前解决，并将解决情况报送我局。

被检查单位负责人：松李印厚　　执法人员签字：严旭明

青岛市环境保护局市南分局

## 付 款 申 请 单

2019 年 01 月 22 日

<table>
<tr><td>收款单位</td><td>青岛市环境保护局市南区分局</td><td>申请金额</td><td>￥2 000.00</td><td colspan="2">原账面余额</td><td colspan="2">￥0.00</td></tr>
<tr><td>申请用途</td><td colspan="5">支付排污罚款</td><td>结算方式</td><td>转账支票</td></tr>
<tr><td rowspan="2">总经理</td><td rowspan="2">李厚松</td><td rowspan="2">财务部门</td><td>部门经理</td><td>孙晓霞</td><td rowspan="2">申请部门</td><td>部门经理</td><td>孙 诚</td></tr>
<tr><td>出 纳</td><td>钱 丽</td><td>经办人</td><td>刘 娜</td></tr>
</table>

中国农业银行
转账支票存根
10302836
77681901
附加信息

出票日期：2019 年 01 月 22 日

| | |
|---|---|
| 收款人： | 青岛市环境保护局市南分局 |
| 金　额： | ￥2 000.00 |
| 用　途： | 支付水污染罚款 |

单位主管：　　　　会计：

青岛市政府非税收入专用票据

NO. 00776822

2019 年 01 月 22 日

| 缴款单位 | 中国琴岛家居用品有限公司 | 执收单位编码 | 0532688 | 收费许可证青 0532 字第 11987 号 | |
|---|---|---|---|---|---|
| 项目编码 | 收费项目 | 计费数据 | 收费标准 | 金额 | 备注 |
| 12600 | 水污染罚款 | 1 | | 2 000.00 | |
| 人民币 | 贰仟元整 | | | ￥2 000.00 | |

收费单位签章　　开票卡号：026723　　收款人：刘晓丽　　开票人：郑霞

第二联　收据

**【业力 98】 1 月 23 日上海百联发生 5%销售折让**

## 销 售 单

制单日期：2019 年 01 月 23 日　　单据编号：SJ19010504-1

购货单位：上海百联集团股份有限公司　　地址和电话：上海市长宁区仙霞西路 68 号 021-52285426

纳税人识别号：310226DF8745424D98　　开户行及账号：建设银行上海市长宁区分行 9976125231223

| 编码 | 产品名称 | 规格 | 单位 | 单价 | 数量 | 金额 | 备注 |
|---|---|---|---|---|---|---|---|
| | 烤花水晶玻璃醒酒器 | A-1 | | | | -29 928.00 | 01 月 19 日销售的商品由于质量问题，给予 5%的销售折让 |
| | | | | | | | |
| 合计 | 人民币（大写）（负数）贰万玖仟玖佰贰拾捌元整 | | | | | ￥-29 928.00 | |

总经理：李厚松　销售部经理：王 星　财务部经理：孙晓霞　会计：于慧军　销售员：王黎明

## 青岛增值税专用发票

3702193140　　No. 77220105

销项负数

青岛 发票联

机器编号：378899515987　　开票日期：2019 年 01 月 23 日

| | | | |
|---|---|---|---|
| 购买方 | 名　　称：上海百联集团股份有限公司<br>纳税人识别号：310226DF8745424D98<br>地址、电话：上海市长宁区仙霞西路 68 号 021-52285426<br>开户行及账户：建设银行上海市长宁分行 9976125231223 | 密码区 | 345862-5>8//06->29-3-488-<br>-+746/6221+92+-9232744/52<br>6/156723490-79-569+18788><br>29+-92/99+-92*+46/8*+1858 |

| 货物或应税劳务、服务名称 | 规格型号 | 单位 | 数量 | 单价 | 金额 | 税率 | 税额 |
|---|---|---|---|---|---|---|---|
| 日用玻璃制品·烤花水晶玻璃醒酒器 | | | | | -25 800.00 | 16% | -4 128.00 |
| 合　　计 | | | | | ￥-25 800.00 | | ￥-4 128.00 |
| 价税合计（大写） | ⊗人民币（负数）贰万玖仟玖佰贰拾捌元整 | | | | （小写）￥-29 928.00 | | |

| | | | |
|---|---|---|---|
| 销售方 | 名　　称：中国琴岛家居用品有限公司<br>纳税人识别号：37020286AC17W62A39<br>地址、电话：山东省青岛市市南区香港东路 366 号 0532-88666680<br>开户行及账号：中国银行青岛市南支行 603089162282 | 备注 | 中国琴岛家居用品有限公司<br>37020286AC17W62A39<br>发票专用章 |

收款人：钱 丽　复核：孙晓霞　开票人：于慧军　销货单位：

第一联：记账联 销货方记账凭证

【业务 99】 1 月 26 日设计部张建文出差借款 3 000 元

<table>
<tr><th colspan="8">借 款 申 请 单</th></tr>
<tr><td>借款人</td><td colspan="2">张建文</td><td>所属部门</td><td>设计部</td><td>借款日期</td><td colspan="2">2019 年 01 月 26 日</td></tr>
<tr><td rowspan="4">借款用途</td><td rowspan="3">出差</td><td>出差人</td><td colspan="2">张建文</td><td>预计天数</td><td colspan="2">3 天</td></tr>
<tr><td>目的地</td><td colspan="2">南京</td><td>交通工具</td><td colspan="2">动车</td></tr>
<tr><td>原因</td><td colspan="5">赴供货商，涉及产品设计相关事宜。</td></tr>
<tr><td>其他用途</td><td colspan="6">现金付讫</td></tr>
<tr><td>借款金额</td><td colspan="5">（大写）零 万 叁 仟 零 佰 零 拾 零 元 零 角 零 分</td><td colspan="2">¥ 3 000.00</td></tr>
<tr><td colspan="2">前期借款未清金额</td><td colspan="4">（大写） 无</td><td colspan="2">¥ 0.00</td></tr>
<tr><td rowspan="2">总经理</td><td rowspan="2">李厚松</td><td rowspan="2">财务部门</td><td>部门经理</td><td>孙晓霞</td><td rowspan="2">申请部门</td><td>部门经理</td><td>郝 艺</td></tr>
<tr><td>出 纳</td><td>钱 丽</td><td>经办人</td><td>张建文</td></tr>
</table>

【业务 100】 1 月 26 日支付在建工程烤花车间烤花设备 Y-6 的安装费

<table>
<tr><th colspan="8">付 款 申 请 单</th></tr>
<tr><td colspan="8">2019 年 01 月 26 日</td></tr>
<tr><td>收款单位</td><td colspan="2">济南同创机械设备有限公司</td><td>申请金额</td><td colspan="2">¥5 500.00</td><td>原账面余额</td><td>¥0.00</td></tr>
<tr><td>申请用途</td><td colspan="5">支付烤花设备 Y-6 的安装费</td><td>结算方式</td><td>电汇</td></tr>
<tr><td rowspan="2">总经理</td><td rowspan="2">李厚松</td><td rowspan="2">财务部门</td><td>部门经理</td><td>孙晓霞</td><td rowspan="2">申请部门</td><td>部门经理</td><td>孟子轩</td></tr>
<tr><td>出 纳</td><td>钱 丽</td><td>经办人</td><td>董 玉</td></tr>
</table>

**中国银行 BANK OF CHINA**

## 国内支付业务付款回单

2019 年 01 月 26 日　　　交易流水号：122105136-562

| | | | | | | | | | | | | | | |
|---|---|---|---|---|---|---|---|---|---|---|---|---|---|---|
| 付款人 | 全　称 | 中国琴岛家居用品有限公司 | 收款人 | 全　称 | 济南同创机械设备有限公司 | | | | | | | | | |
| | 账　号 | 603089162282 | | 账　号 | 6986246398696 | | | | | | | | | |
| | 开户银行 | 中国银行青岛市南支行 | | 开户银行 | 中国银行历下区支行 | | | | | | | | | |
| 付款金额 | 人民币（大写） | 伍仟伍佰元整 | 千 | 百 | 十 | 万 | 千 | 百 | 十 | 元 | 角 | 分 | | |
| | | | | | | ¥ | 5 | 5 | 0 | 0 | 0 | 0 | | |
| 凭证种类 | | 网上银行 | 回单编号 | 2019012612372369 | | | | | | | | | | |
| 结算方式 | | 转账 | 验证码 | 501N218E1323G1313AE6 | | | | | | | | | | |
| | | 中国银行青岛市南支行 电子回单专用章 | 交易机构：02120 打印时间：2019-01-26 | | | | | | | | | | | |

3700193140　　**山东增值税专用发票**　　№. 11007802

全国统一发票监制章 山东 国家税务总局监制

**发 票 联**

机器编号：698121887721　　　　开票日期：2019 年 01 月 26 日

| | | | | | | | | |
|---|---|---|---|---|---|---|---|---|
| 购买方 | 名　称：中国琴岛家居用品有限公司<br>纳税人识别号：37020286AC17W62A39<br>地址、电话：山东省青岛市市南区香港东路 366 号 0532-88666680<br>开户行及账号：中国银行青岛市南支行 603089162282 | | | | 密码区 | <3874/629+-92*+59264+3--3<br>72/-42--58624-33-47123629<br>+2965-924/9+--35<63-/-651<br>2*+758+-2+746/68+-2+85682 | | |
| 货物或应税劳务、服务名称 | 规格型号 | 单位 | 数量 | 单价 | 金额 | 税率 | 税额 | |
| 安装费（烤花设备） | Y-6 | | | | 5 000.00 | 10% | 500.00 | |
| 合　计 | | | | | ¥5 000.00 | | ¥500.00 | |
| 价税合计（大写） | ⊗人民币伍仟伍佰元整 | | | | （小写）¥5 500.00 | | | |
| 销售方 | 名　称：济南同创机械设备有限公司<br>纳税人识别号：9137010096854J876896<br>地址、电话：济南市历下区花园庄东路 76 号 0531-58768888<br>开户行及账号：中国银行历下区支行 6986246398696 | | | | 备注 | 济南同创机械设备有限公司 9137010096854J876896 发票专用章 | | |

收款人：方天　　复核：林凤娜　　开票人：苏海涛　　销货单位：

第三联：发票联　购买方记账凭证

【业务 101】 1 月 26 日赊销产品至长青商贸

3702193140　　**青岛增值税专用发票**　　№. 77220106

（监制章：全国统一发票监制章 青岛 国家税务局监制）

发票联

机器编号：378899515987　　开票日期：2019 年 01 月 26 日

| 购买方 | 名　　称：广州长青商贸股份有限公司<br>纳税人识别号：440100DW6598723311<br>地址、　电话：广州市越秀区人民北路 63 号 020-81684833<br>开户行及账户：中行越秀区分行 318140573691 | 密码区 | 3-58/572-746/629+-92/>+23<br>-50/75+84/52-*+18-562-/88<br>>2>278>8148>264+-5<9+-5>7<br>46/629+-928148>264+-5<135 |
|---|---|---|---|

| 货物或应税劳务、服务名称 | 规格型号 | 单位 | 数量 | 单价 | 金额 | 税率 | 税额 |
|---|---|---|---|---|---|---|---|
| 日用玻璃制品·烤花水晶玻璃醒酒器 | A-1 | 只 | 6 000 | 169.00 | 1 014 000.00 | 16% | 162 240.00 |
| 合　　计 | | | | | ¥1 014 000.00 | | ¥162 240.00 |
| 价税合计（大写） | ⊗人民币壹佰壹拾柒万陆仟贰佰肆拾元整　（小写）¥1 176 240.00 | | | | | | |

| 销售方 | 名　　称：中国琴岛家居用品有限公司<br>纳税人识别号：37020286AC17W62A39<br>地址、　电话：山东省青岛市市南区香港东路 366 号 0532-88666680<br>开户行及账号：中国银行青岛市南支行 603089162282 | 备注 | （印章：中国琴岛家居用品有限公司 37020286AC17W62A39 发票专用章） |
|---|---|---|---|

收款人：钱　丽　　复核：孙晓霞　　开票人：于慧军　　销货单位：

第一联：记账联　销货方记账凭证

## 销　售　单

制单日期：2019 年 01 月 26 日　　单据编号：SJ19010505

购货单位：广州长青商贸股份有限公司　　地址和电话：广州市越秀区人民北路 63 号 020-81684833

纳税人识别号：440100DW6598723311　　开户行及账号：中行越秀区分行 318140573691

| 编码 | 产品名称 | 规格 | 单位 | 单价 | 数量 | 金额 | 备注 |
|---|---|---|---|---|---|---|---|
| | 烤花水晶玻璃醒酒器 | A-1 | 只 | 196.04 | 6 000 | 1 176 240.00 | 含税价 |
| | | | | | | | |
| 合计 | 人民币（大写）壹佰壹拾柒万陆仟贰佰肆拾元整 | | | | | ¥1 176 240.00 | |

总经理：李厚松　　销售部经理：王　星　　财务部经理：孙晓霞　　会计：于慧军　　销售员：孙明光

【业务 102】 1 月 28 日收到长青剩余货款

中国银行 BANK OF CHINA

## 进 账 单 （回 单）

2019 年 01 月 28 日　　交易流水号：226211631-134

| | | | | | |
|---|---|---|---|---|---|
| 付款人 | 全 称 | 广州长青商贸股份有限公司 | 收款人 | 全 称 | 中国琴岛家居用品有限公司 |
| | 账 号 | 318140573691 | | 账 号 | 603089162282 |
| | 开户银行 | 中行越秀区分行 | | 开户银行 | 中国银行青岛市南支行 |
| 付款金额 | 人民币（大写） | 陆拾柒万陆仟贰佰肆拾元整 | | | |
| 凭证种类 | 电汇凭证 | | 凭证号码 | | |
| 结算方式 | 电子汇划汇入 | | 回单编号 | 2019012836582298 | |
| | | 中国银行青岛市南支行 电子回单专用章 | 交易机构：02120<br>打印时间：2019-01-28 | | |

| 千 | 百 | 十 | 万 | 千 | 百 | 十 | 元 | 角 | 分 |
|---|---|---|---|---|---|---|---|---|---|
| | ¥ | 6 | 7 | 6 | 2 | 4 | 0 | 0 | 0 |

【业务 103】 1 月 28 日支付车间设备的修理费

## 付 款 申 请 单

2019 年 01 月 28 日

| | | | | | | |
|---|---|---|---|---|---|---|
| 收款单位 | 青岛天泽设备维修有限公司 | | 申请金额 | ¥2 784.00 | 原账面余额 | ¥0.00 |
| 申请用途 | 支付车间设备的修理费 | | | | 结算方式 | 转账支票 |
| 总经理 | 李厚松 | 财务部门 | 部门经理 | 孙晓霞 | 申请部门 | 部门经理：孟子轩 |
| | | | 出 纳 | 钱 丽 | | 经办人：董 玉 |

中国银行

转账支票存根

10369325
22621810

附加信息

______________________

______________________

出票日期：2019 年 01 月 28 日

| | |
|---|---|
| 收款人： | **青岛天泽设备维修有限公司** |
| 金　额： | **¥2 784.00** |
| 用　途： | **支付车间设备的修理费** |

单位主管：　　　　会计：

---

3702193140　　**青岛增值税专用发票**　　№.00216306

（印章：全国统一发票监制章　青岛　国家税务局监制）

发票联

机器编号：698512367821　　　　开票日期：2019 年 01 月 28 日

| 购买方 | | 密码区 | |
|---|---|---|---|
| 名　　称： | 中国琴岛家居用品有限公司 | | 58746/629/9+--3746158<387 |
| 纳税人识别号： | 37020286AC17W62A39 | | 4/6223629+-9249+654785/*2 |
| 地址、电话： | 山东省青岛市市南区香港东路 366 号 0532-88666680 | | 64+3--29+-92/-43-0/65/7+- |
| 开户行及账号： | 中国银行青岛市南支行 603089162282 | | 6585<63-2*+72-342+23746/6 |

| 货物或应税劳务、服务名称 | 规格型号 | 单位 | 数量 | 单价 | 金额 | 税率 | 税额 |
|---|---|---|---|---|---|---|---|
| 修理修配劳务•修理费 | | 台 | 4 | 600 | 2 400.00 | 16% | 384.00 |
| 合　计 | | | | | ¥2 400.00 | | ¥384.00 |
| 价税合计（大写） | ⊗人民币贰仟柒佰捌拾肆元整 | | | | （小写）¥2 784.00 | | |

| 销售方 | | 备注 |
|---|---|---|
| 名　　称： | 青岛天泽设备维修有限公司 | （印章：青岛天泽设备维修有限公司 370202HV699A896C96 发票专用章） |
| 纳税人识别号： | 370202HV699A896C96 | |
| 地址、电话： | 青岛市南区福州南路 86 号 0532-86568766 | |
| 开户行及账号： | 青岛银行福州南路支行 9631489685326 | |

收款人：李　睿　　复核：张　峰　　开票人：单小丽　　销货单位：

第三联：发票联　购买方记账凭证

【业务 104】 1 月 28 日支付手续费（汇总）

3702193140　　**青岛增值税专用发票**　　№. 00267812

（全国统一发票监制章　青岛　国家税务局监制）

发票联

机器编号：789245632148　　　　开票日期：2019 年 01 月 28 日

| | | | |
|---|---|---|---|
| 购买方 | 名　　称：中国琴岛家居用品有限公司<br>纳税人识别号：37020286AC17W62A39<br>地址、电话：山东省青岛市市南区香港东路 366 号 0532-88666680<br>开户行及账号：中国银行青岛市南支行 603089162282 | 密码区 | 6>278>8162629+-9223/88>2><br>8-5654+-2>>2746/>29+-9228<br>-569+/68562871/652294+929<br>22+29+-9248>26428965241/5 |

| 货物或应税劳务、服务名称 | 规格型号 | 单位 | 数量 | 单价 | 金额 | 税率 | 税额 |
|---|---|---|---|---|---|---|---|
| 直接收费金融服务 | | 笔 | 17 | 10.00 | 170.00 | 6% | 10.20 |
| 合　计 | | | | | ￥170.00 | | ￥10.20 |

| | | |
|---|---|---|
| 价税合计（大写） | ⊗人民币壹佰捌拾元贰角整 | （小写）￥180.20 |

| | | | |
|---|---|---|---|
| 销售方 | 名　　称：中国银行青岛市南支行<br>纳税人识别号：370202SN78C612N698<br>地址、电话：山东省青岛市市南区中山路 68 号 0532-82866961<br>开户行及账号：中国银行山东省分行 370287866633 | 备注 | （中国银行青岛市南支行 370202SN78C612N698 发票专用章） |

收款人：孔晓丽　　复核：王 达　　开票人：安 宁　　销货单位：（章）

第三联：发票联　购买方记账凭证

【业务 105】 1 月 28 日存出投资款

**付 款 申 请 单**

2019 年 01 月 28 日

| | | | | | | | |
|---|---|---|---|---|---|---|---|
| 收款单位 | 中国琴岛家居用品有限公司 | | 申请金额 | ￥100 000.00 | 原账面余额 | | ￥762 201.16 |
| 申请用途 | 划款至东海证券资金账户 | | | | 结算方式 | | 转账支票 |
| 总经理 | 李厚松 | 财务部门 | 部门经理 | 孙晓霞 | 申请部门 | 部门经理 | 孙晓霞 |
| | | | 出 纳 | 钱 丽 | | 经办人 | 钱 丽 |

中国银行

转账支票存根

10369325
22621811

附加信息

出票日期：2019 年 01 月 28 日

| | |
|---|---|
| 收款人：中国琴岛家居用品有限公司 | |
| 金 额：¥100 000.00 | |
| 用 途：存出投资款 | |

单位主管：　　　　会计：

中国银行 BANK OF CHINA

**进 账 单**（回 单）

2019 年 01 月 28 日

| | | | | | |
|---|---|---|---|---|---|
| 付款人 | 全 称 | 中国琴岛家居用品有限公司 | 收款人 | 全 称 | 中国琴岛家居用品有限公司 |
| | 账 号 | 603089162282 | | 账 号 | 523226682768 |
| | 开户银行 | 中国银行青岛市南支行 | | 开户银行 | 青岛银行香港中路支行 |

| 付款金额 | 人民币（大写） | 千 | 百 | 十 | 万 | 千 | 百 | 十 | 元 | 角 | 分 |
|---|---|---|---|---|---|---|---|---|---|---|---|
| | 壹拾万元整 | | ¥ | 1 | 0 | 0 | 0 | 0 | 0 | 0 | 0 |

| | | | |
|---|---|---|---|
| 票据种类 | 转账支票 | 票据张数 | 1 |
| 票据号码 | 22621811 | | |

复核　　记账

中国银行
青岛市南支行
2019.01.28
办讫章

开户银行签章

【业务 106】 1 月 28 日支付物业费

## 付款申请单

2019 年 01 月 28 日

| | | | | | | | |
|---|---|---|---|---|---|---|---|
| 收款单位 | 青岛中房物业管理有限公司 | | 申请金额 | ￥38 372.00 | 原账面余额 | | ￥0.00 |
| 申请用途 | 支付本月物业费 | | | | 结算方式 | | 转账支票 |
| 总经理 | 李厚松 | 财务部门 | 部门经理 | 孙晓霞 | 申请部门 | 部门经理 | 孙 诚 |
| | | | 出 纳 | 钱 丽 | | 经办人 | 刘 娜 |

中国银行

转账支票存根

10369325
22621812

附加信息

出票日期：2019 年 01 月 28 日

| |
|---|
| 收款人：青岛中房物业管理有限公司 |
| 金 额：￥38 372.00 |
| 用 途：支付物业费 |

单位主管：　　　　会计：

3702193140　**青岛增值税专用发票**　№. 22278576

（全国统一发票监制章　青岛　国家税务总局监制）

发票联

机器编号：741582369541　　开票日期：2019 年 01 月 28 日

| | | | |
|---|---|---|---|
| 购买方 | 名　　称：中国琴岛家居用品有限公司<br>纳税人识别号：37020286AC17W62A39<br>地址、电话：山东省青岛市市南区香港东路 366 号 0532-88666680<br>开户行及账号：中国银行青岛市南支行 603089162282 | 密码区 | 72-98/32-/99746/274674926<br>4+-9712746/629+-9/62629+-<br>927+-92629+08-9278>8148>8<br>46/6294/52-/88>9220-492+9 |

| 货物或应税劳务、服务名称 | 规格型号 | 单位 | 数量 | 单价 | 金额 | 税率 | 税额 |
|---|---|---|---|---|---|---|---|
| 物业管理费 | | 套 | 1 | 36 200.00 | 36 200.00 | 6% | 2 172.00 |
| 合　计 | | | | | ￥36 200.00 | | ￥2 172.00 |
| 价税合计（大写） | ⊗人民币叁万捌仟叁佰柒拾贰元整 | | | | （小写）￥38 372.00 | | |

| | | | |
|---|---|---|---|
| 销售方 | 名　　称：青岛中房物业管理有限公司<br>纳税人识别号：9137020226YC016946<br>地址、电话：青岛市市南区东海路 188 号 0532-86778565<br>开户行及账号：青岛银行东海西路支行 3762125638245 | 备注 | （青岛中房物业管理有限公司 9137020226YC016946 发票专用章） |

收款人：李 明　　复核：田 园　　开票人：马 慧　　销货单位：（章）

第三联：发票联　购买方记账凭证

**物业费分配表**

2019 年 01 月 28 日

| 使用部门 | 费用总额 | 分配比例 | 分配额（元） |
|---|---|---|---|
| 销售部门 | 36 200.00 | 17.14% | 6 204.68 |
| 其他管理部门 | | 82.86% | 29 995.32 |
| **合　计** | **36 200.00** | **100%** | **36 200.00** |

财务经理：孙晓霞　　审核：于慧军　　制单：钱 丽

**【业务 107】 1 月 28 日将 U-1 型醒酒器外观设计转至无形资产**

## 会议纪要

**会议地点：**公司会议室

**参会人员：**李厚松、孙晓霞、郝艺、辛颖

**会议决议：**自 2018 年 8 月开始自行研发的 U-1 型醒酒器外观设计专利权，截止目前共发生符合资本化的支出￥28 800.00（包括材料支出、人工费用、技术咨询费等），另发生专利申请注册费￥1 080.00。

现决定予以资本化，将其转为无形资产。

中国琴岛家居用品有限公司

2019 年 01 月 28 日

## 付款申请单

2019 年 01 月 28 日

| 收款单位 | 中华人民共和国国家知识产权局专利局 | | 申请金额 | ￥1 080.00 | 原账面余额 | | ￥0.00 |
|---|---|---|---|---|---|---|---|
| 申请用途 | 专利申请注册费 | | | | 结算方式 | | 转账支票 |
| 总经理 | 李厚松 | 财务部门 | 部门经理 | 孙晓霞 | 申请部门 | 部门经理 | 孙 诚 |
| | | | 出 纳 | 钱 丽 | | 经办人 | 刘 娜 |

中国银行

转账支票存根

10369325
22621813

附加信息

出票日期：2019 年 01 月 28 日

| | |
|---|---|
| 收款人： | 中华人民共和国国家知识产权局专利局 |
| 金 额： | ￥1 080.00 |
| 用 途： | 专利申请注册费 |

单位主管： 会计：

**国家知识产权局专利收费收据**

NO. 21130192

国财 18139

2019 年 01 月 28 日

银行 邮局 现金 支票

今收到：中国琴岛家居用品有限公司

交 来：专利申请注册费（U-1 型醒酒器外观设计）

金额（大写）：人民币壹仟零捌拾元整 ￥ 1 080.00

注：1. 申请号：181167756

2. 交费时间 2019 年 01 月 28 日

收款人签章：罗 萍 公章：（中华人民共和国国家知识产权局专利局 财务专用章）

第二联 收据联

【业务 108】 1 月 29 日对外捐赠

**付款申请单**

2019 年 01 月 29 日

| | | | | | | |
|---|---|---|---|---|---|---|
| 收款单位 | 山东省青岛市红十字会 | | 申请金额 | ￥120 000.00 | 原账面余额 | ￥0.00 |
| 申请用途 | 捐赠德祥希望小学项目 | | | | 结算方式 | 转账支票 |
| 总经理 | 李厚松 | 财务部门 | 部门经理 | 孙晓霞 | 申请部门 | 部门经理 | 孙 诚 |
| | | | 出 纳 | 钱 丽 | | 经办人 | 刘 娜 |

中国银行

转账支票存根

10369325
22621814

附加信息

出票日期：2019 年 01 月 29 日

| |
|---|
| 收款人：山东省青岛市红十字会 |
| 金 额：￥120 000.00 |
| 用 途：对外捐赠 |

单位主管：　　　　会计：

山东省公益事业接受捐赠统一收据　NO. 19803759

2019 年 01 月 29 日

捐 赠 者： 中国琴岛家居用品有限公司

捐赠项目： 德祥希望小学项目

捐赠金额（实物价值）： 人民币零仟零佰壹拾贰万零仟零佰零拾零元零角零分

捐赠方式： 转账支票　¥ 120 000.00

收款单位（盖章）　经手人：洪丽

第二联 收据

【业务 109】 1 月 29 日销售部报销差旅费（定额备用金，实报实销）

## 定额备用金费用报销单

2019 年 01 月 29 日　附件共 11 张

| 姓 名 | 徐建业 | 所属部门 | 销售部 | 金 额 | | | | | | |
|---|---|---|---|---|---|---|---|---|---|---|
| 报销项目 | 费用说明 | | | 万 | 千 | 百 | 十 | 元 | 角 | 分 |
| 报销定额备用金 | 差旅费 | | | 1 | 1 | 8 | 7 | 1 | 4 | 0 |
| 报销定额备用金 | 差旅补贴 23 天*200 元 | | | | 4 | 6 | 0 | 0 | 0 | 0 |
| | 现金付讫 | | | | | | | | | |
| 合 计： | （大写）壹 万 陆 仟 肆 佰 柒 拾 壹 元 肆 角 零 分 | | | ¥16 471.40 元 | | | | | | |
| 内部订单 | | 成本中心（部门/职员） | | 销售部 | | | | | | |
| 原借款：¥ 50 000.00 元（定额备用金） | | | 应补~~（退）~~款¥16 471.40 元 | | | | | | | |

总经理：李厚松　财务经理：孙晓霞　部门经理：王 星　出纳：钱丽　报销人：徐建业

1100183140　　**北京增值税专用发票**　　No. 33267896

（监制章：全国统一发票监制章 北京 国家税务总局监制）

发票联

机器编号：154268897410　　　　开票日期：2019 年 01 月 08 日

| | | | |
|---|---|---|---|
| 购买方 | 名　　称：中国琴岛家居用品有限公司<br>纳税人识别号：37020286AC17W62A39<br>地址、电话：山东省青岛市市南区香港东路 366 号 0532-88666680<br>开户行及账号：中国银行青岛市南支行 603089162282 | 密码区 | 4+-5<135>742>264+-5<5746/<br>629+-64+-5<9685/88>2>6/62<br>9+-929+-51483-50/73-58/57<br>2-5+84278>81485788692/>+2 |

| 货物或应税劳务、服务名称 | 规格型号 | 单位 | 数量 | 单价 | 金额 | 税率 | 税额 |
|---|---|---|---|---|---|---|---|
| 住宿费 | | 间夜 | 6 | 380.00 | 2 280.00 | 6% | 136.80 |
| 合　计 | | | | | ￥2 280.00 | | ￥136.80 |
| 价税合计（大写） | ⊗人民币贰仟肆佰壹拾陆元捌角整 | | | | （小写）￥2 416.80 | | |

| | | | |
|---|---|---|---|
| 销售方 | 名　　称：北京假日明都大酒店<br>纳税人识别号：911183WG842954L869<br>地址、电话：北京朝阳区红庙路 29 号 010-66661816<br>开户行及账号：中行北京分行朝阳支行 6878554196582 | 备注 | （印章：北京假日明都大酒店 911183WG842954L869 发票专用章） |

收款人：李 良　　复核：王 轩　　开票人：高丽丽　　销货单位：（章）

第三联：发票联 购买方记账凭证

F288766

青岛 站　　G182　　北京南 站

Qingdao　　　　Beijingnan

2019 年 01 月 02 日 08:14 开　　03 车 09A 号

￥314.00 元　　网

限乘当日当次车

4402331981****4258　徐建业

买票请到 12306　发货请到 95306

中国铁路祝您旅途愉快

63958526132596G6987689　　和谐号

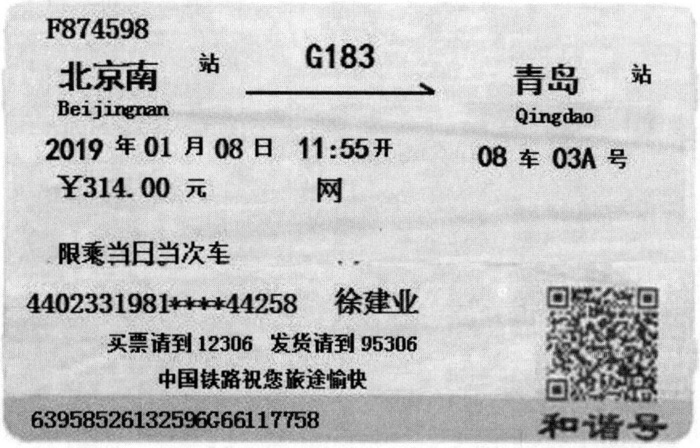
F874598
北京南 站　G183　青岛 站
Beijingnan　Qingdao
2019 年 01 月 08 日 11:55 开　08 车 03A 号
¥314.00 元　网
限乘当日当次车
4402331981****44258 徐建业
买票请到 12306 发货请到 95306
中国铁路祝您旅途愉快
63958526132596G66117758
和谐号

北京出租汽车专用车票
发票号: 25446932
发票代码: 3156396
服务监督电话: 61205641
书写无效
车号: B-T23698
证号: SG89963
日期: 2019-01-02
上车: 17:10
下车: 17.55
单价: 2.30
里程: 19.0
等候: 00: 00: 00
金额: 55.00

北京出租汽车专用车票
发票号: 11156932
发票代码: 3156688
服务监督电话: 6120564
书写无效
车号: B-T2669
证号: SG89854
日期: 2019-01-02
上车: 13:25
下车: 13.56
单价: 2.30
里程: 41.0
等候: 00: 00: 00
金额: 110.00

3100183140　**上海增值税专用发票**　№. 00127586

（监制章：全国统一发票监制章 上海 国家税务总局监制）

**发票联**

机器编号：168785236932　　开票日期：2019 年 01 月 17 日

| | | | |
|---|---|---|---|
| 购买方 | 名　　称：中国琴岛家居用品有限公司<br>纳税人识别号：37020286AC17W62A39<br>地址、　电话：山东省青岛市市南区香港东路 366 号 0532-88666680<br>开户行及账号：中国银行青岛市南支行 603089162282 | 密码区 | +-5<575<9685/4+-64+--5<13<br>5>742>26/7629+8692/>+88>2<br>>6/629+-929+-51423-58/572<br>-5+84278>8148578446/83-50 |

| 货物或应税劳务、服务名称 | 规格型号 | 单位 | 数量 | 单价 | 金额 | 税率 | 税额 |
|---|---|---|---|---|---|---|---|
| 住宿费 | | 间夜 | 7 | 450.00 | 3 150.00 | 6% | 189.00 |
| 合　计 | | | | | ¥3 150.00 | | ¥189.00 |
| 价税合计（大写） | ⊗人民币叁仟叁佰叁拾玖元整 | | | | （小写）¥3 339.00 | | |

| | | | |
|---|---|---|---|
| 销售方 | 名　　称：上海利海国际大酒店<br>纳税人识别号：968577D387968814D7<br>地址、　电话：上海市长宁区仙霞西路 82 号 021-52385858<br>开户行及账号：建设银行上海市长宁区分行 9971568932541 | 注 | （印章：上海利海国际大酒店 968577D387968814D7 发票专用章） |

收款人：孟子松　　复核：齐文杰　　开票人：孙 逸　　销货单位：

第三联：发票联　购买方记账凭证

F878799

青岛 站　G232 →　上海虹桥 站

Qingdao　　Shanghaihongqiao

2019 年 01 月 10 日　09:13 开　　02 车 01A 号

¥518.00 元　　网

限乘当日当次车

3703231983****2571　王黎明

买票请到 12306　发货请到 95306

中国铁路祝您旅途愉快

95858526132595G8798879　　和谐号

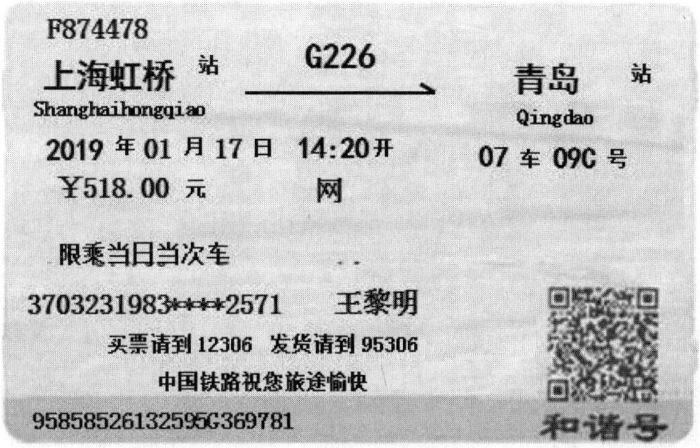
F874478
上海虹桥 站　G226　青岛 站
Shanghaihongqiao　Qingdao
2019 年 01 月 17 日　14:20 开　07 车 09C 号
￥518.00 元　网
限乘当日当次车
3703231983****2571　王黎明
买票请到 12306　发货请到 95306
中国铁路祝您旅途愉快
95858526132595G369781　和谐号

4400182130　**广东增值税专用发票**　№. 04411370

（全国统一发票监制章 广东 国家税务局监制）发票联

机器编号：639874521362　　开票日期：2019 年 01 月 28 日

| | | | |
|---|---|---|---|
| 购买方 | 名　　称：中国琴岛家居用品有限公司<br>纳税人识别号：37020286AC17W62A39<br>地址、电话：山东省青岛市市南区香港东路 366 号 0532-88666680<br>开户行及账号：中国银行青岛市南支行 603089162282 | 密码区 | 4*58416682/88>2>81858<977<br>1+/525+8490-45/06-458--4/<br>62+7233746/69855+47-8*+18<br>-569+-592+746/629+-9284/5 |

| 货物或应税劳务、服务名称 | 规格型号 | 单位 | 数量 | 单价 | 金额 | 税率 | 税额 |
|---|---|---|---|---|---|---|---|
| 住宿费 | | 间夜 | 6 | 410 | 2 460.00 | 6% | 147.60 |
| 合　计 | | | | | ￥2 460.00 | | ￥147.60 |
| 价税合计（大写） | ⊗人民币贰仟陆佰零柒元陆角整 | | | | （小写）￥2 607.60 | | |

| | | | |
|---|---|---|---|
| 销售方 | 名　　称：广州地平线假日大酒店<br>纳税人识别号：896523W65A12845632<br>地址、电话：广州市越秀区人民北路 79 号 020-81669898<br>开户行及账号：中行越秀区分行 859621325468 | 备注 | （广州地平线假日大酒店 896523W65A12845632 发票专用章） |

收款人：巩一凡　复核：张 帅　开票人：赵 诚　销货单位：

第三联：发票联　购买方记账凭证

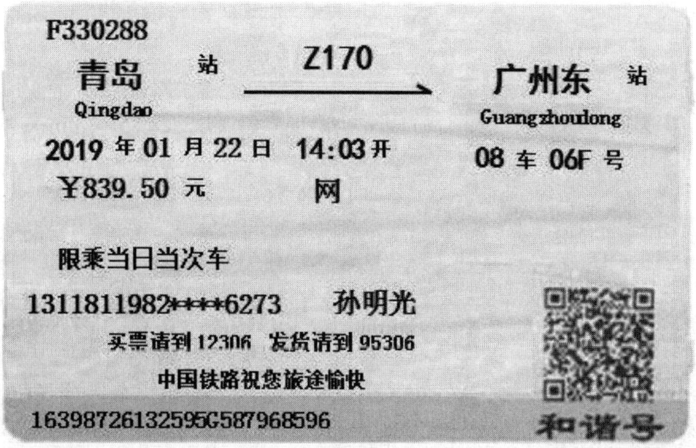
F330288
青岛 站 Z170 广州东 站
Qingdao Guangzhoudong
2019 年 01 月 22 日 14:03 开 08 车 06F 号
¥839.50 元 网
限乘当日当次车
1311811982****6273 孙明光
买票请到 12306 发货请到 95306
中国铁路祝您旅途愉快
16398726132595G587968596 和谐号

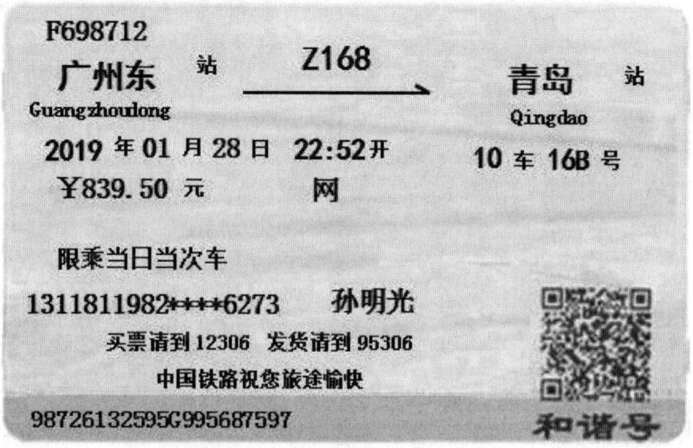
F698712
广州东 站 Z168 青岛 站
Guangzhoudong Qingdao
2019 年 01 月 28 日 22:52 开 10 车 16B 号
¥839.50 元 网
限乘当日当次车
1311811982****6273 孙明光
买票请到 12306 发货请到 95306
中国铁路祝您旅途愉快
98726132595G995687597 和谐号

【业务 110】 1 月 29 日现金盘点，盘亏 200 元

## 库存现金盘点表

2019 年 01 月 29 日

中国琴岛家居用品有限公司

| 账载金额 | 实存金额 | 盘点情况 | | 备注 |
|---|---|---|---|---|
| | | 盘盈 | 盘亏 | |
| ¥36 407.60 | ¥36 207.60 | | ¥200.00 | |

监盘人（签章）：孙晓霞　　盘点人（签章）：于慧军　　出纳（签章）：钱　丽

**【业务 111】** 1 月 30 日采购部报销差旅费（定额备用金，实报实销）

## 定额备用金费用报销单

2019 年 01 月 30 日　　　　附件共 9 张

| 姓 名 | 孙 强 | 所属部门 | 采购部 | 金 额 | | | | | | |
|---|---|---|---|---|---|---|---|---|---|---|
| 报销项目 | 费用说明 | | | 万 | 千 | 百 | 十 | 元 | 角 | 分 |
| 报销定额备用金 | 本部门差旅费 | | | 1 | 0 | 6 | 6 | 8 | 0 | 0 |
| 报销定额备用金 | 本部门差旅补贴 20 天*200 元 | | | | 4 | 0 | 0 | 0 | 0 | 0 |
| | 现金付讫 | | | | | | | | | |
| 合 计： | （大写）壹 万 肆 仟 陆 佰 陆 拾 捌 元 零 角 零 分 | | | ¥14 668.00 元 | | | | | | |
| 内部订单 | | 成本中心（部门/职员） | | 采购部 | | | | | | |
| 原借款：¥40 000.00 元（定额备用金） | | 应补~~（退）~~款¥14 668.00 元 | | | | | | | | |

总经理：李厚松　财务经理：孙晓霞　部门经理：任 亮　出纳：钱 丽　报销人：孙强

3200183140　**江苏增值税专用发票**　№. 01186957

全国统一发票监制章 江苏 国家税务局监制

发 票 联

机器编号：158479856524　　　　开票日期：2019 年 01 月 10 日

| 购买方 | 名　称：中国琴岛家居用品有限公司<br>纳税人识别号：37020286AC17W62A39<br>地址、电话：山东省青岛市市南区香港东路 366 号 0532-88666680<br>开户行及账号：中国银行青岛市南支行 603089162282 | 密码区 | 46/62+7233746/629+-92/99+<br>398*+18-569+-592+6829-746<br>/629+-88--92*327981858284<br>/52-/88>2><978490-45/06-4 |
|---|---|---|---|

| 货物或应税劳务、服务名称 | 规格型号 | 单位 | 数量 | 单价 | 金额 | 税率 | 税额 |
|---|---|---|---|---|---|---|---|
| 住宿费 | | 间夜 | 6 | 450.00 | 2 700.00 | 6% | 162.00 |
| 合　计 | | | | | ¥2 700.00 | | ¥162.00 |
| 价税合计（大写） | ⊗人民币贰仟捌佰陆拾贰元整 | | | | （小写）¥2 862.00 | | |

| 销售方 | 名　称：无锡蓝海大酒店<br>纳税人识别号：3206HY85462756D966<br>地址、电话：无锡市滨湖区建筑西路 92 号 0510-82768866<br>开户行及账号：建行无锡滨湖支行 8721852136479 | 备注 | 无锡蓝海大酒店<br>3206HY85462756D966<br>发票专用章 |
|---|---|---|---|

收款人：姜 丽　复核：宁 海　开票人：宋晶华　销货单位：

第三联：发票联 购买方记账凭证

F583693
青岛 站 G224 无锡东 站
Qingdao Wuxidong
2019 年 01 月 04 日 06:43 开 08 车 09A 号
¥473.50 元 网
限乘当日当次车
6125561976****2357 洪 涵
买票请到 12306 发货请到 95306
中国铁路祝您旅途愉快
11668132595G995697581 和谐号

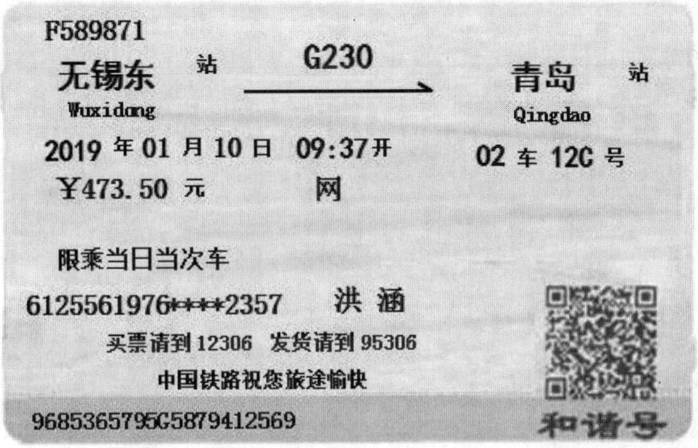
F589871
无锡东 站 G230 青岛 站
Wuxidong Qingdao
2019 年 01 月 10 日 09:37 开 02 车 12C 号
¥473.50 元 网
限乘当日当次车
6125561976****2357 洪 涵
买票请到 12306 发货请到 95306
中国铁路祝您旅途愉快
9685365795G5879412569 和谐号

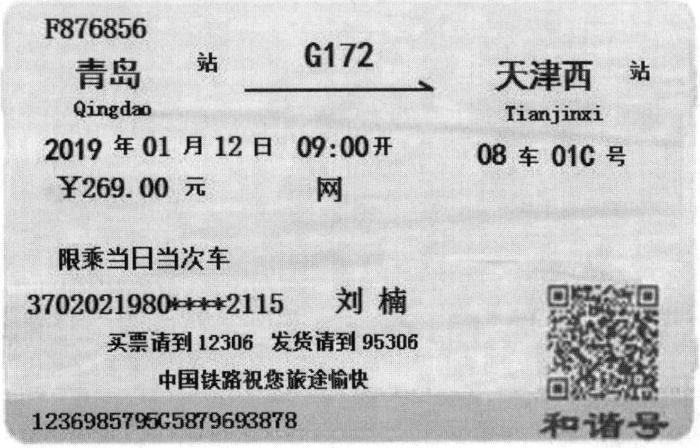
F876856
青岛 站 G172 天津西 站
Qingdao Tianjinxi
2019 年 01 月 12 日 09:00 开 08 车 01C 号
¥269.00 元 网
限乘当日当次车
3702021980****2115 刘 楠
买票请到 12306 发货请到 95306
中国铁路祝您旅途愉快
1236985795G5879693878 和谐号

F876985
天津 站　G1266　青岛北 站
Tianjin　Qingdaobei
2019 年 01 月 18 日　15:46 开　03 车 09A 号
¥266.00 元　网
限乘当日当次车
3702021980****2115　刘 楠
买票请到 12306　发货请到 95306
中国铁路祝您旅途愉快
9636985795G587969113 3
和谐号

1200183140　**天津增值税专用发票**　№. 11288769

（印章：全国统一发票监制章 天津 国家税务局监制）

发 票 联

机器编号：
854789412563

开票日期：2019 年 01 月 18 日

购买方
名　　　称：中国琴岛家居用品有限公司
纳税人识别号：37020286AC17W62A39
地址、　电话：山东省青岛市市南区香港东路 366 号 0532-88666680
开户行及账号：中国银行青岛市南支行 603089162282

密码区
58<3874/4+-642-5974+-928-
56542>>2746/>2+->2678294+
92922+29+-9248>9629+-92/-
43-65224/9+--3746/6292*+5

| 货物或应税劳务、服务名称 | 规格型号 | 单位 | 数量 | 单价 | 金额 | 税率 | 税额 |
|---|---|---|---|---|---|---|---|
| 住宿费 | | 间夜 | 6 | 400.00 | 2 400.00 | 6% | 144.00 |
| 合　计 | | | | | ¥2 400.00 | | ¥144.00 |

价税合计（大写）　⊗人民币贰仟伍佰肆拾肆元整　（小写）¥2 544.00

销售方
名　　　称：天津康桥丽都大酒店
纳税人识别号：91589632M263F96859
地址、　电话：天津武清开发区泉汇路 18 号 022-59666868
开户行及账号：工行武清支行 7869658232112

备注（印章：天津康桥丽都大酒店 91589632M263F96859 发票专用章）

收款人：王 雪　复核：李 晓　开票人：张 军　销货单位：（章）

第三联：发票联 购买方记账凭证

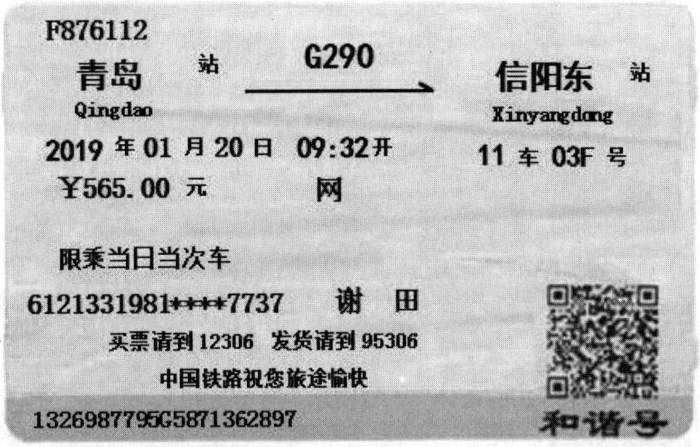
F876112
青岛 站 G290 信阳东 站
Qingdao Xinyangdong
2019 年 01 月 20 日 09:32 开 11 车 03F 号
￥565.00 元 网
限乘当日当次车
6121331981****7737 谢 田
买票请到 12306 发货请到 95306
中国铁路祝您旅途愉快
1326987795G5871362897 和谐号

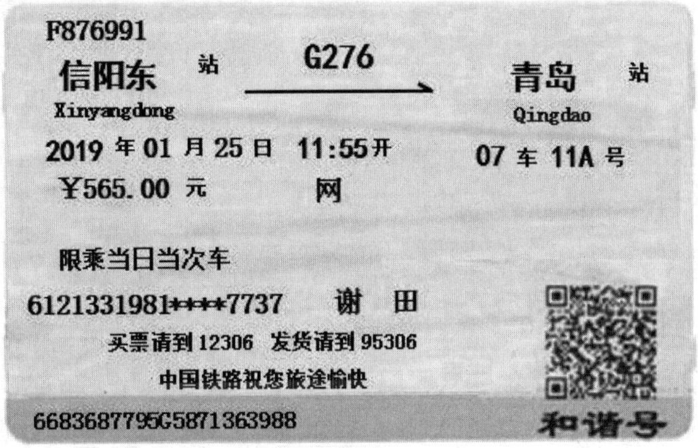
F876991
信阳东 站 G276 青岛 站
Xinyangdong Qingdao
2019 年 01 月 25 日 11:55 开 07 车 11A 号
￥565.00 元 网
限乘当日当次车
6121331981****7737 谢 田
买票请到 12306 发货请到 95306
中国铁路祝您旅途愉快
6683687795G5871363988 和谐号

4100183140　**河南增值税专用发票**　№. 88549683

全国统一发票监制章 河南 国家税务总局监制

发票联

机器编号：175897584963　　开票日期：2019 年 01 月 25 日

| | | | | | | | |
|---|---|---|---|---|---|---|---|
| 购买方 | 名　　称：中国琴岛家居用品有限公司<br>纳税人识别号：37020286AC17W62A39<br>地址、电话：山东省青岛市市南区香港东路 366 号 0532-88666680<br>开户行及账号：中国银行青岛市南支行 603089162282 | | | | 密码区 | 7747158<3874/629+-92*+592<br>64+3--/629+-92-98/32-/997<br>46/2746/62629+-92746/6374<br>-43-629+6/629+-92/-92629+ | |
| 货物或应税劳务、服务名称 | 规格型号 | 单位 | 数量 | 单价 | 金额 | 税率 | 税额 |
| 住宿费 | | 间夜 | 5 | 500.00 | 2 500.00 | 6% | 150.00 |
| 合　计 | | | | | ￥2 500.00 | | ￥150.00 |
| 价税合计（大写） | ⊗人民币贰仟陆佰伍拾元整 | | | | （小写）￥2 650.00 | | |
| 销售方 | 名　　称：信阳绿地情缘大酒店<br>纳税人识别号：854121B054U7ST2218<br>地址、电话：信阳市浉河区新华东路 9 号 0376-62086868<br>开户行及账号：工行信阳浉河支行 8615987451236 | | | | 备注 | 信阳绿地情缘大酒店 854121B054U7ST2218 发票专用章 | |

收款人：许　青　　复核：周　柳　　开票人：罗甜甜　　销货单位：

第三联：发票联　购买方记账凭证

**【业务 112】 1 月 30 日辅助材料胶带盘亏 50 卷**

## 原材料—辅助材料盘点表

2019 年 01 月 30 日

中国琴岛家居用品有限公司

| 存货名称 | 规格型号 | 存货类别 | 单位 | 账载数量 | 实存数量 | 盘点情况 | | 单价 | 金额 |
|---|---|---|---|---|---|---|---|---|---|
| | | | | | | 盘盈数量 | 盘亏数量 | | |
| 胶带 | 5cm*150m | 辅助材料 | 卷 | 500 | 450 | | 50 | ￥9.00 | ￥450.00 |
| 备注 | 仓管人员下班时未锁仓库门造成胶带被盗。 | | | | | | | | |

监盘人（签章）：王新源　　盘点人（签章）：李秋玉　　仓管人（签章）：杜胜禹

【业务 113】 1 月 30 日经批准对盘亏的库存现金进行处理

## 库存现金盘亏处理决定

2019 年 01 月 30 日

中国琴岛家居用品有限公司

| | |
|---|---|
| 盘亏情况 | 2019 年 1 月 29 日，在对库存现金进行盘点检查时发现现金盘亏￥200.00。 |
| 处理决定 | 经落实，盘亏的 200 元库存现金，无法查明原因，现决定由直接责任人出纳人员钱丽赔偿￥60.00，由财务部经理孙晓霞赔偿￥40.00，其他记入“管理费用”，望今后加强库存现金的日常管理，以确保货币资金的安全。 |
| 责任人确认 | 出纳人员签字确人：钱　丽<br>财务部经理签字确认：孙晓霞 |

总经理：李厚松　　财务部经理：孙晓霞　　出纳：钱　丽　　人事部经理：任　亮

【业务 114】 1 月 31 日收到钱丽及孙晓霞的现金盘亏赔偿款

### 收　款　收　据

NO. 22870103

2019 年 01 月 31 日

现金收讫

今收到：钱　丽　　收款方式：现金

交　来（大写）：零拾零万零仟零佰陆拾零元零角零分　　￥60.00

事　由：赔偿库存现金盘亏款

收款单位（盖章）

中国琴岛家居用品有限公司 财务专用章

复核：孙晓霞　　会计：于慧军　　记账：钱　丽　　出纳：钱　丽

第三联交财

**收　款　收　据**

NO. 22870104

2019 年 01 月 31 日

**现金收讫**

今收到：孙晓霞　　收款方式：现金

交　来（大写）：零拾零万零仟零佰肆拾零元零角零分　　¥ 40.00

事　由：赔偿库存现金盘亏款

收款单位（盖章）　中国琴岛家居用品有限公司 财务专用章

复核：孙晓霞　　会计：于慧军　　记账：钱 丽　　出纳：钱 丽

第三联交财

【业务 115】 1 月 31 日经批准对盘亏的辅助材料进行处理

## 原材料——辅助材料盘亏处理决定

2019 年 01 月 31 日

中国琴岛家居用品有限公司

| | |
|---|---|
| 盘亏情况 | 2019 年 1 月 30 日，在对辅助材料胶带的盘点检查中，发现由于仓管人员下班时未锁仓库门造成胶带被盗，盘亏 50 卷，购入不含税价为￥450.00。 |
| 处理决定 | 因管理不善造成盘亏，现决定由责任人仓管人员杜胜禹赔偿￥100.00，由原材料库主任王新源赔偿￥50.00 元，其他记入“管理费用”，望今后加强仓库的日常管理，以确保资产的安全。 |
| 责任人确认 | 仓管人员：杜胜禹<br>材料库主任：王新源 |

总经理：李厚松　　财务部经理：孙晓霞　　出纳：钱 丽　　人事部经理：任 亮

## 收　款　收据

NO. 22870105

2019年01月31日

**现金收讫**

今收到：杜胜禹　　收款方式：现金

交　来（大写）：零拾零万零仟壹佰零拾零元零角零分　　￥100.00

事　由：赔偿胶带盘亏款

收款单位（盖章）　财务专用章

复核：孙晓霞　　会计：于慧军　　记账：钱　丽　　出纳：钱　丽

第三联交财

## 收　款　收据

NO. 22870106

2019年01月31日

**现金收讫**

今收到：王新源　　收款方式：现金

交　来（大写）：零拾零万零仟零佰伍拾零元零角零分　　￥50.00

事　由：赔偿胶带盘亏款

收款单位（盖章）　财务专用章

复核：孙晓霞　　会计：于慧军　　记账：钱　丽　　出纳：钱　丽

第三联交财

【业务 116】 1 月 31 日支付销货运费

## 付 款 申 请 单

2019 年 01 月 31 日

| | | | | | | | |
|---|---|---|---|---|---|---|---|
| 收款单位 | 青岛宏达运输有限公司 | | 申请金额 | ￥23 100.00 | | 原账面余额 | ￥0.00 |
| 申请用途 | 支付销售运费 | | | | | 结算方式 | 转账支票 |
| 总经理 | 李厚松 | 财务部门 | 部门经理 | 孙晓霞 | 申请部门 | 部门经理 | 王 星 |
| | | | 出 纳 | 钱 丽 | | 经办人 | 宋 达 |

中国银行

转账支票存根

10369325
22621815

附加信息

出票日期：2019 年 01 月 31 日

| |
|---|
| 收款人：青岛宏达运输有限公司 |
| 金 额：￥23 100.00 |
| 用 途：支付销售运费 |

单位主管：　　　　会计：

3700183140　**青岛增值税专用发票**　№. 00722117

（全国统一发票监制章 青岛 国家税务总局监制）

发票联

机器编号：845896874123　　开票日期：2019 年 01 月 31 日

| | | | |
|---|---|---|---|
| 购买方 | 名　　称：中国琴岛家居用品有限公司<br>纳税人识别号：37020286AC17W62A39<br>地址、　电话：山东省青岛市市南区香港东路 366 号 0532-88666680<br>开户行及账号：中国银行青岛市南支行 603089162282 | 密码区 | 88>99278>56*+2294+9+-9262<br>9+-9220-4914864-56*+263-5<br>+23-7/62+84/52-/824+26/62<br>3-5+23-74+-88>2>8148>2+-> |

| 货物或应税劳务、服务名称 | 规格型号 | 单位 | 数量 | 单价 | 金额 | 税率 | 税额 |
|---|---|---|---|---|---|---|---|
| 陆路运费•运费(销售货物) | | | | | 21 000.00 | 10% | 2 100.00 |
| 合　计 | | | | | ￥21 000.00 | | ￥2 100.00 |
| 价税合计（大写） | ⊗人民币贰万叁仟壹佰元整 | | | | （小写）￥23 100.00 | | |

| | | |
|---|---|---|
| 销售方 | 名　　称：青岛宏达运输有限公司<br>纳税人识别号：3702A6687596C29817<br>地址、　电话：青岛市市北区伊春路 106 号 05362-88769985<br>开户行及账号：农业银行市北伊春支行 5632897125639 | 备注 |

收款人：孙 乐　　复核：于 婷　　开票人：陈 丽　　销货单位：（青岛宏达运输有限公司 3702A6687596C29817 发票专用章）

第三联：发票联 购买方记账凭证

【业务 117】 1 月 31 日支付水费

同城特约　**中国银行　委托收款** 结算凭证（贷方凭证）

2019 年 01 月 31 日　　抄表日期：2019-01-31

| | | | | | |
|---|---|---|---|---|---|
| 付款人 | 全称 | 中国琴岛家居用品有限公司 | 收款人 | 全称 | 青岛市南龙泉供水有限公司 |
| | 账号 | 603089162282 | | 账号 | 3788712435921 |
| | 开户银行 | 中国银行青岛市南支行 | | 开户银行 | 华夏银行金岭路支行 |

| | | 千 | 百 | 十 | 万 | 千 | 百 | 十 | 元 | 角 | 分 |
|---|---|---|---|---|---|---|---|---|---|---|---|
| 金额 | 人民币（大写） 壹万陆仟叁佰零伍元叁角整 | | | ￥ | 1 | 6 | 3 | 0 | 5 | 3 | 0 |

| | | | | | |
|---|---|---|---|---|---|
| 合同号 | WQD0900139 | 款项内容 | 水费 | 单证张数 | 1 |

复核　　记账　　开户银行签章　（中国银行 青岛市南支行 2019.01.31（转讫））

此联是开户银行给付款人按期付款的通知

3702193140　**青岛增值税专用发票**　No. 88770002

全国统一发票监制章　青岛　国家税务局监制

发票联

机器编号：987521456325　　　　开票日期：2019 年 01 月 31 日

| | | | |
|---|---|---|---|
| 购买方 | 名　　称：中国琴岛家居用品有限公司<br>纳税人识别号：37020286AC17W62A39<br>地址、电话：山东省青岛市市南区香港东路 366 号 0532-88666680<br>开户行及账号：中国银行青岛市南支行 603089162282 | 密码区 | 47158<3874/629+-92*+59264<br>+3--372/-43-658+-2+242362<br>9+-924/9+--35<63-2*+72---<br>3746/629658+-2+85422/-654 |

| 货物或应税劳务、服务名称 | 规格型号 | 单位 | 数量 | 单价 | 金额 | 税率 | 税额 |
|---|---|---|---|---|---|---|---|
| 水 | | 立方 | 3 050 | 4.86 | 14 823.00 | 10% | 1 482.30 |
| 合　　计 | | | | | ¥14 823.00 | | ¥1 482.30 |
| 价税合计（大写） | ⊗人民币壹万陆仟叁佰零伍元叁角整 | | | | （小写）¥16 305.30 | | |

| | | | |
|---|---|---|---|
| 销售方 | 名　　称：青岛市南龙泉供水有限公司<br>纳税人识别号：91370201706AQ36E59<br>地址、电话：青岛市崂山区金岭路 88 号 0532-888687687<br>开户行及账号：华夏银行金岭路支行 3788712435921 | 备注 | 青岛市南龙泉供水有限公司<br>91370201706AQ36E59<br>发票专用章 |

收款人：李　昆　　复核：丛　娜　　开票人：黎　鹏　　销货单位：

第三联：发票联　购买方记账凭证

**水 费 分 配 表**

2019 年 01 月 31 日

| 使用部门 | 分配数量（立方） | 单价 | 分配额（元） |
|---|---|---|---|
| 烤花车间 | 1 400 | 4.86 | 6 804.00 |
| 组装车间 | 1 300 | | 6 318.00 |
| 销售部门 | 50 | | 243.00 |
| 其他管理部门 | 300 | | 1 458.00 |
| **合　　计** | **3 050** | | **14 823.00** |

财务经理：孙晓霞　　审核：于慧军　　制单：钱　丽

【业务 118】 1 月 31 日支付电费

同城特约　**中国银行　委托收款** 结算凭证（贷方凭证）

2019 年 01 月 31 日　　抄表日期：2019-01-31

| | | | | | |
|---|---|---|---|---|---|
| 付款人 | 全称 | 中国琴岛家居用品有限公司 | 收款人 | 全称 | 山东电力集团公司青岛供电公司 |
| | 账号 | 603089162282 | | 账号 | 8589634798125 |
| | 开户银行 | 中国银行青岛市南支行 | | 开户银行 | 工行刘家岭路支行 |

| 金额 | 千 | 百 | 十 | 万 | 千 | 百 | 十 | 元 | 角 | 分 |
|---|---|---|---|---|---|---|---|---|---|---|
| 人民币（大写） 柒万肆仟陆佰贰拾元肆角捌分 | | | ¥ | 7 | 4 | 6 | 2 | 0 | 4 | 8 |

| 合同号 | EQD0700228 | 款项内容 | 电费 | 单证张数 | 1 |
|---|---|---|---|---|---|

复核　　记账　　开户银行签章

中国银行 青岛市南支行 2019.01.31 （转讫）

此联是开户银行给付款人按期付款的通知

3702193140　**青岛增值税专用发票**　№. 67780861

全国统一发票监制章 青岛 国家税务局监制

发票联

机器编号：852741357896　　开票日期：2019 年 01 月 31 日

| | | | |
|---|---|---|---|
| 购买方 | 名　　称：中国琴岛家居用品有限公司<br>纳税人识别号：37020286AC17W62A39<br>地址、电话：山东省青岛市市南区香港东路 366 号 0532-88666680<br>开户行及账号：中国银行青岛市南支行 603089162282 | 密码区 | 37-924/9+--2*+58746/46158<br><3874/629+-93629+629+-+-9<br>2/-43-65865/7+-2+29264+3-<br>-3746/629-924/9+586529++9 |

| 货物或应税劳务、服务名称 | 规格型号 | 单位 | 数量 | 单价 | 金额 | 税率 | 税额 |
|---|---|---|---|---|---|---|---|
| 发电及供电・电费 | | 千瓦时 | 75 680 | 0.85 | 64 328.00 | 16% | 10.292.48 |
| 合　计 | | | | | ¥64 328.00 | | ¥10.292.48 |
| 价税合计（大写） | ⊗人民币柒万肆仟陆佰贰拾元肆角捌分 | | | | （小写）¥74 620.48 | | |

| | | | |
|---|---|---|---|
| 销售方 | 名　　称：山东电力集团公司青岛供电公司<br>纳税人识别号：9137020532DF723G67<br>地址、电话：青岛市市南区刘家峡路 17 号 0532-82952033<br>开户行及账号：工行刘家岭路支行 8589634798125 | 备注 | |

收款人：赵 晓　　复核：张 勇　　开票人：苗 妙　　销货单位：

山东电力集团公司青岛供电公司 9137020532DF723G67 发票专用章

第三联：发票联 购买方记账凭证

**电 费 分 配 表**

2019 年 01 月 31 日

| 使用部门 | 分配数量（千瓦时） | 单价 | 分配额（元） |
| --- | --- | --- | --- |
| 烤花车间 | 30 800 | 0.85 | 26 180.00 |
| 组装车间 | 31 300 | | 26 605.00 |
| 销售部门 | 480 | | 408.00 |
| 其他管理部门 | 13 100 | | 11 135.00 |
| **合　计** | **75 680** | | **64 328.00** |

财务经理：孙晓霞　　审核：于慧军　　制单：钱 丽

**【业务 119】 1 月 31 日支付通讯费**

**付 款 申 请 单**

2019 年 01 月 31 日

<table>
<tr><td>收款单位</td><td colspan="2">中国移动通信集团山东青岛分公司</td><td>申请金额</td><td>¥15 776.00</td><td>原账面余额</td><td colspan="2">¥0.00</td></tr>
<tr><td>申请用途</td><td colspan="5">支付通讯费</td><td>结算方式</td><td>转账支票</td></tr>
<tr><td rowspan="2">总经理</td><td rowspan="2">李厚松</td><td rowspan="2">财务部门</td><td>部门经理</td><td>孙晓霞</td><td rowspan="2">申请部门</td><td>部门经理</td><td>孙 诚</td></tr>
<tr><td>出 纳</td><td>钱 丽</td><td>经办人</td><td>刘 娜</td></tr>
</table>

中国银行

转账支票存根

10369325
22621816

附加信息

______________________

______________________

出票日期：2019 年 01 月 31 日

| | |
|---|---|
| 收款人： | 中国移动通信集团山东青岛分公司 |
| 金　额： | ￥15 776.00 |
| 用　途： | 支付通讯费 |

单位主管：　　　　会计：

3702193140　　**青岛增值税专用发票**　　№. 11330722

（全国统一发票监制章　青岛　国家税务局监制）

发票联

机器编号：952844786587　　　　开票日期：2019 年 01 月 31 日

| | | | |
|---|---|---|---|
| 购买方 | 名　　称：中国琴岛家居用品有限公司<br>纳税人识别号：37020286AC17W62A39<br>地址、电话：山东省青岛市市南区香港东路 366 号 0532-88666680<br>开户行及账号：中国银行青岛市南支行 603089162282 | 密码区 | +59264+3--372/746/629658+<br>7158<3874/6-2+85422/-654-<br>43-658+-2+2423629+-924/9+<br>--35<63-2*+72--585-3429+5 |

| 货物或应税劳务、服务名称 | 规格型号 | 单位 | 数量 | 单价 | 金额 | 税率 | 税额 |
|---|---|---|---|---|---|---|---|
| 基础电信服务 | | | | | 12 800.00 | 10% | 1 280.00 |
| 增值电信服务 | | | | | 1 600.00 | 6% | 96.00 |
| 合　计 | | | | | ￥14 400.00 | | ￥1 376.00 |
| 价税合计（大写） | ⊗人民币壹万伍仟柒佰柒拾陆元整　（小写）￥15 776.00 | | | | | | |

| | | | |
|---|---|---|---|
| 销售方 | 名　　称：中国移动通信集团山东青岛分公司<br>纳税人识别号：9370262P458U116581<br>地址、电话：山东省青岛市东海西路 41 号甲 0532-86669666<br>开户行及账号：中行青岛东海西路支行 6974582398866 | 备注 | （中国移动通信集团山东青岛分公司 9370262P458U116581 发票专用章） |

收款人：关 诚　　复核：季 娜　　开票人：王 军　　销货单位：

第三联：发票联　购买方记账凭证

## 通讯费分配明细表

2019 年 01 月 31 日

| 使用部门 | 费用金额 |
| --- | --- |
| 烤花车间 | 720.00 |
| 组装车间 | 720.00 |
| 销售部门 | 4 320.00 |
| 其他管理部门 | 8 640.00 |
| **合　计** | **14 400.00** |

财务经理：孙晓霞　　审核：于慧军　　制单：钱 丽

**【业务 120】 1 月 31 日交纳本月印花税**

中国农业银行 AGRICULTURAL BANK OF CHINA　　**征收机关实时扣税业务客户回执**　　回执凭证

入账日期：20190131

纳税人全称及纳税人识别号：中国琴岛家居用品有限公司 37020286AC17W62A39

付款方账号：686987126681　　付款人开户银行：153690

付款人户名：中国琴岛家居用品有限公司

征收机关代码：23702020000　　征收机关名称：青岛市地方税务局市南分局

收款国库（银行）名称：工行市南区支行

小写（合计）金额：￥11 606.57　　大写（合计）金额：人民币壹万壹仟陆佰零陆元伍角柒分

缴款书交易流水号 31239468

税票号码：320160115115038166

| 税费（种）名称 | 所属时期 | 实缴金额 |
| --- | --- | --- |
| 印花税 | 20190101-20190131 | ￥11 606.57 |

打印日期：20190131 打印机具号：20190100164875889 打印行号：3690

中国农业银行青岛市南区支行
2019.01.31
电子回单专用章

**【业务 121】 1 月 31 日计算本月短期借款的利息**

## 1 月份银行短期借款利息计算表

2019 年 01 月 31 日

| 借款种类 | 借款金额 | 贷款银行 | 年贷款利率 | 付息方式 | 月利息额 | 备 注 |
|---|---|---|---|---|---|---|
| 短期借款<br>（3 个月期） | 1 500 000.00 | 中国银行<br>青岛市南支行 | 5% | 季末付息 | 6 250.00 | 2017年12月1日借入 |

审核：孙晓霞　　　　　　　　　　　　制单：于慧军

**【业务 122】 1 月 31 日计算本月长期借款的利息**

## 1 月份银行长期借款利息计算表

2019 年 01 月 31 日

| 借款种类 | 借款金额 | 贷款银行 | 年贷款利率 | 付息方式 | 月利息额 | 备 注 |
|---|---|---|---|---|---|---|
| 长期借款<br>（1 年零 3 个月期） | 2 000 000.00 | 中国银行<br>青岛市南支行 | 6% | 到期一次付息 | 10 000.00 | 2018 年 01 月 01 日借入<br>用于购入烤花设备 Y-6 |

审核：孙晓霞　　　　　　　　　　　　制单：于慧军

**【业务 123】 1 月 31 日交易性金融资产公允价值变动**

## 期末交易性金融资产状况

2019 年 01 月 31 日

| 交易性金融资产项目 | 持股数 | 账面余额（成本） | 账面余额（公允价值变动） | 期末公允价值 | 公允价值变动损益 |
|---|---|---|---|---|---|
| 海浪股份（股票） | 5 000 | 95 000.00 | 0.00 | 110 000.00 | 15 000.00 |

审核：孙晓霞　　　　　　　　　　　　制单：于慧军

【业务 124】 1 月 31 日将在建工程烤花设备 Y-6 转至固定资产

## 固定资产验收单

2019 年 01 月 31 日

<table>
<tr><td>合同编号</td><td colspan="2">2019F002</td><td>合同金额</td><td colspan="2">价款￥2 600 000.00<br>安装费￥5 000.00</td></tr>
<tr><td>资产名称</td><td colspan="2">烤花设备</td><td>规格型号</td><td colspan="2">Y-6</td></tr>
<tr><td>生产厂家</td><td colspan="2">济南同创机械设备有限公司</td><td>出厂号</td><td colspan="2">ZY9823</td></tr>
<tr><td colspan="6">验 收 项 目</td></tr>
<tr><td>是否与合同相符</td><td colspan="2">是</td><td>备注</td><td colspan="2"></td></tr>
<tr><td>使用性能是否达到要求</td><td colspan="2">是</td><td>备注</td><td colspan="2"></td></tr>
<tr><td>技术指标是否与合同相符</td><td colspan="2">是</td><td>备注</td><td colspan="2"></td></tr>
<tr><td>配件是否与采购要求相符</td><td colspan="2">是</td><td>备注</td><td colspan="2"></td></tr>
<tr><td>是否全新完好</td><td colspan="2">是</td><td>备注</td><td colspan="2"></td></tr>
<tr><td>技术文档是否齐全</td><td colspan="2">是</td><td>备注</td><td colspan="2"></td></tr>
<tr><td>设备在安装调试、试用过程中的情况</td><td colspan="5">正常</td></tr>
<tr><td>验收结果</td><td colspan="5">合格，可以由在建工程转入固定资产。</td></tr>
<tr><td>其他说明</td><td colspan="5">为购入该设备，发生长期贷款利息合计￥130 000.00 元，<br>烤花设备入账价值为 2 735 000 元。</td></tr>
<tr><td rowspan="2">使用单位签章</td><td rowspan="2">中国泰岳家居用品有限公司<br>李厚松</td><td rowspan="2">使用部门负责人签字</td><td rowspan="2">孟子轩</td><td rowspan="2">验收人签章</td><td>使用单位验收人员　刘 平</td></tr>
<tr><td>财产处验收人员　于慧军</td></tr>
</table>

**【业务 125】 1 月 31 日无形资产摊销**

无形资产本期摊销明细表

2019年01月31日

| 无形资产编号 | 资本化日期 | 类别 | 资产描述 | 原值 | 摊销年限 | 已摊销月份 | 累计摊销（截至2018年12月） | 本期摊销 | 累积摊销（截至2019年1月） | 账面价值（2019年1月31日） |
|---|---|---|---|---|---|---|---|---|---|---|
| 001 | 2017/7/10 | 专利权 | 实用新型：快速过滤醒酒器 | 18 000.00 | 10 | 18 | 2 700.00 | 150.00 | 2 850.00 | 15 150.00 |
| 002 | 2017/8/16 | 商标权 | “琴岛图形”商标 | 36 000.00 | 10 | 17 | 5 100.00 | 300.00 | 5 400.00 | 30 600.00 |
| 003 | 2017/1/2 | 土地使用权 | 土地使用权 | 1 920 000.00 | 40 | 24 | 96 000.00 | 4 000.00 | 100 000.00 | 1 820 000.00 |
| 004 | 2017/1/1 | 其他 | 用友ERP财务软件 | 540 000.00 | 10 | 24 | 108 000.00 | 4 500.00 | 112 500.00 | 427 500.00 |
| 005 | 2019/1/28 | 专利权 | 外观设计：U-1型醒酒器 | 29 880.00 | 10 | 0 | 0.00 | 249.00 | 249.00 | 29 631.00 |
| 总　计 | | | | 2 543 880.00 | | | 211 800.00 | 9 199.00 | 220 999.00 | 2 322 881.00 |

## 【业务 126】 1 月 31 日计提固定资产折旧

### 固定资产本期计提折旧汇总表

2019 年 01 月 31 日

| 部门名称 | 类别名称 | 原值 | 月折旧额 | 累积折旧（截至2019年1月） | 净值（截至2019年1月） | 记入科目 | 金额 |
|---|---|---|---|---|---|---|---|
| 总经理办公室 | 电子设备 | 72 540.00 | 1 914.25 | 40 194.50 | 32 345.50 | 管理费用—折旧费 | 87 109.30 |
| | 房屋建筑物 | 552 000.00 | 2 185.00 | 52 440.00 | 499 560.00 | | |
| | 工具、器具、家具 | 6 900.00 | 109.25 | 2 622.00 | 4 278.00 | | |
| | 运输工具 | 900 000.00 | 17 812.50 | 124 687.50 | 775 312.50 | | |
| | 小计 | 1 531 440.00 | 22 021.00 | 219 944.00 | 1 311 496.00 | | |
| 人事部 | 电子设备 | 9 720.00 | 256.50 | 6 156.00 | 3 564.00 | | |
| | 房屋建筑物 | 552 000.00 | 2 185.00 | 52 440.00 | 499 560.00 | | |
| | 小计 | 561 720.00 | 2 441.50 | 58 596.00 | 503 124.00 | | |
| 财务部 | 电子设备 | 19 440.00 | 513.00 | 12 312.00 | 7 128.00 | | |
| | 房屋建筑物 | 552 000.00 | 2 185.00 | 52 440.00 | 499 560.00 | | |
| | 小计 | 571 440.00 | 2 698.00 | 64 752.00 | 506 688.00 | | |
| 采购部 | 电子设备 | 15 552.00 | 410.40 | 9 849.60 | 5 702.40 | | |
| | 房屋建筑物 | 720 000.00 | 2 850.00 | 68 400.00 | 651 600.00 | | |
| | 小计 | 735 552.00 | 3 260.40 | 78 249.60 | 657 302.40 | | |
| 设计部 | 电子设备 | 21 600.00 | 570.00 | 13 680.00 | 7 920.00 | | |
| | 房屋建筑物 | 552 000.00 | 2 185.00 | 52 440.00 | 499 560.00 | | |
| | 小计 | 573 600.00 | 2 755.00 | 66 120.00 | 507 480.00 | | |
| 研发部 | 电子设备 | 23 328.00 | 615.60 | 14 774.40 | 8 553.60 | | |
| | 房屋建筑物 | 552 000.00 | 2 185.00 | 52 440.00 | 499 560.00 | | |
| | 小计 | 575 328.00 | 2 800.60 | 67 214.40 | 508 113.60 | | |
| 厂办公室 | 电子设备 | 43 452.00 | 1 146.65 | 20 465.85 | 22 986.15 | | |
| | 房屋建筑物 | 552 000.00 | 2 185.00 | 52 440.00 | 499 560.00 | | |
| | 工具、器具、家具 | 9 900.00 | 156.75 | 3 572.00 | 6 328.00 | | |
| | 运输工具 | 498 000.00 | 9 856.25 | 202 706.25 | 295 293.75 | | |
| | 小计 | 1 103 352.00 | 13 344.65 | 279 184.10 | 824 167.90 | | |
| 质检部 | 电子设备 | 15 264.00 | 402.80 | 9 667.20 | 5 596.80 | | |
| | 房屋建筑物 | 552 000.00 | 2 185.00 | 52 440.00 | 499 560.00 | | |
| | 小计 | 567 264.00 | 2 587.80 | 62 107.20 | 505 156.80 | | |
| 原材料库 | 电子设备 | 11 376.00 | 300.20 | 3 716.40 | 7 659.60 | | |
| | 房屋建筑物 | 1 332 000.00 | 5 272.50 | 126 540.00 | 1 205 460.00 | | |
| | 机械设备 | 240 000.00 | 1 900.00 | 45 600.00 | 194 400.00 | | |
| | 运输工具 | 138 000.00 | 2 731.25 | 65 550.00 | 72 450.00 | | |
| | 小计 | 1 721 376.00 | 10 203.95 | 241 406.40 | 1 479 969.60 | | |
| 半成品库 | 电子设备 | 11 376.00 | 300.20 | 3 716.40 | 7 659.60 | | |
| | 房屋建筑物 | 1 656 000.00 | 6 555.00 | 157 320.00 | 1 498 680.00 | | |
| | 机械设备 | 360 000.00 | 2 850.00 | 68 400.00 | 291 600.00 | | |
| | 运输工具 | 126 000.00 | 2 493.75 | 59 850.00 | 66 150.00 | | |
| | 小计 | 2 153 376.00 | 12 198.95 | 289 286.40 | 1 864 089.60 | | |
| 产成品库 | 电子设备 | 74 556.00 | 1 967.45 | 43 730.40 | 30 825.60 | | |
| | 房屋建筑物 | 1 380 000.00 | 5 462.50 | 131 100.00 | 1 248 900.00 | | |
| | 机械设备 | 288 000.00 | 2 280.00 | 54 720.00 | 233 280.00 | | |
| | 运输工具 | 156 000.00 | 3 087.50 | 74 100.00 | 81 900.00 | | |
| | 小计 | 1 898 556.00 | 12 797.45 | 303 650.40 | 1 594 905.60 | | |
| 销售部 | 电子设备 | 35 640.00 | 940.50 | 22 572.00 | 13 068.00 | 销售费用—折旧费 | 3 790.50 |
| | 房屋建筑物 | 720 000.00 | 2 850.00 | 68 400.00 | 651 600.00 | | |
| | 小计 | 755 640.00 | 3 790.50 | 90 972.00 | 664 668.00 | | |
| 烤花车间 | 电子设备 | 25 020.00 | 532.00 | 12 768.00 | 12 252.00 | 制造费用—烤花车间—折旧费 | 19 674.50 |
| | 房屋建筑物 | 1 800 000.00 | 7 125.00 | 171 000.00 | 1 629 000.00 | | |
| | 机械设备 | 4 253 000.00 | 12 017.50 | 288 420.00 | 3 964 580.00 | | |
| | 小计 | 6 078 020.00 | 19 674.50 | 472 188.00 | 5 605 832.00 | | |
| 组装车间 | 电子设备 | 22 680.00 | 598.50 | 14 031.50 | 8 648.50 | 制造费用 组装车间—折旧费 | 13 357.00 |
| | 房屋建筑物 | 1 800 000.00 | 7 125.00 | 171 000.00 | 1 629 000.00 | | |
| | 机械设备 | 711 600.00 | 5 633.50 | 135 204.00 | 576 396.00 | | |
| | 小计 | 2 534 280.00 | 13 357.00 | 320 235.50 | 2 214 044.50 | | |
| 合　计 | | 21 360 944.00 | 123 931.30 | 2 613 906.00 | 18 747 038.00 | | 123 931.30 |

审核：孙晓霞　　　　　　制单：于慧军

# 固定资产本期计提折旧明细表

2019 年 01 月 31 日

| 类别名称 | 固定资产编号 | 类别编号 | 规格型号 | 部门名称 | 固定资产名称 | 单位 | 数量 | 增加方式 | 存放地点 | 使用状况 | 折旧年限 | 折旧方法 | 使用日期 | 已计提月数 | 原值 | 净残值率 | 本月折旧额 | 累积折旧（截至2019年1月） | 净值（截至2019年1月） | 对应折旧科目 |
|---|---|---|---|---|---|---|---|---|---|---|---|---|---|---|---|---|---|---|---|---|
| 房屋建筑物 | 01001 | 01 | | 总经理办公室 | 办公楼（室） | 幢 | 1 | 直接购入 | 总经理办公室 | 在用 | 20 | 平均年限法 | 2017-1-1 | 23 | 552 000.00 | 5% | 2 185.00 | 52 440.00 | 499 560.00 | 管理费用—折旧费 |
| | 01002 | 01 | | 人事部 | 办公楼（室） | 幢 | 1 | 直接购入 | 人事部 | 在用 | 20 | 平均年限法 | 2017-1-1 | 23 | 552 000.00 | 5% | 2 185.00 | 52 440.00 | 499 560.00 | |
| | 01003 | 01 | | 财务部 | 办公楼（室） | 幢 | 1 | 直接购入 | 财务部 | 在用 | 20 | 平均年限法 | 2017-1-1 | 23 | 552 000.00 | 5% | 2 185.00 | 52 440.00 | 499 560.00 | |
| | 01004 | 01 | | 采购部 | 办公楼（室） | 幢 | 1 | 直接购入 | 采购部 | 在用 | 20 | 平均年限法 | 2017-1-1 | 23 | 720 000.00 | 5% | 2 850.00 | 68 400.00 | 651 600.00 | |
| | 01005 | 01 | | 销售部 | 办公楼（室） | 幢 | 1 | 直接购入 | 销售部 | 在用 | 20 | 平均年限法 | 2017-1-1 | 23 | 720 000.00 | 5% | 2 850.00 | 68 400.00 | 651 600.00 | 销售费用—折旧费 |
| | 01006 | 01 | | 设计部 | 办公楼（室） | 幢 | 1 | 直接购入 | 设计部 | 在用 | 20 | 平均年限法 | 2017-1-1 | 23 | 552 000.00 | 5% | 2 185.00 | 52 440.00 | 499 560.00 | 管理费用—折旧费 |
| | 01007 | 01 | | 研发部 | 办公楼（室） | 幢 | 1 | 直接购入 | 研发部 | 在用 | 20 | 平均年限法 | 2017-1-1 | 23 | 552 000.00 | 5% | 2 185.00 | 52 440.00 | 499 560.00 | |
| | 01008 | 01 | | 厂办公室 | 办公楼（室） | 幢 | 1 | 直接购入 | 厂办公室 | 在用 | 20 | 平均年限法 | 2017-1-1 | 23 | 552 000.00 | 5% | 2 185.00 | 52 440.00 | 499 560.00 | |
| | 01009 | 01 | | 烤花车间 | 烤花车间 | 幢 | 1 | 直接购入 | 烤花车间 | 在用 | 20 | 平均年限法 | 2017-1-1 | 23 | 1 800 000.00 | 5% | 7 125.00 | 171 000.00 | 1 629 000.00 | 制造费用—烤花车间—折旧费 |
| | 01010 | 01 | | 组装车间 | 组装车间 | 幢 | 1 | 直接购入 | 组装车间 | 在用 | 20 | 平均年限法 | 2017-1-1 | 23 | 1 800 000.00 | 5% | 7 125.00 | 171 000.00 | 1 629 000.00 | 制造费用—组装车间—折旧费 |
| | 01011 | 01 | | 质检部 | 办公楼（室） | 幢 | 1 | 直接购入 | 质检部 | 在用 | 20 | 平均年限法 | 2017-1-1 | 23 | 552 000.00 | 5% | 2 185.00 | 52 440.00 | 499 560.00 | 管理费用—折旧费 |
| | 01012 | 01 | | 原材料库 | 原材料库 | 幢 | 1 | 直接购入 | 原材料库 | 在用 | 20 | 平均年限法 | 2017-1-1 | 23 | 1 332 000.00 | 5% | 5 272.50 | 126 540.00 | 1 205 460.00 | |
| | 01013 | 01 | | 半成品库 | 半成品库 | 幢 | 1 | 直接购入 | 半成品库 | 在用 | 20 | 平均年限法 | 2017-1-1 | 23 | 1 656 000.00 | 5% | 6 555.00 | 157 320.00 | 1 498 680.00 | |
| | 01014 | 01 | | 产成品库 | 产成品库 | 幢 | 1 | 直接购入 | 产成品库 | 在用 | 20 | 平均年限法 | 2017-1-1 | 23 | 1 380 000.00 | 5% | 5 462.50 | 131 100.00 | 1 248 900.00 | |
| | | | | 小计 | | | 14 | | | | | | | | 13 272 000.00 | | 52 535.00 | 1 260 840.00 | 12 011 160.00 | |
| 机械设备 | 02001 | 02 | K-1 | 烤花车间 | 烤花炉 | 台 | 1 | 直接购入 | 烤花车间 | 在用 | 10 | 平均年限法 | 2017-1-16 | 23 | 300 000.00 | 5% | 2 375.00 | 57 000.00 | 243 000.00 | 制造费用—烤花车间—折旧费 |
| | 02002 | 02 | K-2 | 烤花车间 | 烤花炉 | 台 | 1 | 直接购入 | 烤花车间 | 在用 | 10 | 平均年限法 | 2017-1-16 | 23 | 660 000.00 | 5% | 5 225.00 | 125 400.00 | 534 600.00 | |
| | 02003 | 02 | K-3 | 烤花车间 | 烤花炉 | 台 | 1 | 直接购入 | 烤花车间 | 在用 | 10 | 平均年限法 | 2017-1-16 | 23 | 558 000.00 | 5% | 4 417.50 | 106 020.00 | 451 980.00 | |
| | 02013 | | Y-6 | 烤花车间 | 烤花设备 | 套 | 1 | 在建工程转入 | 烤花车间 | 在用 | 10 | 平均年限法 | 2019-1-31 | 0 | 2,735 000.00 | 5% | 0.00 | 0.00 | 2 735 000.00 | |
| | 02004 | 02 | S-1 | 组装车间 | 塑封收缩机 | 台 | 1 | 直接购入 | 组装车间 | 在用 | 10 | 平均年限法 | 2017-1-11 | 23 | 156 000.00 | 5% | 1 235.00 | 29 640.00 | 126 360.00 | 制造费用—组装车间—折旧费 |
| | 02005 | 02 | S-2 | 组装车间 | 塑封收缩机 | 台 | 1 | 直接购入 | 组装车间 | 在用 | 10 | 平均年限法 | 2017-1-11 | 23 | 187 200.00 | 5% | 1 482.00 | 35 568.00 | 151 632.00 | |
| | 02006 | 02 | MZ-1 | 组装车间 | 激光打标机 | 台 | 1 | 直接购入 | 组装车间 | 在用 | 10 | 平均年限法 | 2017-1-18 | 23 | 68 400.00 | 5% | 541.50 | 12 996.00 | 55 404.00 | |
| | 02007 | 02 | D-1 | 组装车间 | 多功能工作台 | 台 | 1 | 直接购入 | 组装车间 | 在用 | 10 | 平均年限法 | 2017-1-19 | 23 | 120 000.00 | 5% | 950.00 | 22 800.00 | 97 200.00 | |
| | 02008 | 02 | D-2 | 组装车间 | 多功能工作台 | 台 | 1 | 直接购入 | 组装车间 | 在用 | 10 | 平均年限法 | 2017-1-19 | 23 | 144 000.00 | 5% | 1 140.00 | 27 360.00 | 116 640.00 | |
| | 02009 | 02 | A-1 | 组装车间 | 激光打码机 | 台 | 1 | 直接购入 | 组装车间 | 在用 | 10 | 平均年限法 | 2017-1-20 | 23 | 36 000.00 | 5% | 285.00 | 6 840.00 | 29 160.00 | |
| | 02010 | 02 | H-1 | 原材料库 | 立体货架 | 套 | 1 | 直接购入 | 原材料库 | 在用 | 10 | 平均年限法 | 2017-1-7 | 23 | 240 000.00 | 5% | 1 900.00 | 45 600.00 | 194 400.00 | 管理费用—折旧费 |
| | 02011 | 02 | H-2 | 半成品库 | 立体货架 | 套 | 1 | 直接购入 | 半成品库 | 在用 | 10 | 平均年限法 | 2017-1-7 | 23 | 360 000.00 | 5% | 2 850.00 | 68 400.00 | 291 600.00 | |
| | 02012 | 02 | H-3 | 产成品库 | 立体货架 | 套 | 1 | 直接购入 | 产成品库 | 在用 | 10 | 平均年限法 | 2017-1-7 | 23 | 288 000.00 | 5% | 2 280.00 | 54 720.00 | 233 280.00 | |
| | | | | 小计 | | | 13 | | | | | | | | 5 852 600.00 | | 24 681.00 | 592 344.00 | 5 260 256.00 | |

| 类别名称 | 固定资产编号 | 类别编号 | 规格型号 | 部门名称 | 固定资产名称 | 单位 | 数量 | 增加方式 | 存放地点 | 使用状况 | 折旧年限 | 折旧方法 | 使用日期 | 已计提月数 | 原值 | 净残值率 | 本月折旧额 | 累积折旧（截至2019年1月） | 净值（截至2019年1月） | 对应折旧科目 |
|---|---|---|---|---|---|---|---|---|---|---|---|---|---|---|---|---|---|---|---|---|
| 工具器具家具 | 03001 | 03 | D-568 | 总经理办公室 | 会议桌 | 张 | 1 | 直接购入 | 总经理办公室 | 在用 | 5 | 平均年限法 | 2017-1-12 | 23 | 6 900.00 | 5% | 109.25 | 2 622.00 | 4 278.00 | 管理费用—折旧费 |
| | 03002 | 03 | D-568 | 厂办公室 | 会议桌 | 张 | 1 | 直接购入 | 厂办公室 | 在用 | 5 | 平均年限法 | 2017-1-12 | 23 | 6 900.00 | 5% | 109.25 | 2 622.00 | 4 278.00 | |
| | 03003 | 03 | | 厂办公室 | 推行式草坪割草机 | 台 | 1 | 直接购入 | 厂办公室 | 在用 | 5 | 平均年限法 | 2017-5-16 | 19 | 3 000.00 | 5% | 47.50 | 950.00 | 2 050.00 | |
| | | | | 小计 | | | 3 | | | | | | | | 16 800.00 | | 266.00 | 6 194.00 | 10 606.00 | |
| 运输工具 | 04001 | 04 | | 厂办公室 | 瑞风商务车 | 台 | 1 | 直接购入 | 厂办公室 | 在用 | 4 | 平均年限法 | 2017-1-12 | 23 | 156 000.00 | 5% | 3 087.50 | 74 100.00 | 81 900.00 | 管理费用—折旧费 |
| | 04002 | 04 | | 厂办公室 | 奔驰轿车 | 台 | 1 | 直接购入 | 厂办公室 | 在用 | 4 | 平均年限法 | 2017-6-16 | 18 | 342 000.00 | 5% | 6 768.75 | 128 606.25 | 213 393.75 | |
| | 04003 | 04 | C-1 | 原材料库 | 合力电瓶叉车 | 台 | 1 | 直接购入 | 原材料库 | 在用 | 4 | 平均年限法 | 2017-1-18 | 23 | 138 000.00 | 5% | 2 731.25 | 65 550.00 | 72 450.00 | |
| | 04004 | 04 | C-2 | 半成品库 | 合力电瓶叉车 | 台 | 1 | 直接购入 | 半成品库 | 在用 | 4 | 平均年限法 | 2017-1-18 | 23 | 126 000.00 | 5% | 2 493.75 | 59 850.00 | 66 150.00 | |
| | 04005 | 04 | C-3 | 产成品库 | 合力电瓶叉车 | 台 | 1 | 直接购入 | 产成品库 | 在用 | 4 | 平均年限法 | 2017-1-18 | 23 | 156 000.00 | 5% | 3 087.50 | 74 100.00 | 81 900.00 | |
| | 04006 | 04 | RC | 总经理办公室 | 雷克萨斯轿车 | 台 | 1 | 直接购入 | 总经理办公室 | 在用 | 4 | 平均年限法 | 2018-6-20 | 6 | 540 000.00 | 5% | 10 687.50 | 74 812.50 | 465 187.50 | |
| | 04007 | 04 | | 总经理办公室 | 别克商务车 | 台 | 1 | 直接购入 | 总经理办公室 | 在用 | 4 | 平均年限法 | 2018-6-20 | 6 | 360 000.00 | 5% | 7 125.00 | 49 875.00 | 310 125.00 | |
| | | | | 小计 | | | 7 | | | | | | | | 1 818 000.00 | | 35 981.25 | 526 893.75 | 1 291 106.25 | |
| 电子设备 | 05001 | 05 | R730 | 总经理办公室 | DELL服务器 | 台 | 1 | 直接购入 | 总经理办公室 | 在用 | 3 | 平均年限法 | 2017-1-6 | 23 | 29 160.00 | 5% | 769.50 | 18 468.00 | 10 692.00 | 管理费用—折旧费 |
| | 05002 | 05 | TE40-1080P | 总经理办公室 | 华为视频会议终端 | 套 | 1 | 直接购入 | 总经理办公室 | 在用 | 3 | 平均年限法 | 2017-12-6 | 12 | 19 800.00 | 5% | 522.50 | 6 792.50 | 13 007.50 | |
| | 05003 | 05 | IMAC | 总经理办公室 | 苹果电脑 | 台 | 1 | 直接购入 | 李厚松 | 在用 | 3 | 平均年限法 | 2017-1-6 | 23 | 13 860.00 | 5% | 365.75 | 8 778.00 | 5 082.00 | |
| | 05004 | 05 | Ins15-1605 | 总经理办公室 | DELL电脑 | 台 | 1 | 直接购入 | 孙诚 | 在用 | 3 | 平均年限法 | 2017-1-8 | 23 | 4 860.00 | 5% | 128.25 | 3 078.00 | 1 782.00 | |
| | 05005 | 05 | Ins15-1605 | 总经理办公室 | DELL电脑 | 台 | 1 | 直接购入 | 刘娜 | 在用 | 3 | 平均年限法 | 2017-1-8 | 23 | 4 860.00 | 5% | 128.25 | 3 078.00 | 1 782.00 | |
| | 05006 | 05 | Ins15-1605 | 人事部 | DELL电脑 | 台 | 1 | 直接购入 | 任亮 | 在用 | 3 | 平均年限法 | 2017-1-8 | 23 | 4 860.00 | 5% | 128.25 | 3 078.00 | 1 782.00 | |
| | 05007 | 05 | Ins15-1605 | 人事部 | DELL电脑 | 台 | 1 | 直接购入 | 李琨 | 在用 | 3 | 平均年限法 | 2017-1-8 | 23 | 4 860.00 | 5% | 128.25 | 3 078.00 | 1 782.00 | |
| | 05008 | 05 | Ins15-1605 | 财务部 | DELL电脑 | 台 | 1 | 直接购入 | 钱丽 | 在用 | 3 | 平均年限法 | 2017-1-8 | 23 | 4 860.00 | 5% | 128.25 | 3 078.00 | 1 782.00 | |
| | 05009 | 05 | Ins15-1605 | 财务部 | DELL电脑 | 台 | 1 | 直接购入 | 孙晓霞 | 在用 | 3 | 平均年限法 | 2017-1-8 | 23 | 4 860.00 | 5% | 128.25 | 3 078.00 | 1 782.00 | |
| | 05010 | 05 | Ins15-1605 | 财务部 | DELL电脑 | 台 | 1 | 直接购入 | 于慧军 | 在用 | 3 | 平均年限法 | 2017-1-8 | 23 | 4 860.00 | 5% | 128.25 | 3 078.00 | 1,782.00 | |
| | 05011 | 05 | T500 | 财务部 | 得力自动热熔装订机 | 台 | 1 | 直接购入 | 财务部 | 在用 | 3 | 平均年限法 | 2017-1-8 | 23 | 4 860.00 | 5% | 128.25 | 3 078.00 | 1 782.00 | |
| | 05012 | 05 | Ins15-1605 | 采购部 | DELL电脑 | 台 | 1 | 直接购入 | 刘　楠 | 在用 | 3 | 平均年限法 | 2017-1-8 | 23 | 4 860.00 | 5% | 128.25 | 3 078.00 | 1 782.00 | |
| | 05013 | 05 | Ins15-1605 | 采购部 | DELL电脑 | 台 | 1 | 直接购入 | 洪　涵 | 在用 | 3 | 平均年限法 | 2017-1-8 | 23 | 4 860.00 | 5% | 128.25 | 3 078.00 | 1 782.00 | |
| | 05014 | 05 | E6330 | 采购部 | DELL笔记本电脑 | 台 | 1 | 直接购入 | 林子伟 | 在用 | 3 | 平均年限法 | 2017-1-15 | 23 | 5 832.00 | 5% | 153.90 | 3 693.60 | 2 138.40 | |
| | 05015 | 05 | M701A | 销售部 | 惠普打印机 | 台 | 1 | 直接购入 | 销售部 | 在用 | 3 | 平均年限法 | 2017-1-8 | 23 | 6 480.00 | 5% | 171.00 | 4 104.00 | 2 376.00 | 销售费用—折旧费 |
| | 05016 | 05 | E6330 | 销售部 | DELL笔记本电脑 | 台 | 1 | 直接购入 | 宋　达 | 在用 | 3 | 平均年限法 | 2017-1-15 | 23 | 5 832.00 | 5% | 153.90 | 3 693.60 | 2 138.40 | |
| | 05017 | 05 | E6330 | 销售部 | DELL笔记本电脑 | 台 | 1 | 直接购入 | 赵丽萍 | 在用 | 3 | 平均年限法 | 2017-1-15 | 23 | 5 832.00 | 5% | 153.90 | 3 693.60 | 2 138.40 | |
| | 05018 | 05 | E6330 | 销售部 | DELL笔记本电脑 | 台 | 1 | 直接购入 | 徐建业 | 在用 | 3 | 平均年限法 | 2017-1-15 | 23 | 5 832.00 | 5% | 153.90 | 3 693.60 | 2 138.40 | |
| | 05019 | 05 | E6330 | 销售部 | DELL笔记本电脑 | 台 | 1 | 直接购入 | 王黎明 | 在用 | 3 | 平均年限法 | 2017-1-15 | 23 | 5 832.00 | 5% | 153.90 | 3 693.60 | 2 138.40 | |
| | 05020 | 05 | E6330 | 销售部 | DELL笔记本电脑 | 台 | 1 | 直接购入 | 王　星 | 在用 | 3 | 平均年限法 | 2017-1-15 | 23 | 5 832.00 | 5% | 153.90 | 3 693.60 | 2 138.40 | |

| 类别名称 | 固定资产编号 | 类别编号 | 规格型号 | 部门名称 | 固定资产名称 | 单位 | 数量 | 增加方式 | 存放地点 | 使用状况 | 折旧年限 | 折旧方法 | 使用日期 | 已计提月数 | 原值 | 净残值率 | 本月折旧额 | 累积折旧（截至2019年1月） | 净值（截至2019年1月） | 对应折旧科目 |
|---|---|---|---|---|---|---|---|---|---|---|---|---|---|---|---|---|---|---|---|---|
| 电子设备 | 05021 | 05 | 3668-1939 | 设计部 | DELL电脑 | 台 | 1 | 直接购入 | 郝　艺 | 在用 | 3 | 平均年限法 | 2017-1-10 | 23 | 7 200.00 | 5% | 190.00 | 4 560.00 | 2 640.00 | 管理费用—折旧费 |
| | 05022 | 05 | 3668-1939 | 设计部 | DELL电脑 | 台 | 1 | 直接购入 | 张建文 | 在用 | 3 | 平均年限法 | 2017-1-10 | 23 | 7 200.00 | 5% | 190.00 | 4 560.00 | 2 640.00 | |
| | 05023 | 05 | 3668-1939 | 设计部 | DELL电脑 | 台 | 1 | 直接购入 | 刘春诚 | 在用 | 3 | 平均年限法 | 2017-1-10 | 23 | 7 200.00 | 5% | 190.00 | 4 560.00 | 2 640.00 | |
| | 05024 | 05 | R1938 | 研发部 | DELL电脑 | 台 | 1 | 直接购入 | 辛　颖 | 在用 | 3 | 平均年限法 | 2017-1-20 | 23 | 7 776.00 | 5% | 205.20 | 4 924.80 | 2 851.20 | |
| | 05025 | 05 | R1938 | 研发部 | DELL电脑 | 台 | 1 | 直接购入 | 王文杰 | 在用 | 3 | 平均年限法 | 2017-1-20 | 23 | 7 776.00 | 5% | 205.20 | 4 924.80 | 2 851.20 | |
| | 05026 | 05 | R1938 | 研发部 | DELL电脑 | 台 | 1 | 直接购入 | 于　鹏 | 在用 | 3 | 平均年限法 | 2017-1-20 | 23 | 7 776.00 | 5% | 205.20 | 4 924.80 | 2 851.20 | |
| | 05027 | 05 | Ins15-1605 | 厂办公室 | DELL电脑 | 台 | 1 | 直接购入 | 王　成 | 在用 | 3 | 平均年限法 | 2017-1-8 | 23 | 4 860.00 | 5% | 128.25 | 3 078.00 | 1 782.00 | |
| | 05028 | 05 | Ins15-1605 | 厂办公室 | DELL电脑 | 台 | 1 | 直接购入 | 孙　凯 | 在用 | 3 | 平均年限法 | 2017-1-8 | 23 | 4 860.00 | 5% | 128.25 | 3 078.00 | 1 782.00 | |
| | 05029 | 05 | HD1080 | 厂办公室 | 理光投影仪 | 台 | 1 | 直接购入 | 厂办公室 | 在用 | 3 | 平均年限法 | 2017-1-16 | 23 | 5 832.00 | 5% | 153.90 | 3 693.60 | 2 138.40 | |
| | 05030 | 05 | L850 | 厂办公室 | EPSON打印机 | 台 | 1 | 直接购入 | 厂办公室 | 在用 | 3 | 平均年限法 | 2017-1-5 | 23 | 3 600.00 | 5% | 95.00 | 2 280.00 | 1 320.00 | |
| | 05031 | 05 | T430 | 厂办公室 | DELL服务器 | 台 | 1 | 直接购入 | 厂办公室 | 在用 | 3 | 平均年限法 | 2017-12-8 | 12 | 24 300.00 | 5% | 641.25 | 8 336.25 | 15 963.75 | |
| | 05032 | 05 | Ins15-1605 | 烤花车间 | DELL电脑 | 台 | 1 | 直接购入 | 孟子轩 | 在用 | 3 | 平均年限法 | 2017-1-8 | 23 | 4 860.00 | 5% | 128.25 | 3 078.00 | 1 782.00 | 制造费用—烤花车间—折旧费 |
| | 05033 | 05 | Ins15-1605 | 烤花车间 | DELL电脑 | 台 | 1 | 直接购入 | 烤花车间 | 在用 | 3 | 平均年限法 | 2017-1-8 | 23 | 4 860.00 | 5% | 128.25 | 3 078.00 | 1 782.00 | |
| | 05034 | 05 | | 烤花车间 | 无线AP访问点设备 | 套 | 1 | 直接购入 | 烤花车间 | 在用 | 3 | 平均年限法 | 2017-1-12 | 23 | 5 220.00 | 5% | 137.75 | 3 306.00 | 1 914.00 | |
| | 05035 | 05 | | 烤花车间 | 无线AP访问点设备 | 套 | 1 | 直接购入 | 烤花车间 | 在用 | 3 | 平均年限法 | 2017-1-12 | 23 | 5 220.00 | 5% | 137.75 | 3 306.00 | 1 914.00 | |
| | 05051 | 5 | Ins15-1605 | 烤花车间 | DELL电脑 | 台 | 1 | 直接购入 | 烤花车间 | 在用 | 3 | 平均年限法 | 2019-1-16 | 0 | 4 860.00 | 5% | 0.00 | 0.00 | 4 860.00 | |
| | 05036 | 05 | Ins15-1605 | 组装车间 | DELL电脑 | 台 | 1 | 直接购入 | 吴　越 | 在用 | 3 | 平均年限法 | 2017-1-8 | 23 | 4 860.00 | 5% | 128.25 | 3 078.00 | 1 782.00 | 制造费用—组装车间—折旧费 |
| | 05037 | 05 | Ins15-1605 | 组装车间 | DELL电脑 | 台 | 1 | 直接购入 | 王小平 | 在用 | 3 | 平均年限法 | 2017-1-8 | 23 | 4 860.00 | 5% | 128.25 | 3 078.00 | 1 782.00 | |
| | 05038 | 05 | | 组装车间 | 无线AP访问点设备 | 套 | 1 | 直接购入 | 组装车间 | 在用 | 3 | 平均年限法 | 2017-1-12 | 23 | 5 220.00 | 5% | 137.75 | 3 306.00 | 1 914.00 | |
| | 05039 | 05 | | 组装车间 | 无线AP访问点设备 | 套 | 1 | 直接购入 | 组装车间 | 在用 | 3 | 平均年限法 | 2017-1-12 | 23 | 5 220.00 | 5% | 137.75 | 3 306.00 | 1 914.00 | |
| | 05040 | 05 | 三星 | 组装车间 | 监控摄像头 | 套 | 1 | 直接购入 | 组装车间 | 在用 | 3 | 平均年限法 | 2017-6-6 | 18 | 2 520.00 | 5% | 66.50 | 1 263.50 | 1 256.50 | |
| | 05041 | 05 | | 质检部 | EPSON打印机 | 台 | 1 | 直接购入 | 质检部 | 在用 | 3 | 平均年限法 | 2017-1-5 | 23 | 3 600.00 | 5% | 95.00 | 2 280.00 | 1 320.00 | 管理费用—折旧费 |
| | 05042 | 05 | E6330 | 质检部 | DELL笔记本电脑 | 台 | 1 | 直接购入 | 孙少华 | 在用 | 3 | 平均年限法 | 2017-1-15 | 23 | 5 832.00 | 5% | 153.90 | 3 693.60 | 2 138.40 | |
| | 05043 | 05 | E6330 | 质检部 | DELL笔记本电脑 | 台 | 1 | 直接购入 | 李　林 | 在用 | 3 | 平均年限法 | 2017-1-15 | 23 | 5 832.00 | 5% | 153.90 | 3 693.60 | 2 138.40 | |
| | 05044 | 05 | | 原材料库 | EPSON打印机 | 台 | 1 | 直接购入 | 原材料库 | 在用 | 3 | 平均年限法 | 2017-1-5 | 23 | 3 600.00 | 5% | 95.00 | 2 280.00 | 1 320.00 | |
| | 05045 | 05 | | 原材料库 | PDA掌上电脑 | 台 | 1 | 直接购入 | 王新源 | 在用 | 3 | 平均年限法 | 2018-6-13 | 6 | 7 776.00 | 5% | 205.20 | 1 436.40 | 6 339.60 | |
| | 05046 | 05 | | 半成品库 | EPSON打印机 | 台 | 1 | 直接购入 | 半成品库 | 在用 | 3 | 平均年限法 | 2017-1-5 | 23 | 3 600.00 | 5% | 95.00 | 2 280.00 | 1 320.00 | |
| | 05047 | 05 | | 半成品库 | PDA掌上电脑 | 台 | 1 | 直接购入 | 田　伟 | 在用 | 3 | 平均年限法 | 2018-6-13 | 6 | 7 776.00 | 5% | 205.20 | 1 436.40 | 6 339.60 | |
| | 05048 | 05 | | 产成品库 | EPSON打印机 | 台 | 1 | 直接购入 | 产成品库 | 在用 | 3 | 平均年限法 | 2017-1-5 | 23 | 3 600.00 | 5% | 95.00 | 2 280.00 | 1 320.00 | |
| | 05049 | 05 | TDA800 | 产成品库 | 交换机 | 台 | 1 | 直接购入 | 产成品库 | 在用 | 3 | 平均年限法 | 2017-1-5 | 23 | 63 180.00 | 5% | 1 667.25 | 40 014.00 | 23 166.00 | |
| | 05050 | 05 | | 产成品库 | PDA掌上电脑 | 台 | 1 | 直接购入 | 方　德 | 在用 | 3 | 平均年限法 | 2018-6-13 | 6 | 7 776.00 | 5% | 205.20 | 1 436.40 | 6 339.60 | |
| | | | | 小计 | | | 51 | | | | | | | | 401 544.00 | | 10 468.05 | 227 634.25 | 173 909.75 | |
| 合　计 | | | | | | | 88 | | | | | | | | 21 360 944.00 | | 123 931.30 | 2 613 906.00 | 18 747 038.00 | |

审核：孙晓霞　　　　制单：于慧军

【业务 127】 1 月 31 日销售部编号 05016DELL 笔记本电脑出售处理建议

## 固定资产处置建议单

| | | | | | | | |
|---|---|---|---|---|---|---|---|
| 申请报废处理日期 | 2019 年 01 月 31 日 | | | 申请人 | 宋 达 | | |
| 资产名称 | DELL 笔记本电脑 | | 固定资产编号 | 05016 | 购买日期 | 2017 年 1 月 15 日 | |
| 资产原值 | ￥5 832.00 | | 已提折旧 | ￥3 693.60 | 资产净值 | ￥2 138.40 | |
| 资产类型 | 机械设备 □ 办公设备 ☑ 运输工具 □ 其他工具□ | | | | | | |
| 报废处理原因 | 性能无法满足相关工作岗位需要，申请出售处置。 | | | | | | |
| 报废处理建议（预计处理价格等） | 出售，预计处理价格￥580.00（含税价）。 | | | | | | |
| 总经理签批 | 同意 李厚松 | 财务部门 | 部门经理 | 孙晓霞 | 申请部门 | 部门经理 | 王 星 |
| | | | 出 纳 | 钱 丽 | | 申请经办人 | 宋 达 |

【业务 128】 1 月 31 日收到处理销售部编号 05016DELL 笔记本电脑的出售款

中国银行 BANK OF CHINA

## 进 账 单 （回 单）

2019 年 01 月 31 日

| | | | | | |
|---|---|---|---|---|---|
| 付款人 | 全 称 | 青岛前程商贸有限公司 | 收款人 | 全 称 | 中国琴岛家居用品有限公司 |
| | 账 号 | 318140573691 | | 账 号 | 603089162282 |
| | 开户银行 | 中国建设银行山东路支行 | | 开户银行 | 中国银行青岛市南支行 |

| 付款金额 | 人民币（大写） | 捌佰伍拾元整 | 千 | 百 | 十 | 万 | 千 | 百 | 十 | 元 | 角 | 分 |
|---|---|---|---|---|---|---|---|---|---|---|---|---|
| | | | | | | | ￥ | 5 | 8 | 0 | 0 | 0 |

| | | | |
|---|---|---|---|
| 票据种类 | 转账支票 | 票据张数 | 1 |
| 票据号码 | 转账 28611609 | | |

中国银行 青岛市南支行 2019.01.31 办讫章

复核 记账

开户银行签章

3702193140　**青岛增值税专用发票**　№. 77220107

全国统一发票监制章 青岛 国家税务总局监制

发票联

机器编号：378899515987　　开票日期：2019 年 01 月 31 日

| | | | |
|---|---|---|---|
| 购买方 | 名　　称：青岛前程商贸有限公司<br>纳税人识别号：869947DW9658213697<br>地址、电话：青岛市市北区人民路 28 号 0532-88696321<br>开户行及账户：华夏银行人民路支行 318140573691 | 密码区 | 9+-37461583629+-924/9<387<br>2-3/629+-9264+3--74/629+-<br>92*+58746-43-6585<63-2*+3<br>746/629+-92/40/65/7854754 |

| 货物或应税劳务、服务名称 | 规格型号 | 单位 | 数量 | 单价 | 金额 | 税率 | 税额 |
|---|---|---|---|---|---|---|---|
| 电子计算机・电脑 | E6330 | 台 | 1 | 500.00 | 500.00 | 16% | 80.00 |
| 合　计 | | | | | ￥500.00 | | ￥80.00 |
| 价税合计（大写） | ⊗人民币伍佰捌拾元整 | | | | （小写）￥580.00 | | |

| | | | |
|---|---|---|---|
| 销售方 | 名　　称：中国琴岛家居用品有限公司<br>纳税人识别号：37020286AC17W62A39<br>地址、电话：山东省青岛市市南区香港东路 366 号 0532-88666680<br>开户行及账号：中国银行青岛市南支行 603089162282 | 备注 | 中国琴岛家居用品有限公司 37020286AC17W62A39 发票专用章 |

收款人：钱 丽　复核：孙晓霞　开票人：于慧军　销货单位：

第一联：记账联 销货方记账凭证

**【业务 129】 1 月 31 日设计部编号 05023DELL 笔记本电脑报废建议单**

## 固定资产处置建议单

| | | | | | | | |
|---|---|---|---|---|---|---|---|
| 申请报废处理日期 | | 2019 年 01 月 31 日 | | | 申请人 | 刘春诚（设计部） | |
| 资产名称 | | DELL 笔记本电脑 | 固定资产编号 | 05023 | 购买日期 | 2017 年 1 月 10 日 | |
| 资产原值 | | ￥7 200.00 | 已提折旧 | ￥4 560.00 | 资产净值 | ￥2 640.00 | |
| 资产类型 | | 机械设备 □　办公设备 ☑　运输工具 □　其他工具□ | | | | | |
| 报废处理原因 | | 性能无法满足相关工作岗位需要，申请提前报废。 | | | | | |
| 报废处理建议（预计处理价格等） | | 提前报废处置。 | | | | | |
| 总经理签批 | 同意 李厚松 | 财务部门 | 部门经理 | 孙晓霞 | 申请部门 | 部门经理 | 郝　艺 |
| | | | 出　纳 | 钱　丽 | | 申请经办人 | 刘春诚 |

**【业务 130】　1 月 31 日设计部编号 05023DELL 笔记本电脑报废处置运费及结转净损益**

## 付款申请单

2019 年 01 月 31 日

| | | | | | | |
|---|---|---|---|---|---|---|
| 收款单位 | 青岛运达运输有限公司 | | 申请金额 | ¥220.00 | 原账面余额 | ¥0.00 |
| 申请用途 | 支付固定资产处置的运费 | | | | 结算方式 | 现 金 |
| 总经理 | 李厚松 | 财务部门 | 部门经理 | 孙晓霞 | 申请部门 | 部门经理：郝 艺 |
| | | | 出 纳 | 钱 丽 | | 经办人：宋 达 |

## 青岛增值税普通发票

3700183140　　No. 11836622

（印章：全国统一发票监制章 青岛 国家税务局监制）发票联

机器编号：652145856232　　开票日期：2019 年 01 月 31 日

| | | | |
|---|---|---|---|
| 购买方 | 名　　称：中国琴岛家居用品有限公司<br>纳税人识别号：37020286AC17W62A39<br>地址、电话：山东省青岛市市南区香港东路 366 号 0532-88666680<br>开户行及账号：中国银行青岛市南支行 603089162282 | 密码区 | 8>2+->698745-9262956*+26/<br>623-5+23-74+-220-492+84/5<br>2-/88>99278>814364-56*+5+<br>23-74+226/623-88892>814+6 |

| 货物或应税劳务、服务名称 | 规格型号 | 单位 | 数量 | 单价 | 金额 | 税率 | 税额 |
|---|---|---|---|---|---|---|---|
| 陆路运费·运费 | 现金付讫 | | 1 | 200.00 | 200.00 | 10% | 20.00 |
| 合　计 | | | | | ¥200.00 | | ¥20.00 |
| 价税合计（大写） | ⊗人民币贰佰贰拾元整 | | | | （小写）¥220.00 | | |

| | | | |
|---|---|---|---|
| 销售方 | 名　　称：青岛运达运输有限公司<br>纳税人识别号：37076889RW878A5663<br>地址、电话：青岛市市北区黑龙江中路 67 号 0532-88705599<br>开户行及账号：中国农业银行黑龙江路支行 532738596761299 | 备注 | （印章：青岛运达运输有限公司 37076889RW878A5663 发票专用章） |

收款人：董 飞　　复核：徐 真　　开票人：宁海波　　销货单位：

第三联：发票联　购买方记账凭证

# 设计部 DELL 笔记本电脑报废净损失计算表

2019 年 01 月 31 日　　单位：元

| 资产名称 | DELL 笔记本电脑 | 固定资产编号 | 05023 | 购买日期 | 2017 年 1 月 10 日 |
|---|---|---|---|---|---|
| 申请报废处理日期 | 2019 年 01 月 31 日 | | 申请人 | 刘春诚（设计部） | |
| 资产原值 | ¥7 200.00 | | 已提折旧 | ¥4 560.00 | |
| 资产净值 | ¥2 640.00 | 清理运费 | ¥220 | 报废净损失 | ¥2 860.00 |

总经理：李厚松　　审核：孙晓霞　　制单：于慧军

【业务 131】 1 月 31 日固定资产烤花炉 K-2 设备发生减值 74 600 元

## 固定资产减值准备

中国琴岛家居用品有限公司　　2019 年 01 月 31 日　　单位：元

| 固定资产编号 | 规格型号 | 部门名称 | 固定资产名称 | 单位 | 数量 | 原值 | 累计折旧 | 已计提减值准备 | 账面价值 | 可收回金额 | 本期应计提减值准备 |
|---|---|---|---|---|---|---|---|---|---|---|---|
| 02002 | K-2 | 烤花车间 | 烤花炉 | 台 | 1 | 660 000 | 125 400 | 0 | 534 600 | 460 000 | 74 600 |

总经理：李厚松　　审核：孙晓霞　　制单：于慧军

**【业务 132】 1 月 31 日 2019 年 1 月份职工薪酬**

## 中国琴岛家居用品有限公司 2019 年 1 月职工薪酬明细表

2019 年 01 月 31 日

| 所属部门 | 职员属性 | 应付工资 | 社会保险费（29.1%） | 住房公积金（10%） | 工会经费（2%） | 职工教育经费（2.5%） | 职工薪酬合计 |
|---|---|---|---|---|---|---|---|
| 总经理办公室 | 部门经理 | 8 000.00 | 2 328.00 | 800.00 | 160.00 | 200.00 | 11 488.00 |
| | 行政人员 | 5 000.00 | 1 455.00 | 500.00 | 100.00 | 125.00 | 7 180.00 |
| | 总经理 | 11 000.00 | 3 201.00 | 1 100.00 | 220.00 | 275.00 | 15 796.00 |
| | 小计 | 24 000.00 | 6 984.00 | 2 400.00 | 480.00 | 600.00 | 34 464.00 |
| 人事部 | 部门经理 | 8 000.00 | 2 328.00 | 800.00 | 160.00 | 200.00 | 11 488.00 |
| | 行政人员 | 9 770.11 | 2 910.00 | 1 000.00 | 195.40 | 244.25 | 14 119.76 |
| | 小计 | 17 770.11 | 5 238.00 | 1 800.00 | 355.40 | 444.25 | 25 607.76 |
| 财务部 | 部门经理 | 8 000.00 | 2 328.00 | 800.00 | 160.00 | 200.00 | 11 488.00 |
| | 财务人员 | 12 000.00 | 3 492.00 | 1 200.00 | 240.00 | 300.00 | 17 232.00 |
| | 小计 | 20 000.00 | 5 820.00 | 2 000.00 | 400.00 | 500.00 | 28 720.00 |
| 采购部 | 部门经理 | 8 000.00 | 2 328.00 | 800.00 | 160.00 | 200.00 | 11 488.00 |
| | 采购人员 | 23 491.49 | 6 867.60 | 2 360.00 | 469.83 | 587.29 | 33 776.21 |
| | 小计 | 31 491.49 | 9 195.60 | 3 160.00 | 629.83 | 787.29 | 45 264.21 |
| 设计部 | 部门经理 | 8 000.00 | 2 328.00 | 800.00 | 160.00 | 200.00 | 11 488.00 |
| | 设计人员 | 12 400.00 | 3 608.40 | 1 240.00 | 248.00 | 310.00 | 17 806.40 |
| | 小计 | 20 400.00 | 5 936.40 | 2 040.00 | 408.00 | 510.00 | 29 294.40 |
| 研发部 | 部门经理 | 8 000.00 | 2 328.00 | 800.00 | 160.00 | 200.00 | 11 488.00 |
| | 研发人员 | 12 400.00 | 3 608.40 | 1 240.00 | 248.00 | 310.00 | 17 806.40 |
| | 小计 | 20 400.00 | 5 936.40 | 2 040.00 | 408.00 | 510.00 | 29 294.40 |
| 厂办公室 | 部门经理 | 8 000.00 | 2 328.00 | 800.00 | 160.00 | 200.00 | 11 488.00 |
| | 行政人员 | 14 770.11 | 4 365.00 | 1 500.00 | 295.40 | 369.25 | 21 299.76 |
| | 小计 | 22 770.11 | 6 693.00 | 2 300.00 | 455.40 | 569.25 | 32 787.76 |
| 质检部 | 部门经理 | 8 000.00 | 2 328.00 | 800.00 | 160.00 | 200.00 | 11 488.00 |
| | 质检人员 | 11 000.00 | 3 201.00 | 1 100.00 | 220.00 | 275.00 | 15 796.00 |
| | 小计 | 19 000.00 | 5 529.00 | 1 900.00 | 380.00 | 475.00 | 27 284.00 |
| 原材料库 | 部门经理 | 8 000.00 | 2 328.00 | 800.00 | 160.00 | 200.00 | 11 488.00 |
| | 仓管人员 | 5 000.00 | 1 455.00 | 500.00 | 100.00 | 125.00 | 7 180.00 |
| | 小计 | 13 000.00 | 3 783.00 | 1 300.00 | 260.00 | 325.00 | 18 668.00 |
| 半成品库 | 部门经理 | 8 000.00 | 2 328.00 | 800.00 | 160.00 | 200.00 | 11 488.00 |
| | 仓管人员 | 5 000.00 | 1 455.00 | 500.00 | 100.00 | 125.00 | 7 180.00 |
| | 小计 | 13 000.00 | 3 783.00 | 1 300.00 | 260.00 | 325.00 | 18 668.00 |
| 产成品库 | 部门经理 | 8 000.00 | 2 328.00 | 800.00 | 160.00 | 200.00 | 11 488.00 |
| | 仓管人员 | 5 000.00 | 1 455.00 | 500.00 | 100.00 | 125.00 | 7 180.00 |
| | 小计 | 13 000.00 | 3 783.00 | 1 300.00 | 260.00 | 325.00 | 18 668.00 |
| 销售部 | 部门经理 | 8 000.00 | 2 328.00 | 800.00 | 160.00 | 200.00 | 11 488.00 |
| | 销售人员 | 36 000.00 | 10 476.00 | 3 600.00 | 720.00 | 900.00 | 51 696.00 |
| | 小计 | 44 000.00 | 12 804.00 | 4 400.00 | 880.00 | 1 100.00 | 63 184.00 |
| 烤花车间 | 半成品生产工人 | 66 000.00 | 13 095.00 | 4 500.00 | 1 320.00 | 1 650.00 | 86 565.00 |
| | 生产管理人员 | 6 500.00 | 1 891.50 | 650.00 | 130.00 | 162.50 | 9 334.00 |
| | 小计 | 72 500.00 | 14 986.50 | 5 150.00 | 1 450.00 | 1 812.50 | 95 899.00 |
| 组装车间 | 产成品生产工人 | 72 600.00 | 13 095.00 | 4 500.00 | 1 452.00 | 1 815.00 | 93 462.00 |
| | 生产管理人员 | 6 500.00 | 1 891.50 | 650.00 | 130.00 | 162.50 | 9 334.00 |
| | 小计 | 79 100.00 | 14 986.50 | 5 150.00 | 1 582.00 | 1 977.50 | 102 796.00 |
| 总　计 | | 410 431.71 | 105 458.40 | 36 240.00 | 8 208.63 | 10 260.79 | 570 599.53 |

财务经理：孙晓霞　　　审核：于慧军　　　制单：钱 丽

【业务 133】 1 月 31 日转出未交增值税

## 1 月份未交增值税计算表

中国琴岛家居用品有限公司　　2019 年 01 月 31 日　　单位：元

| 序号 | 明细科目 | 借方余额 | 贷方余额 |
|---|---|---|---|
| 1 | 上期留抵金额 | | |
| 2 | 进项税额 | | |
| 3 | 销项税额 | | |
| 4 | 进项税额转出 | | |
| 期末应转出未交增值税 | | | |

审核：孙晓霞　　制单：于慧军

【业务 134】 1 月 31 日计提本月城建税、教育费附加及水利建设基金

## 1 月份应交城市维护建设税、教育费附加、水利建设基金计算表

中国琴岛家居用品有限公司　　2019 年 01 月 31 日　　单位：元

| 序号 | 应交税费项目 | 计税依据 | 金额 | 税率 | 应纳税额 | 借记科目 |
|---|---|---|---|---|---|---|
| 1 | 城市维护建设税 | 增值税 | | | | |
| 2 | 教育费附加 | | | | | |
| 3 | 地方教育费附加 | | | | | |
| 4 | 水利建设基金 | | | | | |
| 合　计 | | | | | | |

审核：孙晓霞　　制单：于慧军

【业务 135】 1 月 31 日计提本月房产税

## 1 月份房产税计算表

中国琴岛家居用品有限公司　　2019 年 01 月 31 日　　单位：元

| 房产原值 | 扣除比例 | 税率 | 年应纳税额 | 季应纳税额 | 月计提税额 |
|---|---|---|---|---|---|
| | 30% | 1.2% | | | |

审核：孙晓霞　　制单：于慧军

**【业务 136】 1 月 31 日计提本月土地使用税**

## 1 月份土地使用税计算表

中国琴岛家居用品有限公司　　2019 年 01 月 31 日　　单位：元

| 房产项目 | 面积（平方米） | 土地级次 | 单位税额 | 年应纳税额 | 季应纳税额 | 月计提税额 |
|---|---|---|---|---|---|---|
| 办公楼 | 850 | 城市一级 | 23 | | | |
| 厂房、仓库 | 25 290 | 城市七级 | 5 | | | |
| 合　计 | | | | | | |

审核：孙晓霞　　制单：于慧军

**【业务 137】 1 月 31 日计提本月车船税**

## 1 月份车船税计算表

中国琴岛家居用品有限公司　　2019 年 01 月 31 日　　单位：元

| 车辆 | 数量 | 汽缸容量/载客人数 | 单位年税额 | 年应纳税额 | 月计提税额 |
|---|---|---|---|---|---|
| 奔驰轿车 | 1 | 2.5 | 900.00 | 900.00 | 75.00 |
| 别克商务车 | 1 | 2.5 | 900.00 | 900.00 | 75.00 |
| 雷克萨斯轿车 | 1 | 2.0 | 420.00 | 420.00 | 35.00 |
| 瑞风商务车 | 1 | 10 人 | 600.00 | 600.00 | 50.00 |
| 合　计 | | | | 2 820.00 | 235.00 |

审核：孙晓霞　　制单：于慧军

**【业务 138】 1 月 31 日计提应收账款的坏账准备**

## 1 月份应收账款坏账准备计算表

中国琴岛家居用品有限公司　　2019 年 01 月 31 日　　单位：元

| 应收账款余额 | 计提比例 | 金额 | “坏账准备”原科目余额 | 应提坏账准备金额 |
|---|---|---|---|---|
| | 3% | | | |

审核：孙晓霞　　制单：于慧军

【业务 139】 1 月 31 日结转烤花车间的制造费用

## 2019 年 1 月烤花车间制造费用明细表

中国琴岛家居用品有限公司　　单位：元

| 费用名称 | 金额 |
| --- | --- |
| 制造费用 — 烤花车间 — 办公费 | |
| 制造费用 — 烤花车间 — 财产保险费 | |
| 制造费用 — 烤花车间 — 差旅费 | |
| 制造费用 — 烤花车间 — 水电费 | |
| 制造费用 — 烤花车间 — 折旧费 | |
| 制造费用 — 烤花车间 — 职工薪酬 | |
| 制造费用 — 烤花车间 — 劳动保护费 | |
| 合　计 | |

审核：孙晓霞　　制单：于慧军

【业务 140】 1 月 31 日结转组装车间的制造费用

## 2019 年 1 月组装车间制造费用明细表

中国琴岛家居用品有限公司　　单位：元

| 费用名称 | 金额 |
| --- | --- |
| 制造费用 — 组装车间 — 办公费 | |
| 制造费用 — 组装车间 — 财产保险费 | |
| 制造费用 — 组装车间 — 水电费 | |
| 制造费用 — 组装车间 — 折旧费 | |
| 制造费用 — 组装车间 — 职工薪酬 | |
| 制造费用 — 组装车间 — 劳动保护费 | |
| 合　计 | |

审核：孙晓霞　　制单：于慧军

**【业务 141】　烤花车间半成品成本的结转**

## 产品的有关实物量和在产品的完工程度资料

中国琴岛家居用品有限公司

| 项目 | 烤花车间（第一步骤） | 组装车间（第二步骤） |
|---|---|---|
| 月初在产品数量　（只） | 4 000 | 6 000 |
| 本月投产数量　（只） | 20 000 | 20 000 |
| 本月完工产品数量　（只） | 21 000 | 23 000 |
| 月末在产品数量　（只） | 3 000 | 3 000 |
| 在产品完工程度 | 50% | 50% |

审核：孙晓霞　　制单：于慧军

## 半成品入库单

入库单编号：RK19010401

入库部门：烤花车间　　2019 年 01 月 05 日　　入库仓库：半成品库

| 类别 | 名　称 | 规格 | 单位 | 数量 | 单位成本 | 总成本 |
|---|---|---|---|---|---|---|
| 半成品 | 烤花水晶玻璃醒酒器光瓶 | | 只 | 4 000 | | |
| | | | | | | |
| | | | | | | |

质检：邓 梅　　仓库主管：田 伟　　仓管：李秋玉

## 半成品入库单

入库单编号：RK19010402

入库部门：烤花车间　　2019 年 01 月 12 日　　入库仓库：半成品库

| 类别 | 名　称 | 规格 | 单位 | 数量 | 单位成本 | 总成本 |
|---|---|---|---|---|---|---|
| 半成品 | 烤花水晶玻璃醒酒器光瓶 | | 只 | 6 000 | | |
| | | | | | | |
| | | | | | | |

质检：邓 梅　　仓库主管：田 伟　　仓管：李秋玉

## 半成品入库单

入库单编号：RK19010403

入库部门：烤花车间　　2019 年 01 月 18 日　　入库仓库：半成品库

| 类别 | 名　称 | 规格 | 单位 | 数量 | 单位成本 | 总成本 |
|---|---|---|---|---|---|---|
| 半成品 | 烤花水晶玻璃醒酒器光瓶 | | 只 | 7 000 | | |
| | | | | | | |
| | | | | | | |

质检：邓 梅　　仓库主管：田 伟　　仓管：李秋玉

## 半成品入库单

入库单编号：RK19010404

入库部门：烤花车间　　2019 年 01 月 22 日　　入库仓库：半成品库

| 类别 | 名　称 | 规格 | 单位 | 数量 | 单位成本 | 总成本 |
|---|---|---|---|---|---|---|
| 半成品 | 烤花水晶玻璃醒酒器光瓶 | | 只 | 4 000 | | |
| | | | | | | |
| | | | | | | |

质检：邓 梅　　仓库主管：田 伟　　仓管：李秋玉

## 烤花车间（第一步骤）产品（自制半成品）成本计算表

中国琴岛家居用品有限公司　　2019 年 01 月 31 日　　单位：元

| 项目 | | 直接材料 | 直接人工 | 制造费用 | 合计 |
|---|---|---|---|---|---|
| 月初在产品成本　（4 000 只） | | | | | |
| 本月发生费用　（20 000 只） | | | | | |
| 合 计 | | | | | |
| 产品产量（只） | 完工产品产量 | | | | |
| | 在产品约当产量 | | | | |
| | 合 计 | | | | |
| 单位成本（费用分配率） | | | | | |
| 转出半成品成本 | | | | | |
| 在产品成本 | | | | | |

审核：孙晓霞　　制单：于慧军

**【业务 142】　领用自制半成品**

## 组装车间领用自制半成品成本计算表

中国琴岛家居用品有限公司　　2019 年 01 月 31 日

| 月初余额 | | | 本月完工 | | 月末加权平均单位成本 | | | 本月领用 | | | 月末结存 | | |
|---|---|---|---|---|---|---|---|---|---|---|---|---|---|
| 数量（只） | 单位成本 | 实际成本 | 数量（只） | 实际成本 | 数量（只） | 实际成本 | 单位成本 | 数量（只） | 单位成本 | 实际成本 | 数量（只） | 单位成本 | 实际成本 |
| | | | | | | | | | | | | | |

审核：孙晓霞　　制单：于慧军

## 半成品出库单

领料部门：组装车间　　编号：CZ19010401

用　　途：组装醒酒器　　2019 年 01 月 03 日　　发料仓库：半成品库

| 编码 | 材料名称及规格 | 计量单位 | 数量 | | 成本 | | 备注 |
|---|---|---|---|---|---|---|---|
| | | | 请领 | 实领 | 单位成本 | 金额 | |
| | 烤花水晶玻璃醒酒器光瓶 | 只 | 3 000 | 3 000 | | | |
| | 合　计 | | | | | | |

领料单位负责人：吴 越　　领料人：王小平　　仓管：李秋玉

## 半成品出库单

领料部门：组装车间　　编号：CZ19010402

用　　途：组装醒酒器　　2019 年 01 月 06 日　　发料仓库：半成品库

| 编码 | 材料名称及规格 | 计量单位 | 数量 | | 成本 | | 备注 |
|---|---|---|---|---|---|---|---|
| | | | 请领 | 实领 | 单位成本 | 金额 | |
| | 烤花水晶玻璃醒酒器光瓶 | 只 | 6 000 | 6 000 | | | |
| | 合　计 | | | | | | |

领料单位负责人：吴 越　　领料人：王小平　　仓管：李秋玉

## 半成品出库单

领料部门：组装车间　　编号：CZ19010403

用　　途：组装醒酒器　　2019 年 01 月 13 日　　发料仓库：半成品库

| 编码 | 材料名称及规格 | 计量单位 | 数量 | | 成本 | | 备注 |
|---|---|---|---|---|---|---|---|
| | | | 请领 | 实领 | 单位成本 | 金额 | |
| | 烤花水晶玻璃醒酒器光瓶 | 只 | 6 000 | 6 000 | | | |
| | 合　计 | | | | | | |

领料单位负责人：吴 越　　领料人：王小平　　仓管：李秋玉

领料部门：组装车间　　**半成品出库单**　　编号：CZ19010404

用　　途：组装醒酒器　　2019 年 01 月 19 日　　发料仓库：半成品库

| 编码 | 材料名称及规格 | 计量单位 | 数量 | | 成本 | | 备注 |
|---|---|---|---|---|---|---|---|
| | | | 请领 | 实领 | 单位成本 | 金额 | |
| | 烤花水晶玻璃醒酒器光瓶 | 只 | 5 000 | 5 000 | | | |
| | 合　计 | | | | | | |

领料单位负责人：吴　越　　领料人：王小平　　仓管：李秋玉

**【业务 143】 组装车间完工产品成本的计算与结转**

## 组装车间（第二步骤）完工产品成本计算表

中国琴岛家居用品有限公司　　2019 年 01 月 31 日　　单位：元

| 项目 | | 自制半成品 | 直接材料 | 直接人工 | 辅助材料 | 制造费用 | 合 计 |
|---|---|---|---|---|---|---|---|
| 月初在产品成本 （6 000 只） | | | | | | | |
| 本月发生费用 （20 000 只） | | | | | | | |
| 合 计 | | | | | | | |
| 产品产量（只） | 完工产品产量 | | | | | | |
| | 在产品约当产量 | | | | | | |
| | 合 计 | | | | | | |
| 单位成本 | | | | | | | |
| 完工产品成本 | | | | | | | |
| 月末在产品成本 | | | | | | | |

审核：孙晓霞　　制单：于慧军

## 完工产品入库单

入库单编号：RZ19010501

入库部门：组装车间　　2019 年 01 月 06 日　　入库仓库：产成品库

| 类别 | 名　称 | 规格 | 单位 | 数量 | 单位成本 | 总成本 |
| --- | --- | --- | --- | --- | --- | --- |
| 产成品 | 烤花水晶玻璃醒酒器 | A-1 | 只 | 6 000 | | |
| | | | | | | |
| | | | | | | |

质检：邓 梅　　仓库主管：方 德　　仓管：孟圆圆

## 完工产品入库单

入库单编号：RZ19010502

入库部门：组装车间　　2019 年 01 月 09 日　　入库仓库：产成品库

| 类别 | 名　称 | 规格 | 单位 | 数量 | 单位成本 | 总成本 |
| --- | --- | --- | --- | --- | --- | --- |
| 产成品 | 烤花水晶玻璃醒酒器 | A-1 | 只 | 3 000 | | |
| | | | | | | |
| | | | | | | |

质检：邓 梅　　仓库主管：方 德　　仓管：孟圆圆

## 完工产品入库单

入库单编号：RZ19010503

入库部门：组装车间　　2019 年 01 月 14 日　　入库仓库：产成品库

| 类别 | 名　称 | 规格 | 单位 | 数量 | 单位成本 | 总成本 |
| --- | --- | --- | --- | --- | --- | --- |
| 产成品 | 烤花水晶玻璃醒酒器 | A-1 | 只 | 6 000 | | |
| | | | | | | |
| | | | | | | |

质检：邓 梅　　仓库主管：方 德　　仓管：孟圆圆

## 完工产品入库单

入库单编号：RZ19010504

入库部门：组装车间　　2019 年 01 月 22 日　　入库仓库：产成品库

| 类别 | 名　称 | 规格 | 单位 | 数量 | 单位成本 | 总成本 |
|---|---|---|---|---|---|---|
| 产成品 | 烤花水晶玻璃醒酒器 | A-1 | 只 | 6 000 | | |
| | | | | | | |
| | | | | | | |

质检：邓 梅　　仓库主管：方 德　　仓管：孟圆圆

## 完工产品入库单

入库单编号：RZ19010505

入库部门：组装车间　　2019 年 01 月 27 日　　入库仓库：产成品库

| 类别 | 名　称 | 规格 | 单位 | 数量 | 单位成本 | 总成本 |
|---|---|---|---|---|---|---|
| 产成品 | 烤花水晶玻璃醒酒器 | A-1 | 只 | 2 000 | | |
| | | | | | | |
| | | | | | | |

质检：邓 梅　　仓库主管：方 德　　仓管：孟圆圆

**【业务 144】 结转已销产品的成本**

## 已销产品成本计算表

中国琴岛家居用品有限公司　　2019 年 01 月 31 日　　单位：元

| 期初结存产品成本 | | | 本月完工入库产品成本 | | | 月末加权平均单位成本 | | | 本月发出产成品成本 | | | 月末结存 | | |
|---|---|---|---|---|---|---|---|---|---|---|---|---|---|---|
| 数量 | 单位成本 | 总成本 | 数量 | 单位成本 | 总成本 | 总数量 | 总成本 | 加权成本 | 数量 | 单位成本 | 总成本 | 数量 | 单位成本 | 总成本 |
| | | | | | | | | | | | | | | |

审核：孙晓霞　　制单：于慧军

## 库存商品出库单

购货单位：青岛利群商贸股份有限公司　　出库单编号：CM19010501

销售单号：SJ19010501　　2019 年 01 月 04 日　　出库仓库：产成品库

| 类别 | 名　称 | 规格 | 单位 | 数　量 | | 单位成本 | 总成本 |
|---|---|---|---|---|---|---|---|
| | | | | 应 发 | 实 发 | | |
| 产成品 | 烤花水晶玻璃醒酒器 | A-1 | 只 | 5 000 | 5 000 | | |
| | | | | | | | |
| | | | | | | | |

出库申请人：宋达　　仓库主管：方 德　　仓库保管：孟圆圆

## 库存商品出库单

购货单位：青岛万象商贸股份有限公司　　出库单编号：CM19010502

销售单号：SJ19010502　　2019 年 01 月 10 日　　出库仓库：产成品库

| 类别 | 名　称 | 规格 | 单位 | 数　量 | | 单位成本 | 总成本 |
|---|---|---|---|---|---|---|---|
| | | | | 应 发 | 实 发 | | |
| 产成品 | 烤花水晶玻璃醒酒器 | A-1 | 只 | 2 000 | 2 000 | | |
| | | | | | | | |
| | | | | | | | |

出库申请人：赵丽萍　　仓库主管：方 德　　仓库保管：孟圆圆

## 库存商品出库单

购货单位：北京大商集团股份有限公司　　出库单编号：CM19010503

销售单号：SJ19010503　　2019 年 01 月 15 日　　出库仓库：产成品库

| 类别 | 名　称 | 规格 | 单位 | 数　量 | | 单位成本 | 总成本 |
|---|---|---|---|---|---|---|---|
| | | | | 应 发 | 实 发 | | |
| 产成品 | 烤花水晶玻璃醒酒器 | A-1 | 只 | 4 000 | 4 000 | | |
| | | | | | | | |
| | | | | | | | |

出库申请人：徐建业　　仓库主管：方 德　　仓库保管：孟圆圆

## 库存商品出库单

购货单位：上海百联集团股份有限公司　　出库单编号：CM19010504

销售单号：SJ19010504　　2019 年 01 月 19 日　　出库仓库：产成品库

| 类别 | 名　称 | 规格 | 单位 | 数　量 | | 单位成本 | 总成本 |
|---|---|---|---|---|---|---|---|
| | | | | 应 发 | 实 发 | | |
| 产成品 | 烤花水晶玻璃醒酒器 | A-1 | 只 | 3 000 | 3 000 | | |
| | | | | | | | |
| | | | | | | | |

出库申请人：王黎明　　仓库主管：方 德　　仓库保管：孟圆圆

## 库存商品出库单

购货单位：广州长青商贸股份有限公司　　出库单编号：CM19010505

销售单号：SJ19010505　　2019 年 01 月 26 日　　出库仓库：产成品库

| 类别 | 名　称 | 规格 | 单位 | 数　量 | | 单位成本 | 总成本 |
|---|---|---|---|---|---|---|---|
| | | | | 应 发 | 实 发 | | |
| 产成品 | 烤花水晶玻璃醒酒器 | A-1 | 只 | 6 000 | 6 000 | | |
| | | | | | | | |
| | | | | | | | |

出库申请人：孙明光　　仓库主管：方 德　　仓库保管：孟圆圆

**【业务 145】 1 月 31 日结转损益类账户中的收入类账户**

## 1 月份收入类账户累计发生额明细表

中国琴岛家居用品有限公司　　2019 年 01 月 31 日　　单位：元

| 账户名称 | 借方累计发生额 | 贷方累计发生额 |
|---|---|---|
| 主营业务收入—烤花水晶玻璃醒酒器 | | |
| 投资收益 | | |
| 营业外收入—罚没收入 | | |
| 合　计 | | |

审核：孙晓霞　　制单：于慧军

**【业务 146】 1 月 31 日结转损益类账户中的费用类账户**

# 1 月份费用类账户累计发生额明细表

中国琴岛家居用品有限公司　　2019 年 01 月 31 日　　单位：元

| 账户名称 | 借方累计发生额 | 贷方累计发生额 |
|---|---|---|
| 主营业务成本—烤花水晶玻璃醒酒器 | | |
| 税金及附加 | | |
| 销售费用 — 办公费 | | |
| 销售费用 — 差旅费 | | |
| 销售费用 — 工会经费 | | |
| 销售费用 — 工资 | | |
| 销售费用 — 广告费 | | |
| 销售费用 — 社会保险费 | | |
| 销售费用 — 水电费 | | |
| 销售费用 — 通讯费 | | |
| 销售费用 — 物业费 | | |
| 销售费用 — 运输费 | | |
| 销售费用 — 展览费 | | |
| 销售费用 — 折旧费 | | |
| 销售费用 — 职工福利 | | |
| 销售费用 — 职工教育经费 | | |
| 销售费用 — 住房公积金 | | |
| 管理费用 — 办公费 | | |
| 管理费用 — 差旅费 | | |
| 管理费用 — 物业费 | | |
| 管理费用 — 水电费 | | |
| 管理费用 — 通讯费 | | |
| 管理费用 — 折旧费 | | |
| 管理费用 — 工资 | | |
| 管理费用 — 社会保险费 | | |
| 管理费用 — 住房公积金 | | |
| 管理费用 — 工会经费 | | |
| 管理费用 — 职工教育经费 | | |
| 管理费用 — 职工福利 | | |

续表

| 账户名称 | 借方累计发生额 | 贷方累计发生额 |
| --- | --- | --- |
| 管理费用 — 业务招待费 | | |
| 管理费用 — 汽车费用 | | |
| 管理费用 — 维修费 | | |
| 管理费用 — 无形资产摊销 | | |
| 管理费用 — 其他 | | |
| 财务费用 — 利息支出 | | |
| 财务费用 — 利息收入 | | |
| 财务费用 — 手续费 | | |
| 财务费用 — 现金折扣 | | |
| 资产减值损失 | | |
| 公允价值变动损益 | | |
| 资产处置损益 | | |
| 营业外支出 — 罚款支出 | | |
| 营业外支出 — 捐赠支出 | | |
| 营业外支出 — 非流动资产毁损报废损失 | | |
| 合　计 | | |

审核：孙晓霞　　　　制单：于慧军

**【业务 147】　1 月 31 日计算本月应交企业所得税**

## 1 月份应交企业所得税计算表

中国琴岛家居用品有限公司　　2019 年 01 月 31 日　　单位：元

| 利润总额 | 弥补以前年度亏损 | 实际利润额 | 税率 | 所得税费用 | 备　注 |
| --- | --- | --- | --- | --- | --- |
| | 0 | | 25% | | 本公司为分季预缴，年终汇算清缴，月度计算应交所得税时暂不考虑纳税调整项 |

审核：孙晓霞　　　　制单：于慧军

**【业务 148】　1 月 31 日将所得税费用转入本年利润**

# 第6章

# 手工实验主要材料样式

## 6.1 记账凭证

**记 账 凭 证**

字第 号

年 月 日

| 摘要 | 总账科目 | 明细科目 | 借方金额 | | | | | | | | | | | 贷方金额 | | | | | | | | | | | √ |
|---|---|---|---|---|---|---|---|---|---|---|---|---|---|---|---|---|---|---|---|---|---|---|---|---|---|
| | | | 亿 | 千 | 百 | 十 | 万 | 千 | 百 | 十 | 元 | 角 | 分 | 亿 | 千 | 百 | 十 | 万 | 千 | 百 | 十 | 元 | 角 | 分 | |
| | | | | | | | | | | | | | | | | | | | | | | | | | |
| | | | | | | | | | | | | | | | | | | | | | | | | | |
| | | | | | | | | | | | | | | | | | | | | | | | | | |
| | | | | | | | | | | | | | | | | | | | | | | | | | |
| | | | | | | | | | | | | | | | | | | | | | | | | | |
| | | | | | | | | | | | | | | | | | | | | | | | | | |
| 合 计 | | | | | | | | | | | | | | | | | | | | | | | | | |

附单据 张

会计主管： 记账： 出纳： 复核： 制单：

## 6.2 库存现金日记账

### 库存现金日记账

| 年 | | 凭证号数 | 摘要 | √ | 收入（借方）金额 | | | | | | | | | | 付出（贷方）金额 | | | | | | | | | | 结余金额 | | | | | | | | | |
|---|---|---|---|---|---|---|---|---|---|---|---|---|---|---|---|---|---|---|---|---|---|---|---|---|---|---|---|---|---|---|---|---|---|---|
| 月 | 日 | | | | 千 | 百 | 十 | 万 | 千 | 百 | 十 | 元 | 角 | 分 | 千 | 百 | 十 | 万 | 千 | 百 | 十 | 元 | 角 | 分 | 千 | 百 | 十 | 万 | 千 | 百 | 十 | 元 | 角 | 分 |
| | | | | | | | | | | | | | | | | | | | | | | | | | | | | | | | | | | |
| | | | | | | | | | | | | | | | | | | | | | | | | | | | | | | | | | | |
| | | | | | | | | | | | | | | | | | | | | | | | | | | | | | | | | | | |
| | | | | | | | | | | | | | | | | | | | | | | | | | | | | | | | | | | |
| | | | | | | | | | | | | | | | | | | | | | | | | | | | | | | | | | | |
| | | | | | | | | | | | | | | | | | | | | | | | | | | | | | | | | | | |
| | | | | | | | | | | | | | | | | | | | | | | | | | | | | | | | | | | |
| | | | | | | | | | | | | | | | | | | | | | | | | | | | | | | | | | | |
| | | | | | | | | | | | | | | | | | | | | | | | | | | | | | | | | | | |
| | | | | | | | | | | | | | | | | | | | | | | | | | | | | | | | | | | |
| | | | | | | | | | | | | | | | | | | | | | | | | | | | | | | | | | | |
| | | | | | | | | | | | | | | | | | | | | | | | | | | | | | | | | | | |
| | | | | | | | | | | | | | | | | | | | | | | | | | | | | | | | | | | |
| | | | | | | | | | | | | | | | | | | | | | | | | | | | | | | | | | | |
| | | | | | | | | | | | | | | | | | | | | | | | | | | | | | | | | | | |
| | | | | | | | | | | | | | | | | | | | | | | | | | | | | | | | | | | |
| | | | | | | | | | | | | | | | | | | | | | | | | | | | | | | | | | | |
| | | | | | | | | | | | | | | | | | | | | | | | | | | | | | | | | | | |
| | | | | | | | | | | | | | | | | | | | | | | | | | | | | | | | | | | |
| | | | | | | | | | | | | | | | | | | | | | | | | | | | | | | | | | | |
| | | | | | | | | | | | | | | | | | | | | | | | | | | | | | | | | | | |

## 6.3　银行存款日记账

# 银行存款日记账

开户行及账号：

| 年 | | 凭证号数 | 摘　　要 | √ | 收入（借方）金额 | | | | | | | | | 付出（贷方）金额 | | | | | | | | | 结余金额 | | | | | | | | |
|---|---|---|---|---|---|---|---|---|---|---|---|---|---|---|---|---|---|---|---|---|---|---|---|---|---|---|---|---|---|---|---|
| 月 | 日 | | | | 千 | 百 | 十 | 万 | 千 | 百 | 十 | 元 | 角 | 分 | 千 | 百 | 十 | 万 | 千 | 百 | 十 | 元 | 角 | 分 | 千 | 百 | 十 | 万 | 千 | 百 | 十 | 元 | 角 | 分 |
| | | | | | | | | | | | | | | | | | | | | | | | | | | | | | | | | | | |
| | | | | | | | | | | | | | | | | | | | | | | | | | | | | | | | | | | |
| | | | | | | | | | | | | | | | | | | | | | | | | | | | | | | | | | | |
| | | | | | | | | | | | | | | | | | | | | | | | | | | | | | | | | | | |
| | | | | | | | | | | | | | | | | | | | | | | | | | | | | | | | | | | |
| | | | | | | | | | | | | | | | | | | | | | | | | | | | | | | | | | | |
| | | | | | | | | | | | | | | | | | | | | | | | | | | | | | | | | | | |
| | | | | | | | | | | | | | | | | | | | | | | | | | | | | | | | | | | |
| | | | | | | | | | | | | | | | | | | | | | | | | | | | | | | | | | | |
| | | | | | | | | | | | | | | | | | | | | | | | | | | | | | | | | | | |
| | | | | | | | | | | | | | | | | | | | | | | | | | | | | | | | | | | |
| | | | | | | | | | | | | | | | | | | | | | | | | | | | | | | | | | | |
| | | | | | | | | | | | | | | | | | | | | | | | | | | | | | | | | | | |
| | | | | | | | | | | | | | | | | | | | | | | | | | | | | | | | | | | |
| | | | | | | | | | | | | | | | | | | | | | | | | | | | | | | | | | | |
| | | | | | | | | | | | | | | | | | | | | | | | | | | | | | | | | | | |
| | | | | | | | | | | | | | | | | | | | | | | | | | | | | | | | | | | |
| | | | | | | | | | | | | | | | | | | | | | | | | | | | | | | | | | | |
| | | | | | | | | | | | | | | | | | | | | | | | | | | | | | | | | | | |
| | | | | | | | | | | | | | | | | | | | | | | | | | | | | | | | | | | |
| | | | | | | | | | | | | | | | | | | | | | | | | | | | | | | | | | | |

## 6.4 三栏式明细账

______________________________

______级科目编号及名称__________

______级科目编号及名称__________

| 年 | | 凭证 | | 摘要 | 日页 | 借方 | | | | | | | | | | | 贷方 | | | | | | | | | | | 借或贷 | 余额 | | | | | | | | | | |
|---|---|---|---|---|---|---|---|---|---|---|---|---|---|---|---|---|---|---|---|---|---|---|---|---|---|---|---|---|---|---|---|---|---|---|---|---|---|---|---|
| 月 | 日 | 种类 | 号数 | | | 千 | 百 | 十 | 万 | 千 | 百 | 十 | 元 | 角 | 分 | ✓ | 千 | 百 | 十 | 万 | 千 | 百 | 十 | 元 | 角 | 分 | ✓ | | 千 | 百 | 十 | 万 | 千 | 百 | 十 | 元 | 角 | 分 | ✓ |
| | | | | | | | | | | | | | | | | | | | | | | | | | | | | | | | | | | | | | | | |
| | | | | | | | | | | | | | | | | | | | | | | | | | | | | | | | | | | | | | | | |
| | | | | | | | | | | | | | | | | | | | | | | | | | | | | | | | | | | | | | | | |
| | | | | | | | | | | | | | | | | | | | | | | | | | | | | | | | | | | | | | | | |
| | | | | | | | | | | | | | | | | | | | | | | | | | | | | | | | | | | | | | | | |
| | | | | | | | | | | | | | | | | | | | | | | | | | | | | | | | | | | | | | | | |
| | | | | | | | | | | | | | | | | | | | | | | | | | | | | | | | | | | | | | | | |
| | | | | | | | | | | | | | | | | | | | | | | | | | | | | | | | | | | | | | | | |
| | | | | | | | | | | | | | | | | | | | | | | | | | | | | | | | | | | | | | | | |
| | | | | | | | | | | | | | | | | | | | | | | | | | | | | | | | | | | | | | | | |
| | | | | | | | | | | | | | | | | | | | | | | | | | | | | | | | | | | | | | | | |
| | | | | | | | | | | | | | | | | | | | | | | | | | | | | | | | | | | | | | | | |
| | | | | | | | | | | | | | | | | | | | | | | | | | | | | | | | | | | | | | | | |
| | | | | | | | | | | | | | | | | | | | | | | | | | | | | | | | | | | | | | | | |
| | | | | | | | | | | | | | | | | | | | | | | | | | | | | | | | | | | | | | | | |
| | | | | | | | | | | | | | | | | | | | | | | | | | | | | | | | | | | | | | | | |
| | | | | | | | | | | | | | | | | | | | | | | | | | | | | | | | | | | | | | | | |
| | | | | | | | | | | | | | | | | | | | | | | | | | | | | | | | | | | | | | | | |
| | | | | | | | | | | | | | | | | | | | | | | | | | | | | | | | | | | | | | | | |
| | | | | | | | | | | | | | | | | | | | | | | | | | | | | | | | | | | | | | | | |
| | | | | | | | | | | | | | | | | | | | | | | | | | | | | | | | | | | | | | | | |

## 6.5　数量金额式明细账

明细科目：________　　　　________________________

类　　别：________　　　品名：________　　　　计量单位:________

| 年 | | 记账凭证 | | 摘　　要 | 收　　入（借　方） | | | | | | | | | | | | 发　　出（贷　方） | | | | | | | | | | | | 结　　存 | | | | | | | | | | | |
|---|---|---|---|---|---|---|---|---|---|---|---|---|---|---|---|---|---|---|---|---|---|---|---|---|---|---|---|---|---|---|---|---|---|---|---|---|---|---|---|---|
| | | | | | 数量 | 单价 | 金　　额 | | | | | | | | | | 数量 | 单价 | 金　　额 | | | | | | | | | | 数量 | 单价 | 金　　额 | | | | | | | | | |
| 月 | 日 | 种类 | 号数 | | | | 千 | 百 | 十 | 万 | 千 | 百 | 十 | 元 | 角 | 分 | | | 千 | 百 | 十 | 万 | 千 | 百 | 十 | 元 | 角 | 分 | | | 千 | 百 | 十 | 万 | 千 | 百 | 十 | 元 | 角 | 分 |
| | | | | | | | | | | | | | | | | | | | | | | | | | | | | | | | | | | | | | | | | |
| | | | | | | | | | | | | | | | | | | | | | | | | | | | | | | | | | | | | | | | | |
| | | | | | | | | | | | | | | | | | | | | | | | | | | | | | | | | | | | | | | | | |
| | | | | | | | | | | | | | | | | | | | | | | | | | | | | | | | | | | | | | | | | |
| | | | | | | | | | | | | | | | | | | | | | | | | | | | | | | | | | | | | | | | | |
| | | | | | | | | | | | | | | | | | | | | | | | | | | | | | | | | | | | | | | | | |
| | | | | | | | | | | | | | | | | | | | | | | | | | | | | | | | | | | | | | | | | |
| | | | | | | | | | | | | | | | | | | | | | | | | | | | | | | | | | | | | | | | | |
| | | | | | | | | | | | | | | | | | | | | | | | | | | | | | | | | | | | | | | | | |
| | | | | | | | | | | | | | | | | | | | | | | | | | | | | | | | | | | | | | | | | |
| | | | | | | | | | | | | | | | | | | | | | | | | | | | | | | | | | | | | | | | | |
| | | | | | | | | | | | | | | | | | | | | | | | | | | | | | | | | | | | | | | | | |
| | | | | | | | | | | | | | | | | | | | | | | | | | | | | | | | | | | | | | | | | |
| | | | | | | | | | | | | | | | | | | | | | | | | | | | | | | | | | | | | | | | | |
| | | | | | | | | | | | | | | | | | | | | | | | | | | | | | | | | | | | | | | | | |
| | | | | | | | | | | | | | | | | | | | | | | | | | | | | | | | | | | | | | | | | |
| | | | | | | | | | | | | | | | | | | | | | | | | | | | | | | | | | | | | | | | | |
| | | | | | | | | | | | | | | | | | | | | | | | | | | | | | | | | | | | | | | | | |
| | | | | | | | | | | | | | | | | | | | | | | | | | | | | | | | | | | | | | | | | |
| | | | | | | | | | | | | | | | | | | | | | | | | | | | | | | | | | | | | | | | | |
| | | | | | | | | | | | | | | | | | | | | | | | | | | | | | | | | | | | | | | | | |

## 6.6 多栏式明细账

| 年 | | 凭证 | | 摘要 | | | | | | | |
|---|---|---|---|---|---|---|---|---|---|---|---|
| 月 | 日 | 种类 | 号数 | | 百十万千百十元角分 | 百十万千百十元角分 | 百十万千百十元角分 | 百十万千百十元角分 | 百十万千百十元角分 | 百十万千百十元角分 | 百十万千百十元角分 |
| | | | | | | | | | | | |
| | | | | | | | | | | | |
| | | | | | | | | | | | |
| | | | | | | | | | | | |
| | | | | | | | | | | | |
| | | | | | | | | | | | |
| | | | | | | | | | | | |
| | | | | | | | | | | | |
| | | | | | | | | | | | |
| | | | | | | | | | | | |
| | | | | | | | | | | | |
| | | | | | | | | | | | |
| | | | | | | | | | | | |
| | | | | | | | | | | | |
| | | | | | | | | | | | |
| | | | | | | | | | | | |
| | | | | | | | | | | | |
| | | | | | | | | | | | |
| | | | | | | | | | | | |
| | | | | | | | | | | | |
| | | | | | | | | | | | |

| 百十万千百十元角分 | 百十万千百十元角分 | 百十万千百十元角分 | 百十万千百十元角分 | 百十万千百十元角分 | 百十万千百十元角分 | 百十万千百十元角分 | 百十万千百十元角分 | 百十万千百十元角分 | 百十万千百十元角分 |
|---|---|---|---|---|---|---|---|---|---|
| | | | | | | | | | |
| | | | | | | | | | |
| | | | | | | | | | |
| | | | | | | | | | |
| | | | | | | | | | |
| | | | | | | | | | |
| | | | | | | | | | |
| | | | | | | | | | |
| | | | | | | | | | |
| | | | | | | | | | |
| | | | | | | | | | |
| | | | | | | | | | |
| | | | | | | | | | |
| | | | | | | | | | |
| | | | | | | | | | |
| | | | | | | | | | |
| | | | | | | | | | |
| | | | | | | | | | |
| | | | | | | | | | |
| | | | | | | | | | |
| | | | | | | | | | |

# 6.7 总分类账

| 年 | | 凭证号数 | 摘要 | √ | 借方 | | | | | | | | | | 贷方 | | | | | | | | | | 借或贷 | 结余金额 | | | | | | | | | |
|---|---|---|---|---|---|---|---|---|---|---|---|---|---|---|---|---|---|---|---|---|---|---|---|---|---|---|---|---|---|---|---|---|---|---|---|
| 月 | 日 | | | | 千 | 百 | 十 | 万 | 千 | 百 | 十 | 元 | 角 | 分 | 千 | 百 | 十 | 万 | 千 | 百 | 十 | 元 | 角 | 分 | | 千 | 百 | 十 | 万 | 千 | 百 | 十 | 元 | 角 | 分 |
| | | | | | | | | | | | | | | | | | | | | | | | | | | | | | | | | | | | |
| | | | | | | | | | | | | | | | | | | | | | | | | | | | | | | | | | | | |
| | | | | | | | | | | | | | | | | | | | | | | | | | | | | | | | | | | | |
| | | | | | | | | | | | | | | | | | | | | | | | | | | | | | | | | | | | |
| | | | | | | | | | | | | | | | | | | | | | | | | | | | | | | | | | | | |
| | | | | | | | | | | | | | | | | | | | | | | | | | | | | | | | | | | | |
| | | | | | | | | | | | | | | | | | | | | | | | | | | | | | | | | | | | |
| | | | | | | | | | | | | | | | | | | | | | | | | | | | | | | | | | | | |
| | | | | | | | | | | | | | | | | | | | | | | | | | | | | | | | | | | | |
| | | | | | | | | | | | | | | | | | | | | | | | | | | | | | | | | | | | |
| | | | | | | | | | | | | | | | | | | | | | | | | | | | | | | | | | | | |
| | | | | | | | | | | | | | | | | | | | | | | | | | | | | | | | | | | | |
| | | | | | | | | | | | | | | | | | | | | | | | | | | | | | | | | | | | |
| | | | | | | | | | | | | | | | | | | | | | | | | | | | | | | | | | | | |
| | | | | | | | | | | | | | | | | | | | | | | | | | | | | | | | | | | | |
| | | | | | | | | | | | | | | | | | | | | | | | | | | | | | | | | | | | |
| | | | | | | | | | | | | | | | | | | | | | | | | | | | | | | | | | | | |
| | | | | | | | | | | | | | | | | | | | | | | | | | | | | | | | | | | | |
| | | | | | | | | | | | | | | | | | | | | | | | | | | | | | | | | | | | |
| | | | | | | | | | | | | | | | | | | | | | | | | | | | | | | | | | | | |
| | | | | | | | | | | | | | | | | | | | | | | | | | | | | | | | | | | | |

# 总分类账目录

| 编　号 | 科　　目 | 起讫页码 | 编　号 | 科　　目 | 起讫页码 |
|---|---|---|---|---|---|
| | | | | | |
| | | | | | |
| | | | | | |
| | | | | | |
| | | | | | |
| | | | | | |
| | | | | | |
| | | | | | |
| | | | | | |
| | | | | | |
| | | | | | |
| | | | | | |
| | | | | | |
| | | | | | |
| | | | | | |
| | | | | | |
| | | | | | |
| | | | | | |

## 6.8 账簿启用及接交表

### 账簿启用及接交表

| | | 印　　鉴 |
|---|---|---|
| 单位名称 | | |
| 账簿名称 | （第　　册） | |
| 账簿编号 | | |
| 账簿页数 | 本账簿共计（　　）页（页数检点人盖章　　） | |
| 启用日期 | 公元　　年　　月　　日 | |

| 负责人 | | 主办会计 | | 复核 | | 记账 | |
|---|---|---|---|---|---|---|---|
| 姓名 | 盖章 | 姓名 | 盖章 | 姓名 | 盖章 | 姓名 | 盖章 |
| | | | | | | | |

| 经管人员 | | 接管 | | | | 交出 | | | |
|---|---|---|---|---|---|---|---|---|---|
| 职别 | 姓名 | 年 | 月 | 日 | 盖章 | 年 | 月 | 日 | 盖章 |
| | | | | | | | | | |
| | | | | | | | | | |
| | | | | | | | | | |
| | | | | | | | | | |

# 目　录

| 编　号 | 科　目 | 起讫页码 | 编　号 | 科　目 | 起讫页码 |
| --- | --- | --- | --- | --- | --- |
| | | | | | |
| | | | | | |
| | | | | | |
| | | | | | |
| | | | | | |
| | | | | | |
| | | | | | |
| | | | | | |
| | | | | | |
| | | | | | |
| | | | | | |
| | | | | | |
| | | | | | |
| | | | | | |
| | | | | | |
| | | | | | |
| | | | | | |
| | | | | | |

## 6.9 科目汇总表

# 科 目 汇 总 表

年 月 日至 日

第（ ）号

| 会计科目 | 借方 | | | | | | | | | | 贷方 | | | | | | | | | | 过账 | 备注 |
|---|---|---|---|---|---|---|---|---|---|---|---|---|---|---|---|---|---|---|---|---|---|---|
| | 千 | 百 | 十 | 万 | 千 | 百 | 十 | 元 | 角 | 分 | 千 | 百 | 十 | 万 | 千 | 百 | 十 | 元 | 角 | 分 | | |
| | | | | | | | | | | | | | | | | | | | | | | |
| | | | | | | | | | | | | | | | | | | | | | | |
| | | | | | | | | | | | | | | | | | | | | | | |
| | | | | | | | | | | | | | | | | | | | | | | |
| | | | | | | | | | | | | | | | | | | | | | | |
| | | | | | | | | | | | | | | | | | | | | | | |
| | | | | | | | | | | | | | | | | | | | | | | |
| | | | | | | | | | | | | | | | | | | | | | | |
| | | | | | | | | | | | | | | | | | | | | | | |
| | | | | | | | | | | | | | | | | | | | | | | |
| | | | | | | | | | | | | | | | | | | | | | | |
| | | | | | | | | | | | | | | | | | | | | | | |
| | | | | | | | | | | | | | | | | | | | | | | |
| | | | | | | | | | | | | | | | | | | | | | | |
| | | | | | | | | | | | | | | | | | | | | | | |
| | | | | | | | | | | | | | | | | | | | | | | |
| | | | | | | | | | | | | | | | | | | | | | | |
| | | | | | | | | | | | | | | | | | | | | | | |
| | | | | | | | | | | | | | | | | | | | | | | |
| | | | | | | | | | | | | | | | | | | | | | | |
| | | | | | | | | | | | | | | | | | | | | | | |
| | | | | | | | | | | | | | | | | | | | | | | |
| | | | | | | | | | | | | | | | | | | | | | | |
| | | | | | | | | | | | | | | | | | | | | | | |
| | | | | | | | | | | | | | | | | | | | | | | |

财务经理： 记账： 复核： 制表：

# 科目汇总表

年　月　日至　日

第（　　）号

| 会计科目 | 借方 | | | | | | | | | | 贷方 | | | | | | | | | | 过账 | 备注 |
|---|---|---|---|---|---|---|---|---|---|---|---|---|---|---|---|---|---|---|---|---|---|---|
| | 千 | 百 | 十 | 万 | 千 | 百 | 十 | 元 | 角 | 分 | 千 | 百 | 十 | 万 | 千 | 百 | 十 | 元 | 角 | 分 | | |
| | | | | | | | | | | | | | | | | | | | | | | |
| | | | | | | | | | | | | | | | | | | | | | | |
| | | | | | | | | | | | | | | | | | | | | | | |
| | | | | | | | | | | | | | | | | | | | | | | |
| | | | | | | | | | | | | | | | | | | | | | | |
| | | | | | | | | | | | | | | | | | | | | | | |
| | | | | | | | | | | | | | | | | | | | | | | |
| | | | | | | | | | | | | | | | | | | | | | | |
| | | | | | | | | | | | | | | | | | | | | | | |
| | | | | | | | | | | | | | | | | | | | | | | |
| | | | | | | | | | | | | | | | | | | | | | | |
| | | | | | | | | | | | | | | | | | | | | | | |
| | | | | | | | | | | | | | | | | | | | | | | |
| | | | | | | | | | | | | | | | | | | | | | | |
| | | | | | | | | | | | | | | | | | | | | | | |
| | | | | | | | | | | | | | | | | | | | | | | |
| | | | | | | | | | | | | | | | | | | | | | | |
| | | | | | | | | | | | | | | | | | | | | | | |
| | | | | | | | | | | | | | | | | | | | | | | |
| | | | | | | | | | | | | | | | | | | | | | | |
| | | | | | | | | | | | | | | | | | | | | | | |
| | | | | | | | | | | | | | | | | | | | | | | |
| | | | | | | | | | | | | | | | | | | | | | | |
| | | | | | | | | | | | | | | | | | | | | | | |
| | | | | | | | | | | | | | | | | | | | | | | |

财务经理：　　　　记账：　　　　复核：　　　　制表：

# 科目汇总表

年　月　日至　日

第（　　）号

| 会计科目 | 借方 | | | | | | | | | | 贷方 | | | | | | | | | | 过账 | 备注 |
|---|---|---|---|---|---|---|---|---|---|---|---|---|---|---|---|---|---|---|---|---|---|---|
| | 千 | 百 | 十 | 万 | 千 | 百 | 十 | 元 | 角 | 分 | 千 | 百 | 十 | 万 | 千 | 百 | 十 | 元 | 角 | 分 | | |
| | | | | | | | | | | | | | | | | | | | | | | |
| | | | | | | | | | | | | | | | | | | | | | | |
| | | | | | | | | | | | | | | | | | | | | | | |
| | | | | | | | | | | | | | | | | | | | | | | |
| | | | | | | | | | | | | | | | | | | | | | | |
| | | | | | | | | | | | | | | | | | | | | | | |
| | | | | | | | | | | | | | | | | | | | | | | |
| | | | | | | | | | | | | | | | | | | | | | | |
| | | | | | | | | | | | | | | | | | | | | | | |
| | | | | | | | | | | | | | | | | | | | | | | |
| | | | | | | | | | | | | | | | | | | | | | | |
| | | | | | | | | | | | | | | | | | | | | | | |
| | | | | | | | | | | | | | | | | | | | | | | |
| | | | | | | | | | | | | | | | | | | | | | | |
| | | | | | | | | | | | | | | | | | | | | | | |
| | | | | | | | | | | | | | | | | | | | | | | |
| | | | | | | | | | | | | | | | | | | | | | | |
| | | | | | | | | | | | | | | | | | | | | | | |
| | | | | | | | | | | | | | | | | | | | | | | |
| | | | | | | | | | | | | | | | | | | | | | | |
| | | | | | | | | | | | | | | | | | | | | | | |
| | | | | | | | | | | | | | | | | | | | | | | |
| | | | | | | | | | | | | | | | | | | | | | | |
| | | | | | | | | | | | | | | | | | | | | | | |
| | | | | | | | | | | | | | | | | | | | | | | |

财务经理：　　　记账：　　　复核：　　　制表：

# 科 目 汇 总 表

年　月　日至　日

第（　　）号

| 会计科目 | 借方 | | | | | | | | | | 贷方 | | | | | | | | | | 过账 | 备注 |
|---|---|---|---|---|---|---|---|---|---|---|---|---|---|---|---|---|---|---|---|---|---|---|
| | 千 | 百 | 十 | 万 | 千 | 百 | 十 | 元 | 角 | 分 | 千 | 百 | 十 | 万 | 千 | 百 | 十 | 元 | 角 | 分 | | |
| | | | | | | | | | | | | | | | | | | | | | | |
| | | | | | | | | | | | | | | | | | | | | | | |
| | | | | | | | | | | | | | | | | | | | | | | |
| | | | | | | | | | | | | | | | | | | | | | | |
| | | | | | | | | | | | | | | | | | | | | | | |
| | | | | | | | | | | | | | | | | | | | | | | |
| | | | | | | | | | | | | | | | | | | | | | | |
| | | | | | | | | | | | | | | | | | | | | | | |
| | | | | | | | | | | | | | | | | | | | | | | |
| | | | | | | | | | | | | | | | | | | | | | | |
| | | | | | | | | | | | | | | | | | | | | | | |
| | | | | | | | | | | | | | | | | | | | | | | |
| | | | | | | | | | | | | | | | | | | | | | | |
| | | | | | | | | | | | | | | | | | | | | | | |
| | | | | | | | | | | | | | | | | | | | | | | |
| | | | | | | | | | | | | | | | | | | | | | | |
| | | | | | | | | | | | | | | | | | | | | | | |
| | | | | | | | | | | | | | | | | | | | | | | |
| | | | | | | | | | | | | | | | | | | | | | | |
| | | | | | | | | | | | | | | | | | | | | | | |
| | | | | | | | | | | | | | | | | | | | | | | |
| | | | | | | | | | | | | | | | | | | | | | | |
| | | | | | | | | | | | | | | | | | | | | | | |
| | | | | | | | | | | | | | | | | | | | | | | |
| | | | | | | | | | | | | | | | | | | | | | | |

财务经理：　　　记账：　　　复核：　　　制表：

# 6.10 资产负债表

## 资产负债表

会企 01 表

编制单位：　　　　　　　　　　　　＿＿年＿＿月＿＿日　　　　　　　　　　　　单位：元

| 资　产 | 期末余额 | 年初余额 | 负债和所有者权益（或股东权益） | 期末余额 | 年初余额 |
|---|---|---|---|---|---|
| 流动资产： | | | 流动负债： | | |
| 货币资金 | | | 短期借款 | | |
| 以公允价值计量且其变动计入当期损益的金融资产 | | | 以公允价值计量且其变动计入当期损益的金融负债 | | |
| 衍生金融资产 | | | 衍生金融负债 | | |
| 应收票据及应收账款 | | | 应付票据及应付账款 | | |
| 预付款项 | | | 预收款项 | | |
| 其他应收款 | | | 应付职工薪酬 | | |
| 存货 | | | 应交税费 | | |
| 持有待售资产 | | | 其他应付款 | | |
| 一年内到期的非流动资产 | | | 持有待售负债 | | |
| 其他流动资产 | | | 一年内到期的非流动负债 | | |
| 流动资产合计 | | | 其他流动负债 | | |
| 非流动资产： | | | 流动负债合计 | | |
| 可供出售金融资产 | | | 非流动负债： | | |
| 持有至到期投资 | | | 长期借款 | | |
| 长期应收款 | | | 应付债券 | | |
| 长期股权投资 | | | 其中：优先股 | | |
| 投资性房地产 | | | 永续债 | | |
| 固定资产 | | | 长期应付款 | | |
| 在建工程 | | | 预计负债 | | |
| 生产性生物资产 | | | 递延所得税负债 | | |
| 油气资产 | | | 其他非流动负债 | | |
| 无形资产 | | | 非流动负债合计 | | |
| 开发支出 | | | 负债合计 | | |
| 商誉 | | | 所有者权益（或股东权益）： | | |
| 长期待摊费用 | | | 实收资本（或股本） | | |
| 递延所得税资产 | | | 其他权益工具 | | |
| 其他非流动资产 | | | 其中：优先股 | | |
| 非流动资产合计 | | | 永续债 | | |
| | | | 资本公积 | | |
| | | | 减：库存股 | | |
| | | | 其他综合收益 | | |
| | | | 盈余公积 | | |
| | | | 未分配利润 | | |
| | | | 所有者权益（或股东权益）合计 | | |
| 资产总计 | | | 负债和所有者权益（或股东权益）总计 | | |

# 6.11　利润表

## 利 润 表

会企 02 表

编制单位：　　　　　　　　　　　　____年____月　　　　　　　　　　　　单位：元

| 项　　目 | 本期金额 | 上期金额 |
|---|---|---|
| 一、营业收入 | | |
| 减：营业成本 | | |
| 税金及附加 | | |
| 销售费用 | | |
| 管理费用 | | |
| 其中：研发费用 | | |
| 财务费用 | | |
| 其中：利息费用 | | |
| 利息收入 | | |
| 资产减值损失 | | |
| 加：其他收益 | | |
| 投资收益（损失以“—”号填列） | | |
| 其中：对联营企业和合营企业的投资收益 | | |
| 公允价值变动收益（损失以“—”号填列） | | |
| 资产处置收益（损失“—”号填列） | | |
| 二、营业利润（亏损以“—”填号列） | | |
| 加：营业外收入 | | |
| 减：营业外支出 | | |
| 三、利润总额（亏损总额以“—”号填列） | | |
| 减：所得税费用 | | |
| 四、净利润（净亏损以“—”号填列） | | |
| （一）持续经营净利润（净亏损以“—”号填列） | | |
| （二）终止经营净利润（净亏损以“—”号填列） | | |
| 五、其他综合收益的税后净额 | | |
| （一）不能重分类进损益的其他综合收益 | | |
| 1. 重新计量设定受益计划变动额 | | |
| 2. 权益法下不能转损益的其他综合收益 | | |
| …… | | |
| （二）将重分类进损益的其他综合收益 | | |
| 1. 权益法下可转损益的其他综合收益 | | |
| 2. 可供出售金融资产公允价值变动损益 | | |
| 3. 持有至到期投资重分类为可供出售金融资产损益 | | |
| 4. 现金流量套期损益的有效部分 | | |
| 5. 外币财务报表折算差额 | | |
| …… | | |
| 六、综合收益总额 | | |
| 七、每股收益 | | |
| （一）基本每股收益 | | |
| （二）稀释每股收益 | | |

# 第 7 章

# 参考答案

手工实验配有电子版答案，包括会计分录、原始附件的填列、明细账、总账、会计报表、科目汇总表等，以下仅附部分答案内容。

## 7.1　1 月份未交增值税计算表

### 1 月份未交增值税计算表

中国琴岛家居用品有限公司　　2019 年 01 月 31 日　　单位：元

| 序号 | 明细科目 | 借方余额 | 贷方余额 |
|---|---|---|---|
| 1 | 上期留抵金额 | | |
| 2 | 进项税额 | 308 830.73 | |
| 3 | 销项税额 | | 541 552.00 |
| 4 | 进项税额转出 | | 72.00 |
| **期末应转出未交增值税** | | **232 793.27** | |

审核：孙晓霞　　制单：于慧军

## 7.2　烤花车间制造费用发生额

### 2019 年 1 月烤花车间制造费用明细表

中国琴岛家居用品有限公司　　单位：元

| 费用名称 | 金　额 |
|---|---|
| 制造费用 — 烤花车间 — 办公费 | 1 500.00 |
| 制造费用 — 烤花车间 — 财产保险费 | 4 500.00 |
| 制造费用 — 烤花车间 — 差旅费 | 2 520.00 |
| 制造费用 — 烤花车间 — 水电费 | 32 984.00 |
| 制造费用 — 烤花车间 — 折旧费 | 19 674.50 |
| 制造费用 — 烤花车间 — 职工薪酬 | 9 519.60 |
| 制造费用 — 烤花车间 — 劳动保护费 | 1 600.00 |
| 合　计 | **72,298.10** |

审核：孙晓霞　　制单：于慧军

## 7.3　组装车间制造费用发生额

### 2019年1月组装车间制造费用明细表

中国琴岛家居用品有限公司　　　　单位：元

| 费用名称 | 金　额 |
|---|---|
| 制造费用 — 组装车间 — 办公费 | 1 500.00 |
| 制造费用 — 组装车间 — 财产保险费 | 2 100.00 |
| 制造费用 — 组装车间 — 水电费 | 32 923.00 |
| 制造费用 — 组装车间 — 折旧费 | 13 357.00 |
| 制造费用 — 组装车间 — 职工薪酬 | 9 519.60 |
| 制造费用 — 组装车间 — 劳动保护费 | 2 000.00 |
| **合　计** | **61 399.60** |

审核：孙晓霞　　　　制单：于慧军

## 7.4　收入类账户累计发生额

### 1月份收入类账户累计发生额明细表

中国琴岛家居用品有限公司　　2019年01月31日　　单位：元

| 账户名称 | 借方累计发生额 | 贷方累计发生额 |
|---|---|---|
| 主营业务收入—烤花水晶玻璃醒酒器 | | 3 384 200.00 |
| 投资收益 | | 77 360.00 |
| 营业外收入—罚没收入 | | 180.00 |
| **合　　计** | | **3 461 740.00** |

审核：孙晓霞　　　　制单：于慧军

## 7.5 费用类账户累计发生额

### 1月份费用类账户累计发生额明细表

中国琴岛家居用品有限公司　　2019年01月31日　　单位：元

| 账户名称 | 借方累计发生额 | 贷方累计发生额 |
| --- | --- | --- |
| 主营业务成本—烤花水晶玻璃醒酒器 | 2 104 050.00 | |
| 税金及附加 | 62 397.81 | |
| 销售费用—办公费 | 760.00 | |
| 销售费用—差旅费 | 15 998.00 | |
| 销售费用—工会经费 | 880.00 | |
| 销售费用—工资 | 44 000.00 | |
| 销售费用—广告费 | 20 000.00 | |
| 销售费用—社会保险费 | 12 804.00 | |
| 销售费用—水电费 | 651.00 | |
| 销售费用—通讯费 | 4 320.00 | |
| 销售费用—物业费 | 6 204.68 | |
| 销售费用—运输费 | 21 000.00 | |
| 销售费用—展览费 | 9 000.00 | |
| 销售费用—折旧费 | 3 790.50 | |
| 销售费用—职工福利 | 185.60 | |
| 销售费用—职工教育经费 | 1 100.00 | |
| 销售费用—住房公积金 | 4 400.00 | |
| 管理费用—办公费 | 7 078.00 | |
| 管理费用—差旅费 | 14 212.00 | |
| 管理费用—物业费 | 29 995.32 | |
| 管理费用—水电费 | 12 593.00 | |
| 管理费用—通讯费 | 8 640.00 | |
| 管理费用—折旧费 | 87 109.30 | |
| 管理费用—工资 | 214 831.71 | |
| 管理费用—社会保险费 | 62 681.40 | |
| 管理费用—住房公积金 | 21 540.00 | |
| 管理费用—工会经费 | 4 296.63 | |
| 管理费用—职工教育经费 | 5 370.79 | |

续表

| 账户名称 | 借方累计发生额 | 贷方累计发生额 |
| --- | --- | --- |
| 管理费用 — 职工福利 | 7 041.60 | |
| 管理费用 — 业务招待费 | 2 000.00 | |
| 管理费用 — 汽车费用 | 937.50 | |
| 管理费用 — 维修费 | 2 400.00 | |
| 管理费用 — 无形资产摊销 | 9 199.00 | |
| 管理费用 — 其他 | 872.00 | |
| 财务费用 — 利息支出 | 6,250.00 | |
| 财务费用 — 利息收入 | （785.51） | |
| 财务费用 — 手续费 | 541.00 | |
| 财务费用 — 现金折扣 | 5 600.00 | |
| 资产减值损失 | 133 418.96 | |
| 公允价值变动损益 | 5 000.00 | |
| 资产处置损益 | 1 638.40 | |
| 营业外支出 — 罚款支出 | 2 000.00 | |
| 营业外支出 — 捐赠支出 | 120 000.00 | |
| 营业外支出 — 非流动资产毁损报废损失 | 2 860.00 | |
| **合　计** | **3 078 862.69** | |

审核：孙晓霞　　　　制单：于慧军